谨以此书献给中国航天事业创建 60 周年！

国家出版基金项目
NATIONAL PUBLICATION FOUNDATION

中国航天的历史使命

张建启　主编

中国宇航出版社
·北京·

图书在版编目(CIP)数据

中国航天的历史使命 / 张建启主编. --北京 : 中国宇航出版社，2016.9（2021.4 重印）
（中国航天发展印记）
ISBN 978-7-5159-1063-5

Ⅰ. ①中… Ⅱ. ①张… Ⅲ. ①航天工业一发展史一中国 Ⅳ. ①F426.5

中国版本图书馆 CIP 数据核字(2015)第 321349 号

责任编辑　张铁钧　　装帧设计　宇星文化

出版发行　中国宇航出版社
社　址　北京市阜成路 8 号　邮　编　100830
(010)60286808　(010)68768548
网　址　www.caphbook.com
经　销　新华书店
发行部　(010)60286888　(010)68371900
(010)60286887　(010)60286804(传真)
零售店　读者服务部
(010)68371105
承　印　三河市君旺印务有限公司

版　次　2016 年 9 月第 1 版
2021 年 4 月第 3 次印刷
规　格　787×960
开　本　1/16
印　张　17.5
字　数　250 千字
书　号　ISBN 978-7-5159-1063-5
定　价　68.00 元

前言

2016 年 10 月 8 日，是中国航天事业创建 60 周年纪念日。中国航天事业是在新中国成立不久，科学技术和工业基础非常薄弱，经济领域一穷二白、百废待兴的基础上建立起来的，经历了艰苦创业、配套发展、改革振兴、走向世界和辉煌跨越等阶段，走出了一条适合我国国情的发展道路，建立起了完整配套的航天科技工业体系，取得了举世瞩目的辉煌成就，为我国的经济建设和国防建设作出了重要贡献。

在中国航天事业创建 60 周年前夕，中国航天基金会组织相关专家，编写了《中国航天的历史使命》一书。全书共分五章，包括中国航天的发展历程、中国航天的辉煌成就、中国航天与国家经济建设、中国航天与国家安全战略，以及中国航天的发展展望。

通过编写出版本书，旨在系统梳理中国航天事业的发展历程，全面展示航天科技发展的辉煌成就，详细阐述中国航天在经济建设和国防建设中的独特作用，科学展望中国航天的发展方向，生动体现中国航天人的创新思想和卓越贡献，借鉴历史，传承使命，为广大航天人提供宝贵的精神财富和前进动力，启迪和激励新一代航天人崇尚科学，献身事业，为把我国建设成为航天强国而不断探索，再攀高峰。

本书由张建启总体策划并担任主编，吴卓、承文参与编写方案起草和编写提纲拟定，并担任副主编，刘登锐撰写第一章，尚超撰写第二章，廖少英撰写第三章，李颐黎撰写第四章，郭建宁撰写第五章，谢建玲负责统稿，最终书稿经全体编委审查、修改后，由张建启、吴卓、承文审阅、定稿。

在本书编写出版过程中，得到了各位专家的大力支持和中国宇航出版社的密切配合，参阅了大量的文献资料，并得到了国家出版基金的资助，在此一并表示衷心的感谢。

由于编者水平所限，书中若有不足之处，敬请广大读者批评指正。

《中国航天的历史使命》

编委会

2016 年 9 月

目 录
CONTENTS

第一章

中国航天的发展历程

20世纪50年代中期，随着现代航天科技的蓬勃兴起和迅速发展，中国也开始创建自己的航天事业，决心实现中华民族的飞天梦想。经过半个多世纪的建设和发展，梦想变成了现实：神箭腾空，卫星巡天，“神舟”遨游，“嫦娥”奔月，中国航天在一些重要领域跻身先进国家行列，在世界航天史上占有了一席之地。

发展航天事业，是党和国家为增强我国的经济实力、科技实力、国防实力和民族凝聚力而作出的一项重大战略决策。在全国各部门、各地区的大力协同和全国人民的大力支持下，经过几代航天人的顽强拼搏和不懈努力，我国航天事业从无到有，从小到大，从弱到强，经历了艰苦创业、配套发展、改革振兴、走向世界、辉煌跨越等历史阶段，走过了半个世纪波澜壮阔、光辉灿烂的发展历程，开辟了一条适合我国国情和自身特点的独立自主的发展道路。

第一节　白手起家

1955 年，新中国成立不久，还处在国际敌对势力的封锁、包围和威胁之下，经济十分落后，工业和科技基础相当薄弱。

1955 年年底，毛泽东主席和周恩来总理商讨了在火箭、原子弹等新兴科学技术方面赶上世界先进水平的问题，决定抓紧时间，埋头苦干，争取在第三个五年计划末期，使我国在火箭、原子弹等最急需的科技领域接近世界先进水平。之后，他们分别接见刚从美国回到祖国的著名科学家钱学森，征询他对国内发展火箭、导弹的意见。周总理还委托钱学森提出我国发展火箭、导弹的具体实施方案。

1956 年 2 月 22 日，在毛泽东主席住处召开的研究原子能工业问题的会议上，讨论了钱学森向国务院提交的《建立我国国防航空工业意见书》①。3 月 14 日，周恩来主持召开中央军委扩大会议，听取钱学森关于发展导弹技术的设想，决定实施火箭、导弹的研究规划。在 1956 年春，国务院组织数百名科技专家制定的《1956 至 1967 年科学技术发展远景规划纲要》中，提出了“在 12 年内使我国的喷气和火箭技术走上独立发展的道路，并接近世界先进的

① 为了保密起见，钱学森用“国防航空工业”代替“火箭导弹”一词。

科学技术水平”。同年5月10日，聂荣臻副总理向国务院、中央军委报送了《建立我国导弹研究工作的初步意见》。5月26日，周恩来主持中央军委会议讨论通过了这个《意见》，正式决定开展导弹技术的研究工作。周恩来总理指出：“中国发展导弹，不能等一切条件都具备了，才开始研究和生产，而应当采取集中力量、突破一点的方针，尽快开展导弹的研制工作。”

之后，我国航天事业从成立机构、组织队伍、建设基地起步，逐步铺就了通向太空之路。

一、成立机构

1956年3月14日，在周恩来主持召开的中央军委扩大会议上，决定成立国防部航空工业委员会（简称“航委”），聂荣臻任主任，黄克诚、赵尔陆任副主任，钱学森等为委员，统一领导火箭、导弹事业。

根据聂荣臻《建立我国导弹研究工作的初步意见》，中央批准在航委下面设立导弹管理局（国防部第五局）和导弹研究院（国防部第五研究院，简称“国防部五院”），钟夫翔任国防部五局局长，钱学森任第一副局长兼总工程师，林爽任副局长兼副总工程师；钱学森任国防部五院院长，白学光任副院长。1956年10月8日，召开国防部五院成立大会，聂荣臻在讲话中指出：“这是一项新任务，因而人力、物力会有不少困难，要团结一致，善于克服困难，防止急躁和好高骛远；要努力学习，掌握导弹技术，毕生致力于我国的导弹事业，并为之作出自己的贡献。”钱学森在讲话中说：“我们是白手起家，创业艰难，但一定要完成党中央、毛主席交给我们的任务。我们不要向困难低头，只要大家认真对待，就没有攀登不上的高峰，就没有克服不了的困难。”

1957年3月，中央军委为了加强领导，减少层次，决定将国防部五局和国防部五院合并，保留国防部五院。国防部五院下设导弹总体、空气动力、结构强度、发动机、推进剂、控制系统、控制元件、无线电、计算技术、技术物理10个研究室。同年10月，中央决定，以国防部五院为总院，对外番号0038部队，并组建两个分院。以导弹总体等前5个研究室为基础成立第一分院，对外番号0681部队，负责各类导弹总体设计和弹体、发动机的研制工作；以控制系统等后5个研究室和通信兵部军事电子科学研究院合并组成第二分院，对外番号0682部队，负责各类导弹控制系统的研制工作。1961年9月1日，成立了第三分院，番号0683部队，承担空气动力研究试验、液体火箭发动机研究试验的任务。1964年4月4日，又成立了第四分院，番号0684部队，负责固体火箭发动机与固体推进剂的研制工作。此外，1961年8月1日，上海市机电二局成立，也承担导弹研制任务。国防部五院与第一、二、三、四分院以及上海机电二局一起，初步形成了研制发展火箭、导弹技术的管理体制。

1964年11月，中共中央、国务院发出《关于成立第七机械工业部的通知》，决定以国防部五院为基础，从第三、四、五机部和其他有关部门抽调若干工厂和事业单位，组成第七机械工业部，统一管理导弹的科研、设计、试制、生产和基本建设工作。同时，调整各分院的机构配置和型号研制方向，在原第一、二、三、四分院的基础上，分别按型号类别划分为地地导弹研究院（第一研究院）、防空导弹研究院（第二研究院）、飞航导弹研究院（第三研究院）、固体导弹研究院（第四研究院），1968年新建了空间技术研究院（第五研究院）。每个研究院主要负责一类导弹型号的总体及各分系统的设计、试制和试验工作，基本上按型号配套，自成体系，加快了航天技术的发展。

此后，航天管理体制和研制机构经过一系列改革调整，特别是1993年开始由政府向企业转型，成立了中国航天工业总公司（国家航天局），实行“一个部门、两块牌子”，开始企业化运作，同时担当国家航天管理角色。1998年3月，全面实行政企分开，变成为自主经营、自负盈亏、自我约束、自我发展的科技先导型经济体。1999年，又由中国航天工业总公司改组为两个国有大型航天企业集团，担负航天型号、导弹武器和民用产品的研制、生产和经营发展使命。

二、组织队伍

组建国防部五院时，周恩来总理决定，只要是国防部五院需要的技术专家和党政干部，都可以从工业部门、高等院校和军队中抽调。1956 年 10 月 8 日国防部五院成立时，已从部队和有关科研院校抽调 30 多位科技专家、几十位管理人员和 140 多名高等院校毕业学生，组成了最初的火箭研制队伍。钱学森为国防部五院院长，自学光为副院长。任新民、庄逢甘、屠守锷、梁守槃、李乃暨、梁思礼、朱敬仁、冯世章、朱正、吴德雨等分别担任 10 个研究室主任或副主任。1957 年 12 月，中央任命钱学森为国防部五院院长兼一分院院长，刘有光为国防部五院政治委员，王诤为国防部五院副院长兼二分院院长，谷景生为国防部五院副政委兼一分院政委，刘秉彦为国防部五院副院长兼一分院副院长，并从部队调进一批干部，加强了国防部五院及所属单位的领导工作。

聂荣臻副总理受中央委托，把组织航天科技队伍作为一项战略任务，千方百计从各个渠道调配人才，解决国防部五院急需的领导骨干和科技人员。1957 年以后，又有蔡金涛、卢庆骏、黄纬禄、吴朔平、郝复俭、李蕴滋、谢光选、徐兰如、姚桐斌、吴中英、王树声、陈德仁、沈家楠等一批科技专家调入国防部五院，成为各有关专业的技术带头人，带领一支只有 200 多人的科技队伍开始创业。聂荣臻副总理对他们说："你们是中国火箭、导弹事业的'开国元勋'，现在人手虽少，但只要大家团结一心，艰苦奋斗，中国的火箭、导弹事业，一定会有美好的前景。"

1958 年至 1959 年，又从部队和科研院校调进了 3000 多名党政干部和技术骨干，从各工业部门调进 300 多名技术人员，加强了领导力量，充实了科技队伍。1960 年，中央派空军司令员刘亚楼任国防部五院院长，空军副司令员王秉璋任国防部五院副院长主持常务工作；钱学森改任国防部五院副院长，集中力量抓技术工作；王诤、刘秉彦、谷广善、周维、孙继先先后任国防部五院副院长，曹光琳、王文轩、栗在山先后任国防部五院副政委。在此前后，任命刘瑄为一分院院长、张钧为政委，周维、张怀忠先后为二分院院长、董启强为政委，林毅为三分院院长、郁文为政委，林爽为四分院院长、薛伟民为政委，肖卡为上海机电二局局长、艾丁为党委书记，完善了领导班子，加强了党政领导。

1960 年，国防科委副主任张爱萍在中央的支持下，为国防部五院抽调了 1000 多名部队优秀干部、近 100 名地方技术干部，分配了 4000 多名高等院校毕业生。到 1965 年，航天队伍已发展到 10 万人，基本上满足了导弹事业对人才的需求。

航天队伍基本上由组织管理人员、科技人员和技术工人组成，逐步发展成为一支思想好、技术精、作风硬、善打硬仗、勇于攀登的高素质航天科技队伍和产业大军。

航天组织管理人员在最初创业阶段，是从部队和地方抽调的一批经过长期革命实践锻炼、热心航天事业的老干部，他们具有领导、指挥、决策的才能，富有思想政治工作经验和组织管理经验。如军队干部出身的耿青、王道力、柴志、姜延斌等成为了航天科研计划管理的领导者，张镰斧、刘川诗、苗逢辰等担任了型号总指挥，成为了航天战线的优秀指挥员。改革开放以来，越来越多的科技人员锻炼成长为优秀的管理人才，接过老干部的班，走上了领导和管理岗位，成为卓越的组织管理专家和航天领军人物。

航天科技人员包括一批从国外学成回国或在各个学科领域已卓有成绩的老专家，除了前面提到的科技专家外，还有后来进入航天系统工作的杨嘉墀、王希季、杨南生、陆元九、赵九章、陈芳允、屠善澄、钱骥、黄敞等一批航天科技带头人。他们是航天事业的开拓者，在航天科技的各个领域作出了重要贡献，多人荣获“两弹一星功勋奖章”。随着航天事业的发展，最初的一代中青年科技人员逐渐锻炼成长起来，挑起了航天事业的大梁，成为了航天队伍的骨干。孙家栋、王永志等是他们当中的突出代表，他们不仅担任了多种航天型号的总设计师，成为了航天工程的组织领导者，而且获得国家最高科学技术奖。同时，涌现出一批以罗健夫、杨敏达、王振华为代表的优秀科技人员。新一代的中青年科技人员在各自的岗位上展露才华，成为航天事业的生力军。

航天技术工人组成了一支具有丰富实战经验、善打硬仗的队伍。他们善于学习，肯于钻研，技术精湛，作风过硬，涌现出一批以顾大明、魏文举、高凤林、唐建平为代表的劳动模范和高技能人才。

聂荣臻副总理曾经赞扬这支航天队伍是一支坚强的攻关队伍，从指挥员到战斗员，都身经百战，百炼千锤，基础扎实，善打硬仗，不断创造英雄业绩。

三、建设基地

我国创建航天事业，是从借用北京西郊的两所部队疗养院（106 疗养院、124 疗养院）和一所部队医院（空军 466 医院）的营房起步的。国防部五院的院址最初设在车道沟的空军 466 医院，1957 年迁到位于西钓鱼台的 124 疗养院，1960 年定在马神庙的 106 疗养院。1957 年成立一分院和二分院，一分院开始在丰台区云岗的马列主义学院旧址建设火箭和发动机研制基地，二分院则在永定路财务学校旧址建设火箭控制系统研制基地。这是我国导弹研制基地的雏型。

1. 北京研制基地

1958 年，根据中苏两国政府 1957 年 10 月 15 日签订的《国防新技术协定》，苏联援助我国建设导弹研制基地和导弹发射场，确定了建设导弹基地的 4 项工程和第一座导弹发射场。1959 年 12 月，国家成立了以罗瑞卿副总理兼任主任的“国防部五院基本建设工程修建委员会”，由国家经委、国家建委、一机部、解放军总后勤部、北京市和国防部五院有关负责人组成工程指挥部，负责导弹研制基地 4 项工程的指挥、协调工作。同时，中央军委决定抽调解放军一个步兵师、一个工兵团和一个汽车团参加工程建设；有关部委 11 个设计单位帮助进行工程设计，北京市指定两个建筑公司 6000 余人参加施工；采取一系列措施，优先安排设备、器材定货。在国家经济困难时期，保证了工程建设的顺利进行。4 个工程项目包括：8102 工程，为导弹总体及发动机研制基地，建在南苑地区；8103 工程，为发动机试验站，建在长辛店地区；8108 工程，为空气动力研究基地，建在长辛店地区；8109 工程，为控制导引系统研制基地，建在永定路地区。1960 年至 1961 年，4 项工程建设达到高潮，施工队伍多达 15000 余人，两年共完成建筑面积 100 多万平方米，北京导弹研制基地基本建成。

此外，为与导弹研制配套，导弹发射试验靶场选在酒泉东北的内蒙古自治区额济纳旗的戈壁滩上，称 0029 工程。由工程兵司令员陈士榘率领的一支特种工程兵部队和 20 兵团司令员孙继先率领的一支部队负责施工建设，1960 年 9 月，酒泉导弹发射基地初具规模，达到使用要求。

2. 上海研制基地

1959 年，中央决定在上海组织导弹生产力量。经过一年多的筹备，1961 年 8 月，上海机电二局成立，组合了 10 多个工厂，建立起一个地空导弹生产基地。1965 年 5 月，上海机电二局及其所属研究所和工厂划归七机部。七机部为了加强上海地区的研究设计力量，决定把北京研制地空导弹的 5 个研究所迁往上海。1969 年，上海机电二局又承担了地地远程导弹、运载火箭和卫星的研制任务，相继新建了卫星、运载火箭总体单位以及火箭发动机试验站，加强了火箭发动机、控制系统、伺服机构和惯性部件的研制生产力量。上海机电二局（后来的上海航天局、上海航天技术研究院）演变成一个集导弹、火箭和卫星于一体的完整配套的航天研制生产基地。

3. 三线基地

1964 年，根据中央关于三线建设的战略部署，国防部五院（七机部）开始到我国西部地区勘察选址，分别在三线地区建设导弹、火箭的研究、设计、生产基地。其中包括贵州遵义地区的 061 基地（包括 065 基地，负责地空导弹的研制生产）、四川达县地区的 062 基地（负责地地导弹的研制生产，包括研制海防导弹的 064 基地）、陕西西安地区的 063 基地（负责固体火箭发动机的研制生产）、湖北远安地区的 066 基地（负责海防导弹的生产）、陕西凤州地区的 067 基地（负责地地导弹液体火箭发动机的研制生产）、湖南邵阳地区的 068 基地（负责防御导弹武器的研制生产）。除七机部本身的力量外，国家还动员北京、上海、天津、沈阳、西安等城市承担七机部三线基地的一部分包建任务。1969 年和 1970 年，周恩来总理批准将七机部的几个三线基地列为国家重点抢建项目，组织统一的指挥部，推进建设步伐。到 20 世纪 70 年代中期，061 基地（包括 065 基地）、062 基地（包括 064 基地）、063 基地、066 基地、067 基地、068 基地相继建成投产，形成了科研生产能力。

通过完善北京研制基地，接收上海研制基地的有关研究所和工厂，并在三线地区建设新的研制生产基地，逐步形成了包括火箭和导弹研究、设计、试制、试验、生产的完整配套体系，提高了中国航天的整体实力，为推动航天事业全面发展创造了良好条件。

第二节　研制导弹

我国航天事业的发展从研制导弹开始。导弹武器完成了由仿制试验向独立研制生产的过渡，战略战术地地导弹、防空导弹、海防导弹形成了配套完整的武器装备系列，使我国拥有了有效的战略威慑力量和防御反击手段，具有了不同发射方式、攻击不同空域的防空能力，以及抗登陆、封锁重要海域和近海作战的能力。

在庆祝中国人民抗日战争暨世界反法西斯战争胜利 70 周年阅兵式上，展示了红旗系列防空反导导弹，舰空、反舰、岸舰等海上攻击导弹，常规地地、陆基巡航、核常兼备、洲际弹道等战略打击导弹。我国研制的各类导弹武器成为保卫国家安全、维护世界和平的一支重要力量。

一、仿制起步

根据中苏《国防新技术协定》，苏联向我国提供 P–2 导弹样品和有关技术资料，并派遣技术专家来华帮助我国进行仿制工作。

我国发展导弹技术从仿制起步。仿制 P–2 地地近程导弹的工程代号为 1059。P–2 导弹是苏联在德国 V–2 导弹基础上改进设计的地地导弹型号，导弹全长 17.7 米，最大直径 1.652 米，用液氧和酒精作推进剂，起飞质量20.5吨，射程590千米。1958年5月29日，聂荣臻元帅向国防部五院部署1059导弹仿制任务，要求1959年10月完成导弹总装出厂，争取国庆10周年试射成功。聂荣臻元帅指出："仿制是爬楼梯，爬上楼梯才是平地，那时再学跑步。我们要通过仿制爬楼梯、大练兵，再向独立设计发展。"1958年秋，国防部五院明确提出"以仿制为主，带动全院一切工作"的指导思想，掀起了技术学习的热潮，组织科技人员从拆卸解剖导弹、翻译消化资料，到进行反设计、仿制，充分了解和掌握P-2导弹的技术。

在钱学森的率领下，国防部五院集中了一批科研带头人。1959年3月，梁守槃被任命为1059导弹总设计师，导弹总体专家屠守锷、谢光选，发动机专家任新民，控制系统专家蔡金涛、黄纬禄、梁思礼，材料专家姚桐斌，空气动力专家庄逢甘等，带领广大科技人员和工人艰苦奋斗，仿制工作取得突破性进展。

1960年6月，正当1059导弹仿制工作进入决战的关键时期，苏联政府单方面撕毁协定，中断援助，撤走专家，给我国的导弹仿制工作造成严重困难。在这种情况下，中央指示五院，一定要争口气，依靠我们自己的专家，自力更生，立足国内，仿制P-2导弹绝不动摇，无论如何要搞出来。聂荣臻元帅说："中国人民是聪明的，并不比别的民族笨，我们要依靠自己的专家和工人搞出自己的导弹。"在一次会议上，他对五院的科技专家说："逼上梁山，自己干吧，靠别人靠不住，也靠不起。党中央寄希望于中国自己的专家！"国防部五院党委号召全体人员发愤图强，埋头苦干，为国争光，一定要搞出"争气弹"。

苏联政府的背信弃义，激发了我国科技人员和干部、工人强烈的爱国热情和卧薪尝胆、奋发图强的精神，他们刻苦学习，边学边干，克服了因苏联援助中断带来的重重困难。1960年9月，我国第一次在自己的国土上，用国产推进剂，成功地发射了一枚苏制P-2导弹。苏联专家撤走之前曾表示，中国生产的推进剂不合格，含有杂质，不能用于飞行试验。但经过梁守槃等人的精心计算，认为国产推进剂合格，完全可用。这次发射试验，为发射我国仿制的1059导弹奠定了基础。

1960 年 10 月，我国依靠自己的力量仿制的 1059 导弹总装完成。23 日，由北京南苑运往酒泉导弹试验基地，同时出发的还有 120 多人的试验队伍。经中央批准，组成了以张爱萍为主任委员，孙继先、钱学森、王诤为副主任委员的 1059 导弹发射试验委员会，前往基地主持 1059 导弹发射工作。聂荣臻向周恩来总理报告说："1059 导弹已经仿制完成，准备在酒泉发射基地试验飞行。"周总理对聂荣臻回答说："头一回，打好了很好，打不好再从头来，我们中国人有这个志气。"毛泽东主席得到报告后，请来聂荣臻，对他说："你手下的导弹兵干得不错呀，苏联专家才走三个月，你就要在他们头上放炮啦！我和恩来等着你的喜讯。"聂荣臻一行进入酒泉基地，对全体试验队员说："我们自己制造的导弹，就要从你们的手中起飞了，一定要沉着、冷静地操作。党和人民信任你们，现在就看你们的了！"国防部五院的导弹专家谢光选等人，作为参试人员代表进入地下发射控制室，显得十分激动和兴奋，钱学森对他们说："你们很幸运，代表我们五院的专家到地下控制室，要沉住气，一定会成功。"

1059 导弹准备发射

1960 年 11 月 5 日上午 9 时 2 分，我国第一枚国产地地导弹 1059 在酒泉点火发射，扶摇升空，穿过云霄，按预定弹道飞行 560 千米，7 分钟后命中目标，飞行试验一举成功，现场一片欢腾。张爱萍情不自禁地和钱学森拥抱在一起，庆贺发射成功。当天，新华社发出电讯称：“我国第一枚地地导弹，在我国西北地区发射成功，精确命中目标。”当晚，聂荣臻元帅在导弹发射基地举行的祝捷会上，自豪地说：“在祖国的地平线上，飞起了我国自己制造的第一枚导弹，这是我国军事装备史上一个重要的转折点。”

12 月，1059 导弹又进行了两次发射试验，均获得了成功。1059 导弹后来被命名为“东风一号”，它的仿制成功，是我国导弹发展史上一个重要的里程碑。

在中国军事博物馆展出的东风一号导弹

二、自行设计

1960年，国家开始进入经济困难时期，关于导弹、原子弹等国防尖端项目是“上马”还是“下马”的问题，发生了尖锐的争论。中央经过反复研究，决定国防尖端项目不能“下马”，下决心继续发展尖端技术，搞出自己设计的导弹。聂荣臻元帅说：“1059发射成功，标志着仿制阶段将要结束，开始转到自行设计阶段。”

自行设计的第一步怎么走？最初有两种意见：一种主张迈大步，直接研制中程导弹；一种主张迈小步，先研制中近程导弹。经过对两种方案的争论，决定自行设计一种中近程导弹，即第一步先迈小一点，充分利用仿制1059导弹的成果，将射程增加一倍，达到1000千米至1200千米。这型中近程地地导弹后来被定名为东风二号，全长20.9米，最大直径1.652米，起飞质量29.8吨。林爽任东风二号导弹设计委员会主任委员（后为总设计师）、屠守锷任副主任委员（后为副总设计师）。广大科技人员怀着为国争光的强烈责任感，勤奋努力、刻苦攻坚、不畏困难、日夜奋战，1960年12月，完成东风二号导弹的初步设计。用了不到一年的时间，导弹分系统的设计图纸下达试制厂，导弹弹体、发动机和控制系统先后研制出来，并经过地面试验，1961年5月，完成导弹总装。1962年3月4日，东风二号导弹出厂，运往酒泉导弹试验基地。

1962年3月21日9时5分，首次飞行试验的东风二号导弹点火发射，起飞几秒钟后，导弹出现摆动，偏离航线，接着发动机起火，导弹失稳爆炸，69秒时，在离发射台纵向68米、横向660米处坠毁，发出巨大声响，炸出一个大坑，发射失败。聂荣臻元帅及时指示：既然是科学试验，有成功就有失败，不要追查责任，不要泄气。要总结经验教训，吃一堑、长一智，以利再战。后来，聂荣臻又指示：东风二号导弹试验未达到目的，不要泄气。这不是什么意外的事，作为试验工作，这是正常现象。

第二天，王秉璋、钱学森等带着聂帅的慰问和鼓励乘专机赶到基地，希望在场的参试人员从沉重的心情中振作精神，从失败中吸取教训，夺取新的胜利。钱学森说，这次试验失败，对我们是一次非常有益的教训，请大家冷静，认真总结经验教训。

在试验队党委的带领下，设计研制和发射试验人员密切配合，对导弹残骸进行考察，对光测数据和遥测数据进行分析研究，找出了发射失败的主要原因：一是在总体方案设计中，没有将弹体作为弹性体来考虑，在飞行中弹体的弹性振动与姿态控制系统发生耦合，导致导弹飞行失控；二是发动机强度不够，致使结构破坏而起火。通过认真总结，认识到这次试验失败是没有把设计方案建立在可靠的技术成果之上，缺乏充分的地面试验，研制工作没有按科研程序进行。

从 1962 年 5 月起，在总设计师系统的领导下，导弹总体设计部门对东风二号导弹进行了修改设计，制订了 17 项大型地面试验计划，抢建了全弹试车台、全弹振动试验塔、静动力实验室、控制系统仿真实验室和计算机室等设施，从元器件单项试验、部组件系统试验到全弹试车，都一丝不苟地严格质量检查，把一切问题暴露和解决在地面，不带任何疑点上天。经过两年的奋战，经过修改设计的东风二号导弹研制出来了。

1964 年 6 月 29 日，在张爱萍将军的主持下，东风二号导弹在酒泉试验基地再次进行发射，导弹起飞后按照程序飞行，准确落到预定目标，试验取得成功。7 月 9 日和 11 日，又发射两次，弹头准确命中目标。9 月至 10 月，东风二号导弹又发射 5 次，均获成功。这表明导弹各系统工作协调，弹着区密集度较好，验证了最大射程指标。11 月，东风二号导弹定型。东风二号中近程导弹的发射成功，标志着我国导弹研制队伍学会了怎样搞自行设计，迈开了独立研制的步伐，奠定了火箭技术和导弹装备发展的基础。

三、八年四弹

1964 年，我国东风二号导弹从方案论证到完成飞行试验，走完了一个型号研制的全过程。国防部五院党委决定，广泛组织科技专家和科技人员开展导弹技术发展规划与技术途径的论证，制定了《关于火箭技术发展途径的意见》和《火箭技术的八年（1965~1972年）发展规划》。

1965年2月至3月，周恩来总理委派国防工办副主任赵尔陆带队到七机部一院就地地导弹发展规划进行会商。在钱学森的主持下，先后有2400多名科技人员、干部和工人参与研讨。基于形成的共识和屠守锷在1963年提出的"地地导弹技术发展途径与步骤"，形成了《液体地地导弹发展规划》（即"八年四弹"规划）。这个规划明确提出，要在1965年至1972年的八年时间内，研制成功增程的中近程、中程、中远程、远程（洲际）4种液体弹道导弹。1965年3月20日，周恩来总理主持召开中央专委第11次会议，听取七机部关于《液体地地导弹发展规划》的汇报，原则批准了七机部的发展规划。这个规划的实施尽管在"文化大革命"期间受到严重干扰，但在八年之内，东风二号甲中近程、东风三号中程、东风四号中远程导弹相继研制并发射成功，东风五号洲际导弹完成首次低弹道试验飞行。

1. 东风二号甲中近程导弹

在自行设计的东风二号中近程导弹取得成功之后，中央军委决定增大射程，提高性能，以运载核弹头，研制东风二号甲导弹。1965年11月13日，东风二号甲导弹首次飞行试验取得成功。同年12月底，周恩来总理主持中央专委会议，讨论研究了"两弹结合"试验方案。周总理提出，在自己的国土上进行导弹核武器试验要绝对保证安全。1966年，七机部组织对保证"两弹结合"试验安全可靠的技术方案、发射方案及发生意外情况时的处置方案进行了审查，并检查了东风二号甲导弹的研制、试验以及协作配套工作。1966年6月30日，周总理到酒泉试验基地，观看了新研制的中近程导弹发射试验，检查了导弹核武器试验的准备情况。10月20日，周总理主持召开中央专委会议，听取国防科委关于检查发射区和弹着区试验准备情况的汇报，强调要保证万无一失，并委托聂荣臻赴发射基地主持试验工作。10月24日晚，毛泽东主席听取聂荣臻汇报后指出，这次可能打胜仗，也可能打败仗，失败了也不要紧，这就是说要从坏处着想，要充分做好准备，力争成功。1966年10月27日，

东风二号甲导弹准备发射

在我国西部地区国土上，成功进行了导弹核武器试验，东风二号甲导弹飞行正常，核弹头在预定的距离和高度实现核爆炸，改进后的东风二号甲导弹通过了实际考验，成为可用于实战的导弹核武器。

2. 东风三号中程导弹

东风三号是一型全新的地地导弹，也是中国独立研制的第一型地地导弹。1965 年 3 月，中央专委批准研制任务，林爽任总设计师，屠守锷、任新民、黄纬禄等任副总设计师，后来任新民任技术总负责人。1965 年 3 月完成方案设计，东风三号导弹全长 20.65 米，最大直径 2.25 米，起飞质量 65 吨，推进剂采用可贮存的硝酸和偏二甲肼，控制系统由惯性加无线电横偏校正改为位置捷联补偿。仅用了一年多时间，试制出了首批遥测弹。1966 年 12 月 26 日进行首次飞行试验，考核了设计方案，取得了基本成功。1967 年 1 月 12 日再次进行发射试验，出现了发动机推力下降的问题。经过对液体火箭发动机进行改进，提高了发动机的可靠性，同时进行了充分的地面试验，考核了各系统、各部件的可靠性和协调性，验证了总体设计的各项重要参数。1967 年 5 月和 6 月，东风三号导弹进行了两次发射试验，并取得成功。这既是中国地地导弹

东风三号导弹准备发射

研制史上的一个重要里程碑，也是中国液体导弹技术走向成熟的一个标志。

3. 东风四号中远程导弹

1965年3月，中央军委批准中远程地地导弹的研制任务。七机部一院副院长任新民主持研制工作。东风四号导弹采用两级火箭方案，第一级以中程导弹为基础进行部分修改，第二级为新设计的火箭。导弹全长29米，最大直径2.25米，起飞质量82吨。1969年11月16日，东风四号进行首次飞行试验，由于程序配电器发生故障，飞行失败。1970年1月30日再次进行飞行试验，获得成功。东风四号导弹的发射成功，标志着我国突破了多级火箭的级间连接和分离技术、发动机高空点火技术，以及导弹的姿态控制和制导技术等难关，把导弹技术推进到一个新的发展阶段。

东风四号导弹准备发射

4. 东风五号洲际导弹

1965 年 3 月，中央专委会议批准研制远程地地导弹。七机部一院副院长屠守锷主持导弹方案论证和研制工作。1968 年 1 月结束方案设计，1970 年 3 月完成初步设计。在东风五号导弹研制中，采用了许多新技术：发动机采用四氧化二氮和偏二甲肼可贮存推进剂，攻克了发动机摇摆及减震、抗震等问题；控制系统选择平台－计算机，采用三轴静压气浮陀螺稳定平台系统；弹体结构解决了底部防热、级间分离、弹头再入等问题。1971 年 9 月 10 日，东风五号导弹在酒泉导弹发射基地首次进行低弹道飞行试验并获得成功。这次科研性飞行试验，从一个方面达到了检验导弹设计方案和各系统适应性的目的，以后又经过几次高弹道和低弹道的飞行试验，特别是 1980 年 5 月，“东风五号”的全程飞行试验成功，表明我国液体导弹技术攀上了一个新的高峰。

我国“八年四弹”规划基本完成，推动了战略导弹的发展，解决了我国战略导弹的有无问题，增强了我国的国防实力。

四、导弹系列

我国液体地地导弹以“东风”命名，第一代从东风一号到东风五号，已经形成系列。陆基战略导弹完成了由液体向固体，由固定发射向机动发射的升级换代，固体战略导弹形成系列；战术地地导弹也有了新的发展。同时，我国的地空（防空）导弹、海防（飞航）导弹从仿制到独立研制，也获得了从基本型到系列化的发展。

1. 防空导弹

1958 年 12 月，按中苏两国政府签定的《国防新技术协定》，苏联提供了 C-75 中高空地空导弹，我国开始仿制，代号为 543（1964 年正式命名为红旗一号）。国防部五院为总设计单位，三机部所属有关工厂承担生产任务。苏联终止援助后，聂荣臻副总理提出，要发挥中国专家的积极性，依靠中国自己的技术力量，把 543 仿制出来。1960 年 5 月，国防部五院任命二分院副院长钱文极为 543 导弹总设计师，主要由二分院负责导弹的设计和研制工作；1961 年后，又在上海机电二局部署 543 战斗弹和遥测弹的试制生产。

1964 年 4 月，红旗一号地空导弹进行打靶试验，获得成功，同年 12 月完成定型。1965 年 1 月 10 日，我地空导弹部队用国产红旗一号导弹一举击落一架入侵我华北地区上空的美制 U-2 侦察机，首次取得实战的胜利。

1965 年 4 月，七机部决定在仿制 543 导弹的基础上，研制一种抗干扰能力较强的中高空地空导弹，命名为红旗二号。七机部任命陈怀瑾为红旗二号导弹总设计师。1966 年年底，红旗二号导弹武器系统研制成功，通过了定型试验。1967 年 7 月装备部队，同年 9 月 8 日，我地空导弹部队用新研制的红旗二号导弹击落窜扰我国华东地区上空的一架美制 U-2 侦察机，取得实战成功。1973 年以后，红旗二号导弹经过改进，衍生出两个新型号：一是红旗二号甲，提高了抗干扰能力和射击低空目标的能力，在总设计师徐易的主持下，红旗二号甲经多次试验后获得成功；二是红旗二号乙，提高了机动能力，扩大了作战空域，缩短了作战准备时间，在总设计师陈欣生的主持下，经过履带发射车的实弹射击试验，获得成功。

1965年开始研制红旗三号地空导弹，七机部二院负责技术抓总，上海机电二局承担导弹生产任务。1966年5月14日，第一次飞行试验失败。经过改进后再次进行发射试验，第一发助推器分离后导弹在空中解体，第二发飞行试验获得成功。

1965年8月，中央专委提出研制中低空地空导弹，命名为红旗61号（最初称红旗41号），有舰空和地空两种型号。吴中英、梁晋才先后任总设计师。1976年12月，舰空型在导弹护卫舰上进行发射试验，1978年又进行海上打靶试验，达到预期目的。地空型于1976年采取“海搬陆”的办法，新研制了制导站等地面设备，1984年进行打靶试验，获得成功。

1975年年初，国家下达研制便携式单兵肩射低空防空导弹的任务。这种防空导弹命名为红缨五号，是我国第一种采用红外制导的防空武器。上海机电二局负责研制和批量生产，朱玉池、肖林先后任总设计师。1982年进行定型试验，达到设计要求。1979年改进后的红缨五号甲低空防空导弹，1981年开始进行飞行试验，1984年6月，打靶试验获得成功。

我国已经拥有便携式、低空近程、中低空中近程、中高空远程地空导弹和舰空导弹，形成了以红旗和红缨命名的防空导弹系列，有效地加强和提升了我国防空体系的作战能力。

2. 海防导弹

1960年，我国开始仿制苏联提供的П−15舰舰导弹，仿制代号为544，由国防部五院三分院负责技术抓总，李同力、吕琳先后被任命为总设计师。在仿制之初，科研设计人员一面深入工厂，配合试制，一面积极学习，消化资料，提高设计能力，掀起了测绘、反设计和仿制的热潮。1965年，在海军试验基地进行海上发射试验， 5发模型弹均获成功。1966年年底，544导弹定型飞行试验获得成功。1967年8月获准定型，并正式命名为上游一号舰舰导弹。上游一号导弹的仿制成功，为飞航式导弹的独立发展奠定了技术基础。

1964 年 4 月，国防工办主任赵尔陆传达了中央提出为打击海上来袭的敌人，要尽快拿出岸舰导弹的意见。国防部五院组织了岸舰导弹方案的论证。1965 年 4 月，国防工办和七机部召开会议，由钱学森主持审查了岸舰导弹武器系统的两个方案，最后确定以上游一号舰舰导弹为基础改型，研制海鹰一号岸舰导弹。七机部三院负责导弹武器系统的技术抓总，三机部的工厂负责总装生产。1966 年 12 月，第一发海鹰一号岸舰导弹进行飞行试验，导弹飞行姿态和弹道正常，性能满足设计要求，但导弹飞完最大动力航程，末段雷达未捕获目标；后经梁守槃建议，采取措施改进，排除了这一故障。1970 年 9 月，海鹰一号岸舰导弹设计定型飞行试验获得成功，1974 年 8 月获准定型。后来，海鹰一号岸舰导弹又改装在导弹驱逐舰上进行试验，研制成海鹰一号甲舰舰导弹。

1965 年 8 月，中央专委批准在海鹰一号的基础上增大射程、研制海鹰二号岸舰导弹的方案。在总设计师梁守槃的主持下，三院的科技人员重点突破了由于加大射程带来的一系列技术和工艺难题。1967 年 9 月至 10 月，海鹰二号两发遥测弹先后试飞成功。1969 年进行设计定型飞行试验，取得 5 发 4 中的好成绩。从 1971 年开始，为了提高抗干扰性能，将红外制导技术用于末制导头，改进研制成功海鹰二号甲红外弹；为了增强导弹的抗干扰能力和超低空飞行能力，改进研制成功了海鹰二号乙降高弹。

1970 年，三院开展海鹰三号低空、超声速岸舰导弹的研制，这种导弹采用先进的冲压发动机，并具有抗干扰性能好、威力大的特点，1979 年 4 月发射试验成功。

1966 年，三院根据空军、海军提出研制空地和空舰导弹的要求，提出将海鹰二号改装为空舰型号的总体方案。但因受到“文化大革命”的影响，研制停顿了一段时间。1975 年 9 月，中央军委批准恢复空舰导弹武器系统的研制，将这一型号命名为鹰击六号，路史光任总设计师。1977 年 4 月，确定用轰六丁型飞机挂鹰击六号导弹，1978 年首飞试验成功。1984 年，鹰击六号完成设计定型试验。

1970 年，海军向三院提出研制一种超声速小型导弹的要求。1977 年 9 月，正式批准研制小型、超低空、多用途的反舰导弹，命名为鹰击八号，鲍克明、路史光、姚绍福先后担任总设计师。1984 年，该型号完成装艇海上飞行试验，研制成功。

1971 年 9 月，三院提出研制采用冲压发动机的低空、超声速导弹的方案，这种新型反舰导弹命名为鹰击一号，沈世绵任总设计师。1979 年开始进行飞行试验，1986 年自导弹发射成功。

我国形成了以海鹰、鹰击命名的舰舰、岸舰、空舰、反舰等飞航导弹系列，构筑起了一道坚固的海防屏障。

第三节　打造运载火箭

火箭是通向太空的天梯，是人类进入外层空间活动的理想交通工具。打造运载火箭，是独立开展航天活动的首要条件。

我国一方面从研制探空火箭起步，为进入空间打好基础，一方面又研制地地导弹，为发展达到足够推力的多级运载火箭创造条件。从 1970 年第一种运载火箭长征一号发射成功，至今已发展成长一、长二、长三、长四四个系列的 16 种长征运载火箭，基本上满足了发射各种轨道、不同重量、多种用途的航天器的要求。截至 2015 年 12 月 29 日，长征系列运载火箭已经进行了 222 次发射。此外，还研制了风暴一号运载火箭和快舟小型固体运载火箭，分别进行了 5 次和 2 次成功发射。

一、自行研制探空火箭

1958 年 8 月，中国科学院第一设计院在该院力学所成立，郭永怀任院长、杨南生任副院长。11 月，第一设计院由北京迁往上海，更名为上海机电设计院，并调王希季任总工程师，研制队伍由原来的 100 人增加到 600 多人，开始研制探空火箭。

最初决定研制 T-5 探空火箭。由于计划脱离实际，缺少技术

T-7M 探空火箭准备发射

条件，1959 年 9 月，决定研制一种小型的探空火箭 T-7，而且从缩小的模型火箭 T-7M 起步。T-7M 火箭是由常规液体主火箭和固体助推器串联的两级火箭，火箭全长 5.345 米，自重 75 千克，主火箭长 4.2 米，直径 0.25 米，发动机推力 226 千克，可携带 19 千克的有效载荷，发射高度 8~10 千米。火箭发射到弹道顶点时，箭头与箭体自动分离，分别由降落伞回收，箭头内载有测量各种工程参数的遥测系统。上海机电设计院在研制中，建立了一套因陋就简的试验和测试程序，不到半年时间，完成了 T-7M 的研制工作。

1960 年 1 月 25 日和 2 月 11 日，T-7M 火箭两次发射失败。1960 年 2 月 19 日，T-7M 火箭竖立在 20 米高的发射架上，点火后，直上云霄，飞行高度 2 千米，试验取得成功。这次发射的 T-7M，虽然只是一枚小型简单的模型火箭，但却是第一项具有工程实践意义的成果。4 月 17 日，又一枚 T-7M 火箭发射成功，飞行高度约 3.5 千米，第一次回收并获得遥测参数。4 月 18 日，聂荣臻副总理和张劲夫、钱学森到上海江湾机场的简易试车台，观看了 T-7M 火箭发动机热试车。聂荣臻高度赞扬年轻科技人员自力更生、敢想敢干、艰苦奋斗的精神，勉励科技人员要努力学习，做到又红又专，成为中国第一代探空火箭发动机专家，取得更大的成功。1960 年 5 月 28 日，毛泽东主席到上海新技术展览会视察了 T-7M 探空火箭。当毛主席听到讲解员回答说这种火箭能飞 8 千米高时，十分高兴地说："8 千米，那也了不起！应该 8 千米、20 千米、200 千米地搞上去。"并赞扬年轻的科技人员边干边学，通过实践将火箭发射成功。

1960 年 12 月 5 日，带有固体助推器的 T-7M 火箭发射成功，飞行高度达到 9.8 千米。到 1963 年，在上海南汇老港镇共发射 12 次 T-7M 火箭，其中 10 次获得成功。

1960 年，在安徽省广德县山区建成代号为 603 的探空火箭发射场。9 月 13 日，第一枚 T-7 探空火箭在这里发射成功，飞行高度 19 千米。我国从此揭开了火箭探空活动的序幕。到 1963 年，T-7 火箭共发射 11 次，成功 9 次。随后，T-7 火箭经过改进，提高性能，升级研制成 T-7A 气象火箭，1963 年 12 月 22 日首次发射成功，飞行高度约 115 千米。在此基础上，1964 年研制试验 T-7A（S1）生物试验火箭。1966 年 7 月 15 日和 28 日，先后成功发射两枚 T-7A（S2）生物试验火箭，把两只小狗"小豹"和"珊珊"送上高空，

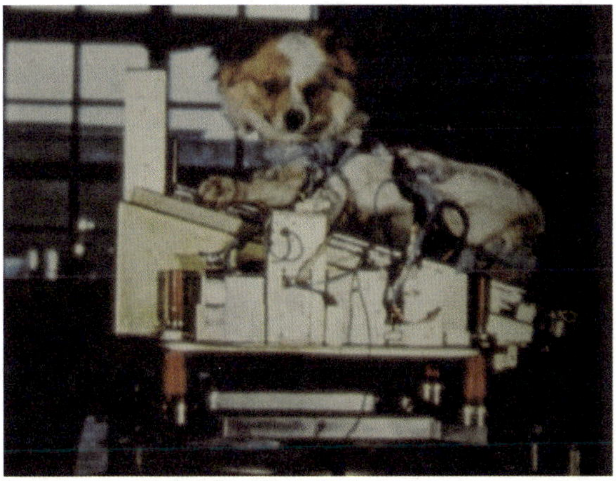

1966 年 7 月 15 日，小狗"小豹"被 T-7A（S2）生物试验火箭送入 70 千米高空，并成功回收

火箭飞行正常，传回探测数据，箭头安全回收，小狗活着返回地面。

我国探空火箭（包括生物试验火箭）的发射成功，为发展空间技术积累了研制经验，作出了重要贡献。

二、长征一号一举成功

1965 年 1 月，钱学森在提出研制人造卫星建议的报告中指出："现在我国弹道式导弹已有一定的基础，现有型号进一步发展，即能发射 100 千克左右重量的仪器卫星。"当时，我国提上研制日程的东风四号中远程导弹，采用两级结构，具备使卫星达到 7.9 千米 / 秒的第一宇宙速度、将其送入地球轨道的能力。因此，在 1966 年 5 月国防科委、中科院和七机部共商第一颗卫星总体方案时，提出了研制长征一号运载火箭来发射卫星。

1966 年，长征一号运载火箭的总体设计工作开始由七机部第八设计院负责，在王希季主持下论证了运载火箭方案。1967 年 11 月将研制工作转交七机部一院，任新民担任技术总负责人。一院确定：长征一号运载火箭以中远程导弹为基础，在两级液体火箭上加新研制的第三级固体火箭，组成一种三级火箭。火箭全长 29.46 米，最大直径 2.25 米，起飞质量 81.5 吨，起飞推力 1020 千牛，运载能力 300 千克。火箭由七机部一院负责研制，任新民为技术负责人；第三级固体发动机由七机部四院研制，杨南生为技术负责人。在 3 年中攻克了发动机高空点火和高空性能模拟试验技术、火箭级间连接和分离技术、大长细比火箭的姿态控制技术等难关。在"文革"期间极端困难的情况下，周恩来总理采取特殊措施，由军管会保护一批科技专家，使他们能正常工作，而且专派钱学森、杨国宇（七机部军管会副主任）到试验站全权组织火箭发动机试车工作。1970 年 1 月 30 日，第一枚中远程导弹进行飞行试验，一二级分离、发动机高空点火获得成功，导弹在失重状态下滑行姿态完全正常，试验取得圆满成功，为改装成长征一号运载火箭奠定了坚实基础。

1970 年 2 月 5 日，长征一号合练火箭研制完成。国防科委决定，不先进行运载火箭发射试验，而采纳直接发射卫星的方案。3 月 26 日，长征一号运

1970 年 4 月 24 日，长征一号运载火箭成功发射东方红一号卫星

载火箭完成总装。周恩来总理告诫大家：千万不要认为工作已经都做好了，一定要过细地做工作，要搞故障预想，对各种可能的情况，展开讨论。他还高度赞扬工人们用勤劳的双手、精湛的技艺，为国家作出了贡献。

1970 年 4 月 1 日，长征一号运载火箭运往酒泉导弹试验基地。4 月 2 日，在技术阵地开始检查测试，排除了多余物。4 月 16 日，运载火箭转往发射阵地，周恩来总理指示说：到发射阵地后，一定要认真地、仔细地、一丝不苟、一个螺丝钉都不放过地进行测试检查，预祝这次发射一举成功。4 月 24 日，长征一号运载火箭在酒泉试验基地发射成功，中国第一颗人造地球卫星进入太空，掀开了空间活动的序幕。

三、长征二号从失败到成功

我国在研制东风五号洲际导弹初期，就把用将其改进而成的运载火箭发射近地轨道重型卫星的任务列入计划。1970 年，七机部一院提出，在洲际导弹研制成功的基础上，改进研制长征二号运载火箭，由屠守锷任总设计师。长征二号是两级液体运载火箭，用于发射返回式卫星。火箭长 32 米，最大直径 3.35 米，起飞质量 190 吨，起飞推力 2748 千牛，能把 1.8 吨重的卫星送上数百千米高的椭圆轨道。国防科委、七机部和北京市组织178个单位参加705工程大会战。

1972年9月13日，周恩来总理到七机部一院视察，特别到火箭总装车间参观了正在研制的长征二号运载火箭，并发表讲话：“我们的尖端产品现在是试验阶段，要加速结束这个阶段，中央希望加紧长征二号运载火箭的研制进度，保证尽早把返回式卫星送上天。”但是，由于“文化大革命”的干扰，研制进度一再拖延。1974年2月11日，七机部召开计划会议，把用长征二号运载火箭发射返回式卫星列为当年的重点任务。在长征二号运载火箭研制过程中，先后解决了大推力火箭发动机研制、摇摆发动机提供控制力、推进剂贮箱用自生增压、高强度铝铜合金材料加工、实现平台－计算机制导方案等关键技术问题。经过三年多的攻关，长征二号运载火箭在运载能力和制导精度方面都达到了比较先进的水平。

1974年11月5日，长征二号运载火箭发射，起飞20秒钟后，由于火箭俯仰姿态角偏差太大，火箭自毁。失败原因是火箭控制系统速率陀螺输出的一根导线折断，军委副主席叶剑英勉励大家说：“失败是成功之母，不要颓丧，要继续奋斗，再接再励，一定要达到目的。”

1975年，张爱萍复出，主持国防科委工作。他称这次长征二号运载火箭失利是“生于乱世，先天不足”，提出要大力整顿，恢复正常的科研生产秩序，保证长征二号运载火箭做到“精心保健”“一鸣翔天”。1975年3月28日，他到七机部一院蹲点，在科研生产第一线调查研究，语重心长地说：“过去好几年的时间失掉了，现在要用最短的时间抢回来。”七机部上下进行科研生产整顿，全面复查第二枚长征二号运载火箭的质量。1975年7月，张爱萍在火箭总装车间要求大家进一步把工作做细，不要急于求成，凡是能在地面上发现的问题一定要发现，一切能解决的问题一定要解决，不带问题上天，做到一次成功。1975年7月1日，中央调整了七机部的领导班子，汪洋被任命为七机部部长。七机部新的领导班子为消除“文化大革命”的破坏和影响，进行全面整顿，扭转科研生产瘫痪、半瘫痪的局面，做了大量工作。10月12日，第二枚长征二号运载火箭经过认真地测试检查，从北京运往酒泉试验基地。

1975 年 11 月 26 日，长征二号运载火箭再次发射，按预定程序飞行，将一颗返回式卫星送入预定轨道，发射取得圆满成功。1976 年 12 月 7 日和 1978 年 1 月 26 日，长征二号运载火箭又连续两次发射成功。

在长征二号运载火箭的基础上，七机部一院经过改进，研制出了长征二号丙运载火箭，并创下了连续成功的发射纪录，获得“金牌火箭”的称号，为实现运载火箭的系列化发展打下了一个良好的基础。

四、形成系列运载火箭

我国的运载火箭已有 4 种型谱，在近地轨道、太阳同步轨道、地球同步转移轨道范围形成了 3 个系列，实现了基本型、系列化的发展。

1. 长征一号运载火箭

长征一号运载火箭仅发射两次，均获成功。

2. 长征二号系列运载火箭

长征二号系列运载火箭包括 6 个型号，通常用在酒泉卫星发射中心发射近地轨道航天器。长征二号运载火箭发射 4 次，成功 3 次。1982 年 9 月 9 日，第一枚长征二号丙运载火箭发射成功，屠守锷、王德臣、李占奎、范瑞祥先后任长征二号丙运载火箭总设计师。长二丙是在长征二号运载火箭基础上，加长到 40 米，近地轨道运载能力提高到 2.5 吨，到 2014 年共发射 41 次，成功 40 次，1988 年获得“金牌火箭”称号。长征二号丙运载火箭是长征二号系列运载火箭的基本型。

1997 年 9 月 1 日，第一枚长征二号丙改进型运载火箭发射成功。李占奎为总设计师。长二丙改火箭是以长二丙为基础，新研制了一个固体上面级或分配器，可以完成一箭双星的发射，运载能力为 1.5 吨。至 2008 年 9 月共发射 10 次，均获成功。

1992 年 8 月 9 日，第一枚长征二号丁运载火箭发射成功。长征二号丁是在长征四号甲火箭基础上改进派生出来的两级运载火箭，加大了一、二级长度，是长征二号系列火箭中的一种。火箭全长 38.3 米，起飞质量 232 吨，起飞推力 2961 千牛，近地轨道运载能力 3.3 吨。孙敬良、马佳先后任总设计师。截至 2015 年 12 月发射 26 次，均获成功。

1990 年 7 月 16 日，第一枚长征二号 E 运载火箭发射成功。它是在长二丙火箭基础上，捆绑 4 个液体助推器，从而形成一种新型大推力火箭，王德臣为总设计师。这种简称为“长二捆”的新型火箭，芯级用加长的长二丙，全长 49.7 米，捆绑四个直径各为 2.25 米的液体助推器，起飞质量 460 吨，可把 9.2 吨的有效载荷送入 200 千米高的圆轨道。如果加一个上面级，则可将 2.5~4 吨的有效载荷送入地球同步转移轨道，发射场选在西昌卫星发射中心。长征二号 E 运载火箭共发射 7 次，6 次成功，现已退役。

1999 年 11 月 20 日，第一枚长征二号 F 运载火箭首发成功。王德臣、刘竹生、荆木春、张智先后任总设计师。长二 F 采用长二丙上改下捆的办法，以长二 E 为基本型，由捆绑的 4 个液体助推器、芯一级、 芯二级、整流罩和逃逸塔组成，火箭全长 58.34 米，起飞质量 480 吨，可将 8 吨的飞船送入近地轨道。至 2013 年 6 月，已发射 11 次，全部成功。

3. 长征三号系列运载火箭

长征三号系列运载火箭包括 4 个型号，通常用于在西昌卫星发射中心发射地球静止轨道航天器。长征三号是 1976 年 8 月正式决定第三级采用氢氧发动机二次启动方案、研制的一种地球同步转移轨道运载火箭，1977 年 12 月命名为长征三号，1978 年 1 月任命谢光选为总设计师。长征三号火箭全长 43.25 米，一、二级直径 3.35 米，采用常规推进剂，三级直径 2.25 米，采用液氢液氧低温高能推进剂，起飞质量 204 吨，起飞推力 2961 千牛，地球同步转移轨道运载能力 1.45 吨。1984 年 1 月 29 日，长征三号运载火箭首次发射，由于火箭第三级第二次点火发生故障，没有把卫星送入预定的地球同步转移轨道。4 月 8 日，长征三号运载火箭第二次发射取得圆满成功。至 2000 年 6 月共发射 13 次，3 次失败。现已退役。

1982 年，中国运载火箭技术研究院提出在长征三号运载火箭基础上“上改下捆、先改后捆”的思路，新研制长征三号甲、乙、丙系列火箭。龙乐豪为总设计师。

“长三甲”全长52.52米，地球同步转移轨道运载能力达到2.6吨。1994年2月，首枚“长三甲”发射成功。至2015年12月，共发射24次，全部成功。

1996年2月15日，首枚长征三号乙运载火箭发射失败。“长三乙”是在“长三甲”的基础上，捆绑4个液体助推器组成，总长56.33米，起飞质量426吨，起飞推力5923千牛，地球同步转移轨道运载能力达到5.2吨。截至2015年12月，共发射33次，仅首飞失败。

2008年4月25日，首次发射成功长征三号丙运载火箭，它以长征三号甲运载火箭为基础，捆绑2个液体助推器，地球同步转移轨道运载能力达到3.8吨。截至2015年12月，共发射12次，全部成功。

4. 长征四号系列运载火箭

长征四号系列运载火箭包括3个型号，通常用于在太原卫星发射中心发射太阳同步轨道航天器。长征四号火箭开始叫新长征三号，是一种采用常规

长征系列火箭型谱图

推进剂的三级液体运载火箭。1982 年根据其用途不同，把新长征三号改为长征四号甲运载火箭。

1988 年 9 月 7 日，首枚长征四号甲运载火箭发射成功。“长四甲”是以长征三号火箭的一、二级为基础，加上新研制的第三级常规推进剂发动机组成。孙敬良为总设计师。火箭长 41.9 米，起飞质量 248.9 吨，起飞推力 2942 千牛，能把 1.4 吨的有效载荷发射到 900 千米高的太阳同步轨道。仅成功发射 2 次，现已退役。

1999 年 5 月 10 日，首枚长征四号乙运载火箭发射成功。李相荣为总设计师。火箭全长 44.1 米，太阳同步轨道运载能力为 2.2 吨，截至 2015 年 12 月共发射 27 次，成功 26 次。

2007 年 11 月 12 日，首枚长征四号丙运载火箭发射成功。火箭全长 47.97 米，太阳同步轨道运载能力达到 2.8 吨。截至 2015 年 11 月共发射 17 次，全部成功。

5. 新一代运载火箭

我国于 2000 年提出研制新一代无毒、无污染、高性能和低成本的运载火箭，这是一个由研制“一个系列、两种发动机、三个模块”组成的运载火箭系列方案。一个系列：通过不同模块组合，构成 14 个型号；两种发动机：一种是 50 吨级推力的液氢液氧发动机，一种是 120 吨级推力的液氧煤油发动机；三个模块：一是使用液氢液氧推进剂的 5 米直径模块，二是使用液氧煤油推进剂的 3.35 米直径模块，三是使用液氧煤油推进剂的 2.25 米直径模块。这样构成的新一代运载火箭近地轨道运载能力从 9 吨到 25 吨，地球同步转移轨道运载能力从 5.5 吨到 14 吨。其中基本型全长 60.5 米，芯级直径 5 米，起飞质量 675 吨，起飞推力 8220 千牛，地球同步转移轨道运载能力为 10 吨。2015 年 9 月 20 日，新一代火箭家族中的长征六号小型运载火箭发射成功。2016 年 6 月 25 日，新一代火箭家族中的长征七号中型运载火箭首飞成功。长征五号运载火箭预计 2016 年四季度发射，可把 25 吨的航天器送入近地轨道，将用于发射空间站的核心舱和实验舱，以及执行探月三期的任务。

第四节　放飞人造卫星

人造卫星，是人类第一种飞出大气层、进入空间运行的航天器，它充分地展示了航天技术的空间应用能力。我国已独立研制和发射了 240 多颗各种用途的人造卫星，形成了科学技术试验、返回式遥感、通信、气象、资源、导航、海洋、环境监测等卫星系列。这些卫星的应用，不仅促进了我国通信广播、气象观测、资源勘查、环境监测等领域的现代化，满足了社会日益增长的通信、电视、教育等事业的需要，提高了气象预报、灾害监测等工作的准确性和科学水平，而且在国土普查、地质勘探、地震预测、铁路选线、海洋作业、农林开发、太空育种、城市规划、测量定位、环境控制、减灾防灾等众多国民经济领域取得显著效益。

我国放飞的人造卫星千姿百态，光耀苍穹，在太空构成一幅灿烂靓丽的风景。

一、东方红一号卫星

1958 年 5 月 17 日，毛泽东主席发出“我们也要搞人造卫星”的号召后，聂荣臻副总理召集专门会议，责成中国科学院和国防部五院拟定人造卫星发展规划方案。中国科学院把人造卫星列为

1958年的第一项重点任务（代号581任务），成立了以钱学森为组长，赵九章、卫一清为副组长的领导小组，并筹建三个设计院负责卫星及控制系统、探测仪器的设计工作。1959年，中国科学院对空间技术研究任务作了调整，提出先从探空火箭研究开始，打好基础，暂停研制人造卫星的安排。

1965年，周恩来总理根据赵九章和钱学森的建议和意见，重新把人造卫星提上发展日程。1965年4月，聂荣臻委托张爱萍召集钱学森、张劲夫等有关部门负责人研究，提出了在1970年至1971年发射第一颗人造卫星的设想方案。5月6日，中央专委第12次会议决定，将人造卫星列入国家计划。7月，中国科学院受国防科委的委托，向中央专委呈报了《关于发展我国人造地球卫星工作规划方案的建议》，中央专委原则批准了这个规划方案，并确定：中国人造卫星采取由简到繁、由易到难、从低级到高级、循序渐进、逐步发展的方针。第一颗人造卫星争取在1970年左右发射，东方红一号卫星工程的代号是651工程。

1966年年初，中国科学院正式成立651设计院（卫星设计院），开始卫星总体方案的论证和设计工作。1966年5月，国防科委、中国科学院和七机部的负责人罗舜初、张劲夫、王秉璋、钱学森等一起商议，同意第一颗人造卫星命名为东方红一号，提出第一颗卫星要达到“上得去、跟得上、看得见、听得到”的要求，计划1970年完成发射飞行任务。

早在1965年9月，由钱骥领导的卫星总体设计组就拟定了卫星总体方案。同年10月至11月，中国科学院受国防科委的委托，召开我国第一颗人造卫星方案论证和工作安排会议，初步确定了第一颗人造卫星工程的总体方案。1967年12月，国防科委召开会议审定了总体方案和各系统方案。1968年1月，国家正式批准东方红一号卫星研制任务书，确定卫星重量不小于150千克，卫星与运载火箭分离入轨后，末级火箭跟着在太空中运行，为了能让地面的人们用肉眼观看到卫星，在末级火箭上加了能反射日光的“观测裙”，卫星还要播放《东方红》乐曲，让世界各地都能听到它的声音。1968年2月中国空间技术研究院组建后，在钱学森院长的领导下，调七机部一院的孙家栋、戚发轫先后担任卫星总体技术负责人，集中力量开展卫星研制工作。东方红一号外形为球形多面体，直径 1 米，质量 173 千克，采用自旋姿态稳定方式，用银锌电池作电源，顶部装有超短波鞭状天线，腰部装有短波交叉振子天线和微波雷达天线。1970 年 3 月 21 日，两颗东方红一号卫星总装完成，并于 4 月 1 日与长征一号运载火箭一起运往酒泉发射基地待命飞行。

1970 年 4 月 14 日，周恩来总理召集中央专委会议，听取从发射基地返回北京的钱学森、李福泽、杨国宇、任新民、杨南生、戚发轫等人关于第一颗卫星在发射场准备发射情况的汇报。周总理鼓励大家说："如果这次试验成功了，还要继续前进，不要骄傲自满。这次试验也可能搞不成，但失败是成功之母嘛。" 4 月 20 日，周总理还对发射提出了"安全可靠、万无一失、准确入轨、及时预报"的要求。

1970 年 4 月 24 日，周总理打电话给酒泉发射基地说："毛主席已批准今晚发射。请把这个喜讯告诉发射场的全体同志，希望大家鼓足干劲，仔细地做好工作，要一次成功，为祖国争光！"当晚，我国第一颗人造卫星东方红一号发射取得圆满成功，中国成为世界上第五个能够独立研制和发射人造卫

东方红一号卫星

星的国家。

经过 5 年时间，651 工程任务圆满完成，为中国人造卫星的发展开辟了广阔的道路。

二、返回式卫星

我国确定研制的第一种应用卫星是返回式遥感卫星。这种卫星是发射到近地轨道上，完成空间飞行任务后，带着探测成果返回地面。卫星返回技术，包括突破卫星返回调姿、返回制动、再入防热、软着陆、落点控制等几道难关。

1966 年初至 1968 年 4 月，返回式卫星的研制工作由七机部第八设计院（后改为 508 所）承担。在王希季主持下，1966 年初开始研究返回式卫星总体方案，年底提出了返回式卫星的方案设想。1967 年 3 月，七机部八院按时完成了返回式卫星方案论证任务，并提出了返回式卫星方案论证报告。从 1967 年 9 月开始，先后在王希季、孙家栋主持下，完成了方案设计、初样阶段和正样阶段的研制工作。在研制过程中，攻克了空间摄影、姿态控制、温度控制、制动发动机、返回舱回收系统等技术难关，经过整星热真空试验、两舱分离试验等综合性地面试验和星地校飞与对接试验、回收区地面跟踪系统和联合空投等天地配合试验，1974 年完成返回式卫星的研制工作。

我国第一批（01 批）返回式卫星由仪器舱和返回舱两部分组成，呈球头圆锥形，质量约 1.8 吨。卫星上装有一台可见光地物相机，在轨道上对国内预定地区进行摄影，并用一台星空相机同时对星空摄影，以确定地物相机拍摄的方位。在完成预定任务后，将装有胶片暗盒的返回舱回收，以获取遥感资料。01 批返回式卫星共有四颗（第一颗至第四颗）。

1974 年 11 月 5 日发射第一颗返回式卫星时，因运载火箭发生故障，发射失败，卫星炸毁。一年之后，1975 年 11 月 26 日，第二颗返回式卫星发射升空，并进入近地点 181 千米、远地点 495 千米、倾角 63 度的预定轨道，入轨精度完全符合设计要求。卫星在轨运行 3 天，各主要系统工作正常。11 月 29 日，卫星按预定时间返回地面。

返回式卫星在轨运行

成功回收返回式卫星

原定落点在四川中部遂宁地区，但结果降落在贵州六枝地区，落点偏差较大，返回舱裙部也被烧坏了，但整舱完好，获得了预定回收的遥感资料。叶剑英副主席赞赏地说：“只要落到中国的国土上，就是了不起的胜利。”这颗返回式卫星发射和回收都获得成功。1976 年 12 月 7 日和 1978 年 1 月 26 日，我国又有两颗返回式卫星升空，在太空运行 3 天后返回地面，返回舱及舱内仪器完好无损，圆满完成飞行任务。中国成为世界上第三个掌握卫星返回技术的国家。

三、通信和气象卫星

按照我国人造卫星发展的设想，在发射和回收成功近地轨道人造卫星之后，下一步就应研制发射地球静止轨道卫星和太阳同步轨道卫星了。

在地球静止轨道卫星中首选发展通信卫星。1974 年 5 月 29 日，周恩来总理根据邮电部三位同志关于发展我国通信卫星的建议，批示国家计委和国防科委：先将通信卫星制造、协作和使用方针定下，然后再按计划分工作出规划，督促进行。1975 年 2 月 17 日，国家计委、国防科委报送《关于发展我国卫星通信问题的报告》。3 月 31 日，中央军委第八次常委会议讨论了这个报告，并送毛泽东主席审阅批准，后来，卫星通信工程被命名为“331”工程，正式列入国家计划。

“331”工程包括通信卫星、运载火箭、测控通信、发射场、地面应用五大系统，七机部负责通信卫星和运载火箭的研制任务。1977 年，七机部建立了设计师系统和调度指挥系统，任新民任“331”工程总设计师。其中，通信卫星命名为东方红二号，由七机部五院负责研制，孙家栋、戚发轫先后任总设计师。1975 年 6 月，张爱萍指出：“要以通信卫星为重点，要集中力量搞。”

1975 年，东方红二号通信卫星确定选用地球静止轨道方案。卫星呈圆柱体，最大高度 3.1 米，太阳能电池筒体直径 2.1 米，起飞质量 900 千克，轨道质量 420 千克，装两套转发器。1983 年 9 月完成卫星正样生产，质量合格，满足各项设计指标要求，运往新建的西昌卫星发射中心。

1984 年 1 月 29 日，第一颗东方红二号试验通信卫星发射，但因运载火箭第三级第二次点火发生故障，卫星只进入一条远地点为 6480 千米的椭圆轨道，未能进入预定的地球同步转移轨道。经过查找失利原因、改进设计后，重新研制了第二枚长征三号运载火箭，4 月 8 日，再次组织发射，东方红二号试验通信卫星被准确送入预定轨道。4 月 10 日，星上远地点发动机点火，卫星进入高度约为36000千米的赤道上空的地球同步转移轨道，4月16日，卫星成功定点于东经125度赤道上空，东方红二号通信卫星发射和定点圆满成功。

东方红二号卫星定点后，同各个地面站进行了通信、广播和电视转播试验，效果良好。中共中央、国务院、中央军委在贺电中指出："试验通信卫星发射成功，标志着中国空间技术有了新的飞跃。"4月19日，张爱萍在接受新华社记者采访时强调指出：我国是完全依靠自己的力量完成通信卫星试验的，这次试验表明，我国的运载火箭技术水平不亚于其他先进国家，卫星通信技术也接近世界先进水平。

在太阳同步轨道卫星中首选发展气象卫星。早在1969年1月，周恩来总理就指出：应该搞我们自己的气象卫星。1970年2月16日，中共中央、国务院、中央军委下达研制气象卫星的任务。1974年9月，召开气象卫星任务协调会，讨论了气象卫星基本使用要求和系列发展的规划设想。1976年，完成风云一号气象卫星总体初步方案。1977年，国家批准风云一号气象卫星工程立项，代号为"711"工程。"711"工程包括风云一号卫星、长征四号运载火箭、太原卫星发射中心、测控中心和测控站、地面云图接收站和处理中心共五个系统。风云一号为我国第一代太阳同步轨道气象卫星，孟执中任总设计师。1977年11月，国防科委召开气象卫星总体方案论证会，形成了风云一号卫星的总体方案。1986年，卫星进入正样研制阶段。卫星为1.4米×1.4米×1.2米的六面体，重750千克，主体两侧装有3块太阳能电池阵和1块撑板，入轨后展开8.6米，轨道高度901千米，一昼夜环绕地球14圈，覆盖地球2次，每圈历时约102分钟。星上遥感仪器以每分钟360转的速度扫描地球，把获得的信息储存起来发回地面，实现观测全球气象的使命。

1988年9月7日，风云一号气象卫星A星在太原卫星发射中心发射升空，成功进入901千米高的太阳同步轨道。当天传回地面的第一幅云图照片，图像清晰，纹理清楚，层次丰富。但它仅在太空运行39天就失效了。1990年9月3日，风云一号气象卫星B星发射升空，不断发回获得的云图照片。1991年2月14日，卫星出现快速翻滚的异常状态，经过抢救，卫星重新对地定向，恢复正常工作，这颗气象卫星在轨运行 285 天。

我国风云一号气象卫星用于监测森林火灾、旱涝灾害、农作物和草场、洋流和海水、沿海河口泥沙分布等情况，提高了天气预报和灾害监测水平。国务院、中央军委在风云一号气象卫星发射成功的贺电中指出：“这次卫星发射成功，填补了我国应用气象卫星的空白，标志着我国航天和气象卫星技术有了新的进步，对促进国民经济的发展，具有十分重要的意义。”

四、实现卫星系列化

我国的人造卫星已经覆盖了近地轨道、太阳同步轨道、地球静止轨道的各种轨道范围，不仅包括了各种不同的应用功能，而且形成了系列化、平台化发展的格局。

1. 科学技术试验卫星系列

1971 年 3 月 3 日，第一颗科学技术试验卫星实践一号发射成功，卫星入轨 8 天后，全国各地的接收站就收到了卫星的遥感信号。实践一号卫星原设计寿命是 1 年，但一直到 1979 年 6 月 11 日才停止工作，坠入大气层烧毁，实际在太空运行 8 年。截至 2012 年 10 月，仅以“实践”命名的科学试验卫星就已发射 23 颗，还发射两颗以“探测”命名的科学探测卫星。

2. 返回式遥感卫星系列

1975 年 11 月 26 日发射成功第一代返回式卫星，截至 2005 年 8 月，共发射成功6种23颗返回式卫星，其中成功回收22颗。新一代返回式卫星由圆柱体、截圆锥体和球形头部组成，卫星质量为3.4~3.9吨，最大直径2.2米，最大高度5.1米，在轨工作时间为 15 天、18 天到 27 天。我国返回式卫星在国土资源调查、地图测绘、地质勘查、铁路选线和考古研究，以及空间材料、生命科学和农作物种子实验等方面，都取得了丰硕成果。

3. 通信广播卫星系列

我国已经拥有 4 种不同类型的静止轨道通信卫星。其中，1984 年 4 月至 1991 年 12 月，成功发射了 3 颗东方红二号试验通信卫星和 3 颗实用通信卫星，卫星转发器由 2 个增加到 4 个，电视转播能力由 2 个频道增加到 4 个频道，电话传输能力由 1000 路增加到 3000 路，设计寿命由 3 年增加到 4 年半。1994 年 11 月发射东方红三号卫星，发射成功，但卫星失败。1997 年 5 月发射成功第一颗东方红三号通信卫星，卫星装有 24 台 C 波段转发器，工作寿命 8 年。东方红三号卫星平台本体为 2.22 米 ×1.72 米 ×2.00 米的箱体结构，质量 2330 千克，太阳能电池阵达 18.1 米，除用于东方红三号卫星外，还先后用于中星、鑫诺通信卫星和天链一号数据中继卫星，甚至扩展用于北斗导航卫星和嫦娥月球探测卫星。2006 年 10 月 29 日，第一颗采用东方红四号平台的鑫诺二号通信卫星发射成功，卫星质量达 5.1 吨，载有 22 台大功率 Ku 频段转发器和 5 副天线，设计寿命 15 年，但由于定点过程中出现技术故障，无法

东方红二号试验通信卫星

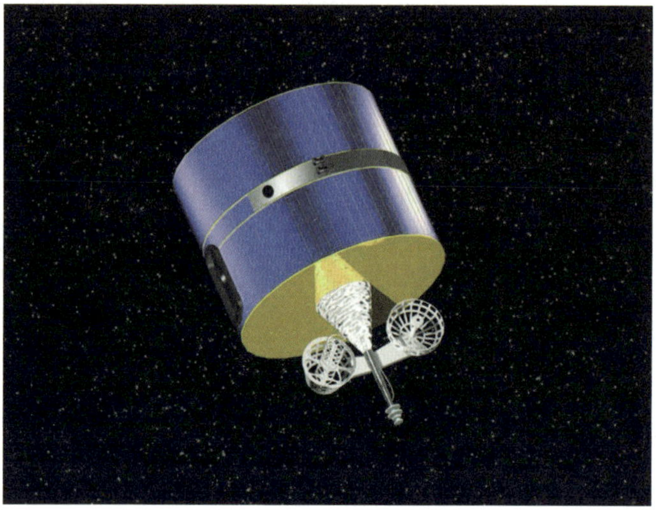

风云二号气象卫星

提供广播传输服务。2007 年 5 月至 2013 年 5 月，先后成功发射采用东方红四号平台的尼日利亚一号、委内瑞拉一号、鑫诺六号和中星十一号通信卫星，都提供了高效、优质的通信广播、远程教育方面的服务。

4. 气象卫星系列

1999 年 5 月 10 日和 2002 年 5 月 15 日，先后发射成功风云一号气象卫星 C 星和 D 星，均列入世界气象组织的业务应用卫星序列。2008 年 5 月 27 日和 2010 年 11 月 5 日，第二代极轨气象卫星风云三号相继发射成功，卫星尺寸是 4.44 米 ×1.0 米 ×3.97 米，发射质量 2.3 吨，轨道高度 837 千米，已纳入世界气象组织新一代世界极轨气象卫星网，在监测大范围自然灾害和生态环境、研究全球环境变化、气候变化规律和减灾防灾等方面发挥作用。从 1997 年 6 月到 2012 年 1 月，我国还研制发射成功 6 颗风云二号地球静止轨道气象卫星，风云二号卫星质量为 1.4 吨，直径 2.1 米，高 4.38 米，设计寿命 3 年，每 25 分钟获取一幅地球全景圆盘图，5~10 分钟获取任一区域的图像，为天气预报、汛期气象、防灾监测和重大工程提供保障服务，其获得的可见光、红外和水汽云图质量达到国外静止气象卫星的先进水平。

5. 资源卫星系列

自 1999 年 10 月到 2011 年 12 月，我国成功发射资源一号卫星 4 颗。资源一号卫星设计为长 2 米、宽 1.8 米、高 3.5 米的长方体，采用单太阳能电池阵，运行轨道为 778 千米高的太阳同步轨道，质量为 1540 千克。它们拍摄的图像用于农林、土地、矿藏和地球资源调查，在农作物估产、绘制地图、测量耕地、城市规划、环境监测、预报和监测灾害等领域发挥着重要作用。从 2000 年 9 月到 2004 年 11 月发射成功 3 颗资源二号卫星，完成 3 颗星共轨组网。资源二号卫星具备机动变轨能力、数据存储量大、数据传输率高的特点，实际寿命远超过设计工作寿命。2012 年 1 月 9 日，第一颗资源三号卫星发射升空，进入高约 600 千米的太阳同步轨道。卫星质量 2650 千克，设计寿命 5 年。它集测绘和资源调查功能于一体，主要用于国土资源调查和监测，还可为农业、防灾、生态环境和公共安全等领域提供服务。

6. 导航卫星系列

自 2000 年 10 月到 2007 年 2 月，我国成功发射 4 颗北斗一号试验导航卫星，建成第一个由 3 颗工作星和 1 颗备份星组成的区域性导航定位系统。从

北斗一号试验导航卫星

2004 年 9 月开始，实施第二代覆盖全球的北斗卫星导航系统计划。这个系统由 5 颗静止轨道卫星和 30 颗非静止轨道卫星组成，2007 年 4 月 14 日第一颗北斗导航卫星发射成功，到 2012 年 10 月，已发射 16 颗北斗导航卫星，组成了覆盖亚太地区的区域性导航定位系统，能提供亚太地区的定位、导航和短报文通信服务，预计到 2020 年建成覆盖全球的北斗卫星导航系统。

7. 海洋卫星系列

2002 年 5 月 15 日，我国第一颗海洋一号水色卫星发射成功。卫星本体为一个长 1.2 米、宽 1.1 米、高 0.996 米的六面体，两扇太阳能电池阵展开长 7.529 米，卫星重约 367 千克，设计寿命 2 年。它交付使用后，在海洋资源开发与管理、海洋环境监测与保护、海洋灾害监测与预报、海洋科学研究与合作等方面发挥作用。2007 年 4 月 11 日，又成功发射海洋一号 B 星，卫星质量 442.5 千克，运行在 798 千米高的太阳同步轨道，主要用于探测叶绿素、悬浮泥沙、海岸带动态变化等，标志着我国具备对全球各大洋和南北极区的探测能力。2011 年 8 月 16 日，又成功发射一颗海洋二号海洋动力卫星，它具备了对海啸、巨浪等突发灾难的监测能力。它具备了对海啸、巨浪等突发灾难的监测能力。

8. 中继卫星系列

2008 年 4 月，我国天链一号 01 星（数据中继卫星）发射和定点成功。随后，在 2008 年 9 月的神舟七号飞行任务中，验证了飞船的中继星终端与天链一号 01 星的数据中继功能。2011 年 7 月和 2012 年 7 月，我国又分别发射和定点成功了天链一号 02 星和 03 星，在完成神舟八号、九号、十号飞船与天宫一号目标飞行器的交会对接任务中发挥了重要的作用。

9. 现代小卫星系列

我国已开发形成了 CAST968 和 CAST2000 两个小卫星公用平台，研制成功环境、遥感、探测、天绘、试验等小卫星，实现了现代小卫星系列化、模块化、通用化发展。

第五节 实现飞天梦想

人类从发射无人的人造卫星到发射载人飞船，是航天科技发展、探索太空奥秘的必然过程。同世界上其他国家一样，在航天科技发展到一定阶段，中国也要实现中华民族的飞天梦想。

早在1966年，国防科委就组织有关专家制定了研制宇宙飞船的计划。1970年7月14日，毛泽东主席批准研制载人飞船，代号为714工程，钱学森为飞船取名“曙光一号”，他鼓励研制人员，把载人航天的锣鼓先敲起来，开始飞船的研制工作。但由于当时正处在“文化大革命”的动乱时期，经济困难，航天技术还不完全成熟，1975年，中央决定714工程“下马”，载人航天工程暂时尘封起来。不过一些预研工作并未停止，为将来时机成熟、工程重新启动创造条件。

1986年，根据邓小平对四位科学家《关于跟踪研究外国战略性高技术发展的建议》批示，国家制定了《高技术研究发展计划纲要》（简称863计划），把载人航天工程重新提上了研制日程，吹响了载人航天的号角。

一、载人飞船工程立项

1992年1月8日，中央专委会召开会议，听取了关于发展我国载人航天意义与作用的意见和关于我国载人飞船工程立项的建议。会议决定由国防科工委负责，组织进行载人飞船工程的技术、经济可行性论证。8月1日，中央专委再次召开会议，专门听取了载人飞船工程可行性论证工作汇报；会议认为发展我国的载人航天事业，对于增强综合国力和国防实力，促进科技进步，培养和壮大科技队伍，提高国家威望，增强民族自豪感和凝聚力等，都具有着十分重要的意义。

这次中央专委会议还提出了我国载人航天分三步走的方案：

第一步，在2002年前，发射两艘无人飞船和一艘载人飞船，建成初步配套的试验性载人飞船工程，开展空间应用实验；第二步，在第一艘载人飞船发射成功后，突破载人飞船和空间飞行器的交会对接技术，并利用载人飞船技术改装、发射一个小型的空间实验室，解决有一定规模的、短期有人照料的空间应用问题；第三步，建造空间站，解决有较大规模的、长期有人照料的空间应用问题。

1992年9月21日，江泽民总书记主持召开了中共中央政治局常委会议，讨论审议《中央专委关于开展我国载人飞船工程研制的请示》，批准我国载人航天工程的第一步——载人飞船工程研制任务正式立项实施。江泽民明确指出：要下决心搞载人航天，这对我国政治、经济、科技等都有重要意义。载人航天是综合国力的标志，要坚持不懈地、锲而不舍地去搞。

载人飞船工程立项后，由国防科工委负责统一组织实施，设立工程总指挥和总设计师两条指挥线，丁衡高任工程总指挥，王永志任工程总设计师。载人飞船工程第一步的基本任务确定4项：一是突破载人航天基本技术；二是进行空间对地观测、空间科学与技术实验；三是提供初期的天地往返运输器；四是为载人空间站建设积累经验。

载人飞船工程是一个规模庞大、技术复杂、涉及学科十分广泛的系统工程，工程包括七个系统。

航天员系统的主要任务是：在北京建成航天员科研训练中心，从空军飞行员中选拔和训练航天员，并在训练和飞行试验过程中，对航天员实施医学监督和医务保障，研制航天员地面训练模拟器和大型试验和训练设施，研制舱内航天服、舱外航天服和航天食品。

飞船应用系统的主要任务是：研制用于空间对地观测和空间科学实验的船载有效载荷，在飞船飞行试验中进行空间对地观测、空间遥感、空间环境监测、空间生命科学与生物技术、材料科学与材料加工、空间天文与物理和微重力流体力学等空间实验。

载人飞船系统的主要任务是：研制神舟号飞船，为航天员提供必要的生存和工作条件，可乘坐 3 名航天员和装载多种有效载荷，一旦发生故障，在其他系统的配合下，能保障航天员的安全，飞船具有交会对接的功能或提供航天员出舱活动保障的功能。

运载火箭系统的主要任务是：研制满足发射神舟号载人飞船的长征二号 F 运载火箭，它应满足载人航天高可靠性和高安全性的要求。为此，运载火箭系统的控制系统采用了冗余设计，在长征二号 E 运载火箭的基础上，增加了故障检测系统和逃逸救生系统。

发射场系统的主要任务是：为完成飞船和运载火箭的总装、测试、转运、推进剂加注、发射等工作提供保障条件。为此，在酒泉卫星发射中心新建载人航天发射场。

测控通信系统的主要任务是：负责火箭和飞船的测控、通信以及通信网络运行。为此，要建设北京航天飞行控制中心。

着陆场系统负责飞船返回舱的返回测量、返回舱的搜索和航天员的救援。为此，着陆场系统建在内蒙古中部地区。

全国有 110 多个科研院所和工厂直接参与研制建设，3000 多个单位负责协作配套，10 多万科技人员和工人付出心血和智慧，用了 6 年多时间完成载人航天工程研制任务。

神舟一号试验飞船

二、发射无人飞船

从 1999 年到 2002 年，中国先后发射了 4 艘无人飞船，为载人飞行任务奠定了坚实的基础。

1999 年 11 月 20 日，神舟一号试验飞船发射升空，10 分钟后即进入预定轨道，在太空飞行 14 圈，遨游 21 小时，11 月 21 日凌晨返回地面，完成载人航天工程的首次试验飞行。神舟一号首次飞行，考核了载人航天工程总体设计方案的可行性，特别是飞船系统的舱段分离技术、调姿制动技术、升力控制技术、防热技术、回收着陆技术等 5 大关键技术的可靠性。这次飞船仅配置了与飞船返回系统紧密相关的 8 个分系统，飞船的轨道舱没有进行留轨试验。飞船返回舱搭载了一些纪念品和农作物、药物种子，返回着陆后，开舱检查完好无损。神舟一号的成功飞行，标志着我国载人航天工程取得重大突破，载人航天技术迈出了关键一步。

2001 年 1 月 10 日，第二艘无人飞船神舟二号成功启程，被送入预定轨道。这是第一艘无人正样飞船，飞船技术状态与载人飞船基本一致。它在轨道上绕地球 108 圈，在太空飞行近 7 天后，于 1 月 16 日返回地面。在这次飞行中，飞船轨道舱进行了首次留轨运行，成功地开展了一系列空间科学实验。飞船按载人飞行要求，采用全系统配置，重点考核了环境控制与生命保障、应急救生两个分系统的功能，进一步检验了飞船系统与其他系统的协调性，轨道舱进行了长达半年的留轨实验，取得了许多富有价值的科研成果。

2002年3月25日，神舟三号无人飞船发射成功。飞船在太空飞行6天18小时，环绕地球108圈后，准确在主着陆场返回地面。这次飞船的技术状态与载人状态基本一致，进一步优化和改进了许多分系统的性能，特别是在轨道舱和返回舱内装载了拟人载荷系统，它可以在太空中模拟航天员的呼吸、心跳、话音、耗氧、产生热量等多种太空生活的重要生理参数和生理效应，并随时受到飞船上相关系统和北京航天飞行控制中心的监控，检验了飞船对模拟载人状态的工作性能。神舟三号飞船还增加了逃逸与应急救生功能，进行了逃逸救生和天地语音传输等方面的试验，这些试验都取得了成功。

2002年12月30日，神舟四号试验飞船发射升空。这是一艘完善型的无人飞船，在太空轨道上飞行6天18小时，环绕地球108圈，于2003年1月5日在主着陆场平稳着陆，回收成功。这次飞船增加了人工控制和在轨自主应急返回等多项功能，进一步考核了飞船系统的可靠性、安全性和工作性能。飞船设计了多种救生模式，飞船内部设施进行了优化，甚至启动了酒泉副着陆场，设立了若干陆上应急救生区，部署了海上应急救生船，完全按照正式载人要求进行了一次演练飞行。这次飞行，飞船上装载了52件科研设备，进行了对地观测、生命科学和空间环境实验。飞船内安置了两个穿着航天服的“模拟人”，全面考核了航天员对着陆冲击的适应性。这次飞行表明，神舟飞船的性能已完全能满足载人飞行的要求。

三、中国人进入太空

2003年10月15日9时整，在酒泉卫星发射中心的载人航天发射场，长征二号F运载火箭发射升空，把载有中国航天员杨利伟的神舟五号飞船送入近地点高度为200千米、远地点高度为350千米、轨道倾角42.4度的初始轨道，实施变轨后进入343千米高的圆轨道运行。神舟五号在太空飞行中，杨

中国首飞航天员杨利伟

利伟用笔记录了飞行感想，用相机拍摄了太空景色，透过舷窗观赏了太空景象，展示了带上太空的中国国旗和联合国旗。他在和地面指挥中心的妻子和儿子通话时说："我在太空感觉很好，太空的景色非常美，我看到我们美丽的家了。"神舟五号飞船在太空飞行21小时23分钟，环绕地球14圈，航程60万千米。10月16日6时23分，神舟五号飞船返回舱在内蒙古四子王旗主着陆场平安着陆，实际着陆点与预定着陆点相距只有4.8千米。杨利伟出舱后说："飞船运行正常，我感觉良好，我为祖国感到骄傲。"钱学森在10月16日亲笔题写贺词："热烈祝贺神舟五号发射成功，向新一代航天人致敬！"

神舟五号飞船为了确保航天员的安全，进行了37处提高可靠性的改进和20处提高安全性的改进，安排了56项可靠性试验和9项安全性试验，编写了《航天员应急和故障处理手册》等航天飞行中航天员使用的手册，并且航天员在地面训练中反复进行操作演练。还加班加点研制出胀环式座椅缓冲器替代原来的切刀式座椅缓冲器，使得即使着陆缓冲发动机没有工作，航天员的胸背向着陆冲击过载也降到了安全范围之内。

神舟五号飞船载人飞行的成功表明，飞船总体方案及各分系统方案正确，航天员座舱的大气环境、力学环境满足设计要求，考核了飞船发射起飞段的救生功能、自动应急返回方案及各种故障预案，还为神舟飞船的后续任务提供了宝贵经验。这标志着中国载人航天工程历史性的突破，中国成为世界上第三个独立开展载人航天活动的国家。

中共中央、国务院、中央军委在贺电中指出："首次载人航天飞行的圆满成功，是我国航天发展史上一座新的里程碑，标志着我国已经成为世界上独立自主地完整掌握载人航天技术的国家之一。""这是中华民族攀登世界科技高峰征程上完成的一个伟大壮举，全世界为之瞩目，全国各族人民为之自豪。"

神舟五号飞船载人飞行的成功，举世瞩目。世界各国有关人士盛赞中国航天取得的这一最新成就。美国国家航空航天局局长奥基夫发表声明说："这次发射是人类太空探索历史上的一次重要成就。继俄罗斯和美国之后，中国是第三个将人送入太空的国家。中国人民拥有漫长和卓越的探索历史，祝愿中国载人航天飞行计划能继续安全地向前推进。"欧洲空间局局长多尔丹说："中国已经成为第三个独自将人送入太空的国家，这表明它的航天技术已经非常可靠。中国载人航天取得的成功，将开启国际航天合作的新时代。"俄罗斯电视台报道称："中国成功发射神舟五号载人飞船，标志着中国进入了太空新时代，中国已成为继俄罗斯和美国之后能独立实施太空载人飞行计划的第三个航天大国。"联合国外空司司长马乔表示："中国首次载人航天飞行的成功，是太空探索的一个重要里程碑。世界上只有三个国家具备载人航天的实力，中国是第一个顺利完成载人航天飞行的发展中国家。"

四、进行太空行走

2005年10月12日，神舟六号飞船搭载两名航天员费俊龙和聂海胜升空，在太空飞行5天，环绕地球77圈，航程325万千米，在太空开展了科学实验活动。神舟六号载人航天飞行成功，标志着我国在发展载人航天技术，进行真正意义上有人参与的空间实验活动方面取得了重大胜利，为下一步实现太空行走的目标奠定了基础。

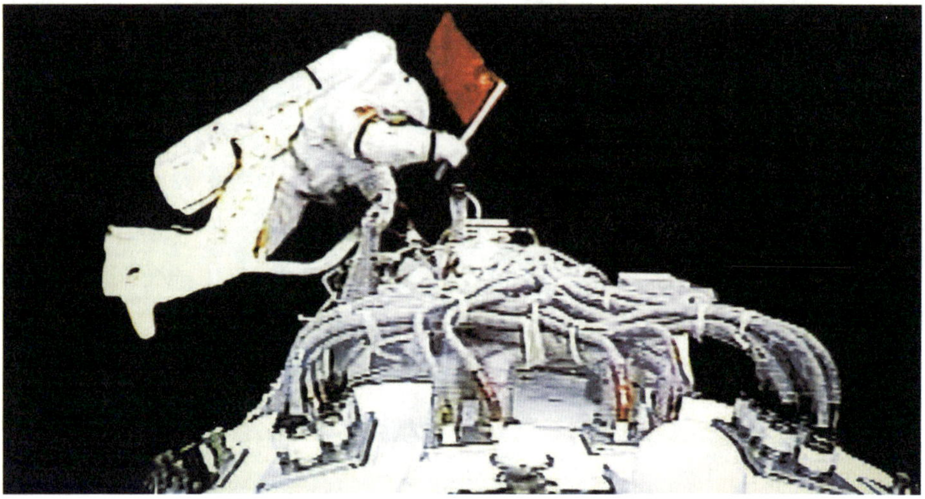

翟志刚进行太空行走

2008 年 9 月 25 日，神舟七号飞船搭载 3 名航天员翟志刚、刘伯明、景海鹏升空。这次飞行的主要任务，是航天员进行出舱活动，实现引人注目的太空行走。9 月 26 日，翟志刚和刘伯明开始进行轨道舱状态检查，舱外航天服组装、测试和在轨训练，一切正常。9 月 27 日，翟志刚身穿我国自己研制的“飞天”舱外航天服，开始进行出舱活动。翟志刚在舱外向地面飞控中心报告：“我已出舱，感觉良好。向全国人民、向世界人民问好！”翟志刚接过刘伯明从舱内递出的一面五星红旗，在太空徐徐挥动。然后，他将安装在舱壁上的科学试验样品“固体润滑材料”和“太阳电池基底薄膜材料”取下，顺利交给舱内的刘伯明。最后，翟志刚成功返回轨道舱。他的舱外活动时间达到了 19 分 35 秒，完成了中国人的首次太空行走。

神舟七号返回舱于 9 月 28 日 17 时 37 分返回地面，神舟七号载人航天飞行任务获得圆满成功。

神舟七号飞船为了保证航天员出舱活动，突破了一些关键技术：第一次建成亚洲最大的中性浮力水槽，对航天员进行了严格的出舱活动训练；第一次采用“脐带”联接航天员与舱外壁上的扶手，实现航天员出舱行走，“脐带”好似一根保险绳，不仅保证进入空间的航天员不致脱离飞船，而且还具有供给氧气和连接通信的功能；第一次把轨道舱改为气闸舱，为航天员进出飞船创造了必要条件；第一次研制使用舱外航天服，保证航天员出舱活动安全，舱外航天服还具有供氧、通信、排泄、电源、活动关节等功能。这次飞行还启用了最新研制的远望六号航天测量船和进行了飞船数据中继星的终端与2008年4月25日发射和定点的天链一号01星数据中继卫星的通信试验，为后续的载人飞船与天宫一号目标飞行器交会对接任务的成功奠定了基础。

这次载人太空飞行历时68小时27分钟，除航天员完成太空行走任务外，返回舱还带回一些搭载物品：翟志刚太空挥舞的一面五星红旗，翟志刚穿的“飞天”舱外航天服上的一双手套，从舱壁上取回的一个固体润滑材料实验装置，海峡两岸同胞“祝福神七，渴望和平”的录音U盘，一幅丝质中国地图，江西三清山25种濒危植物物种，老红军、老将军签名的中国工农红军军旗，文化部“和平颂——太空飞行艺术之旅”书画篆刻作品，以及中国宇航学会征集的“心系太空”画和2008条来自全球网民的祝福语等。

神舟七号载人航天飞行，是我国载人航天工程第二步任务的首次重要飞行。中共中央、国务院、中央军委在贺电中指出：“神舟七号载人航天飞行圆满成功，实现了我国空间技术发展具有里程碑意义的重大跨越，标志着我国成为世界上第三个独立掌握空间出舱关键技术的国家。”

五、首次入驻天宫

我国载人航天工程第二步任务的一项关键任务，是进行航天器空间交会对接，要先发射天宫一号目标飞行器，然后发射神舟八号无人飞船与天宫一号实现自动交会对接，再发射神舟九号、神舟十号载人飞船，实现与天宫一号的无人自动交会对接和有人手动交会对接，航天员入驻天宫一号开展空间实验活动。

天宫一号目标飞行器长10.4米，最大直径3.35米，活动空间15立方米，质量8.5吨，包括实验舱和资源舱两部分，可供3名航天员工作和生活。

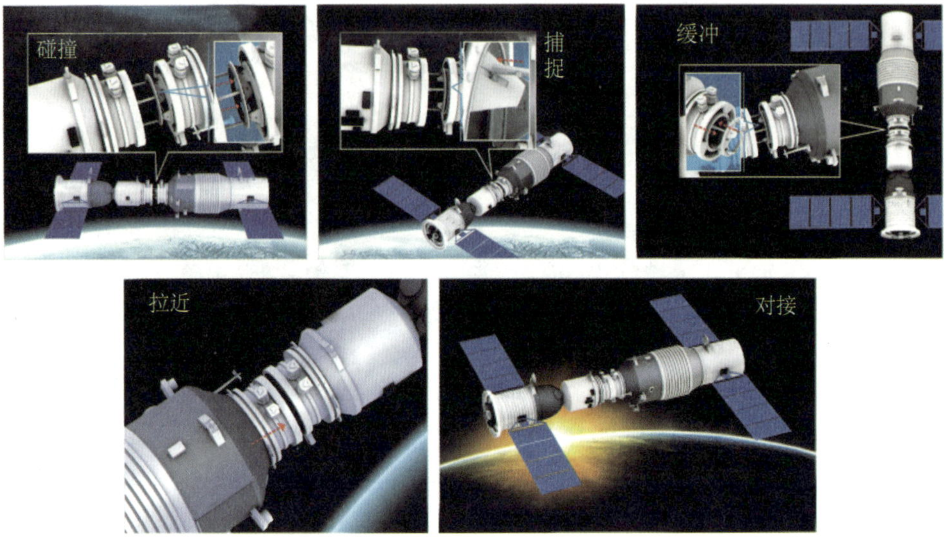

神舟九号与天宫一号对接过程

2011年9月29日，天宫一号目标飞行器发射升空，并进入预定轨道运行。

2011年11月1日，神舟八号无人飞船发射上天。11月3日，经过4次自主变轨控制，神舟八号到达距天宫一号约5千米的对接入口处，逐渐靠拢天宫一号，飞船对接机构捕获锁与天宫一号对接机构卡板器相互咬合，顺利完成交会对接，合成一个组合体环绕地球飞行。11月14日，神舟八号与天宫一号组合体先解锁分离，然后进行第二次交会对接，又获得成功。11月17日，神舟八号与天宫一号分离，安全返回地面，而天宫一号则继续在轨运行。神舟八号与天宫一号的自动交会对接试验圆满完成。

2012年6月16日，神舟九号载人飞船发射升空，飞船上载有两名男航天员景海鹏、刘旺和一名女航天员刘洋。6月18日，他们乘坐的神舟九号飞船，在北京航天飞行控制中心的精确控制下，缓缓靠近在轨运行的天宫一号目标飞行器，首先实施自动交会对接，形成航天器组合体。随后，景海鹏在刘旺的密切协助下，成功地打开天宫一号实验舱舱门，他们与刘洋相继飘进天宫一号，开展一系列科学实验活动。6月24日，天宫一号与神舟九号组合体按地面指令先行分离，然后在刘旺的精准操控下，神舟九号又成功实现与天宫一号的手动交会对接，再次形成组合体。这表明我国已经掌握了空间交会对接技术，具备了为未来中国的空间实验室或空间站进行人员运送和部分物资补给的能力。6 月 28 日，刘旺手动控制神舟九号与天宫一号分离，天宫一号实施轨道控制，由交会对接轨道进入自主运行轨道，而神舟九号则踏上返航之路。6 月 29 日，神舟九号载人飞船在经过 13 天太空飞行后，返回舱安全着陆，景海鹏、刘旺和刘洋健康出舱，胜利完成了首次载人空间交会对接任务。

六、再入天宫

2013 年 6 月 11 日 17 时 38 分，神舟十号飞船搭载 3 名航天员聂海胜、张晓光、王亚平（女），用长征二号 F 运载火箭发射升空。火箭发射后 570 秒，飞船顺利进入预定轨道。

神舟十号飞船在轨飞行 15 天，为我国迄今为止时间最长的载人航天飞行。6 月 13 日，神舟十号与天宫一号完成自动交会对接，3 名航天员进入天宫一号开展空间科学实验活动。在神舟十号的 15 天飞行中，神舟十号独立飞行 3

2013 年 6 月 11 日，神舟十号飞船发射升空

天，与天宫一号组合体联合飞行12天，实现3次交会、2次对接、1次绕飞，完成4项任务：一是为天宫一号在轨飞行提供人员和物资天地往返运输，进一步考核了交会对接、载人天地往返运输系统的功能和性能；二是进一步考核了组合体对航天员生活、工作和健康的保障能力；三是开展了航天器在轨维修等试验和科普教育活动；四是进一步考核了执行任务的功能、性能和各系统的协调性，验证了有关改进措施的有效性。整个飞行任务圆满完成。

神舟十号航天员再次进入天宫，开展了一系列空间科学实验活动。首先维修、组装硬质地板、硬质扶手和增强型软质手脚限制器，保证航天员在舱内可以自如可靠地活动；特别是把天宫一号作为太空课堂，进行了科普教育实验和授课，航天员通过质量测量、单摆运动、陀螺运动、水膜和水球等5个基础物理实验的演示和讲解，展示了失重环境下的物体运动特性、液体表面张力特性等物理学原理，让人们加深了对空间环境的了解，好似被带入到了梦幻般的奇妙世界。

6月26日8时7分，神舟十号返回舱在内蒙古中部预定区域安全着陆，航天员聂海胜、张晓光、王亚平健康出舱，神舟十号载人飞行任务取得圆满成功。这次飞行任务的圆满成功，标志着我国载人航天工程第二步第一阶段顺利收官，我国载人航天事业将进入空间站工程建设的崭新发展阶段。

第六节　开展深空探测

2000 年 11 月，国务院新闻办公室发布的《中国的航天》白皮书，提出了“开展以月球探测为主的深空探测预先研究”的任务。

月球探测，是航天活动的重要组成部分，是人类迈向深空探测的重要一步，也是航天技术发展的一个新阶段。开展月球探测，不仅会带动和促进航天技术和其他高技术的发展，为月球资源的开发利用创造条件，而且将为未来进行的行星际探测活动打下坚实的技术基础。

2003 年 3 月 1 日，我国宣布启动月球探测工程，国防科工委任命栾恩杰为工程总指挥、孙家栋为工程总设计师、欧阳自远为月球应用科学首席科学家，开始组织月球探测工作，向月球进军。

一、启动嫦娥工程

2004 年 1 月 23 日，经国务院批准，成立绕月探测工程领导小组，提出了《绕月探测工程研制总要求》，启动我国月球探测计划。

我国月球探测工程命名为“嫦娥工程”，制定了“绕、落、回”三步走的发展目标。第一步“绕”是研制发射月球探测卫星，进行绕月飞行探测，初步建立月球探测航天工程系统；第二步“落”

是发射月球探测器，在月面上着陆进行巡视考察；第三步“回”是发射月球探测器在月面着陆，完成探测采样返回地球。第一步工程确定四大科学目标：一是通过月球探测卫星携带的遥感器，获取月球表面可见光三维立体影像，绘制完整的三维月球地图，探测月球表面的基本构造和月貌；二是探测分析月面 14 种元素的含量和分布，为月球的开发利用提供有关资源分布的数据；三是探测月壤的结构和化学成分，评估月球上氦 -3 资源量的分布；四是探测地球与月球空间环境，包括太阳风、太阳宇宙线及磁场等。

嫦娥工程包括月球探测卫星、运载火箭、发射场、测控通信和地面应用五个系统。

第一颗月球探测卫星命名为嫦娥一号，由卫星平台和有效载荷组成。卫星采用三轴稳定方式，总质量 2350 千克，工作寿命 1 年。

用来发射第一颗月球探测卫星的是长征三号甲运载火箭，在此前，长三甲火箭已有 14 次全部成功的发射记录。

发射场选在西昌卫星发射中心，对三号发射工位进行了改造，使发射塔架设备更为先进可靠，自动化程度更高，安全性更强，综合试验发射能力大为增强。

测控通信系统在载人航天工程测控通信网的基础上，充分利用国内地面测控站、远洋测量船，辅以甚长基线干涉（VLBI）天文测量系统。

地面应用系统包括数据接收、运行管理、数据预处理、数据管理、科学应用与研究 5 个分系统。

2004 年，国防科工委组建月球探测工程中心，负责具体组织工程的实施，各有关部门建立起工程研制队伍。在国防科工委绕月探测工程领导小组的统筹规划、精心组织下，各个系统按照总体设计要求，团结协作，展开论证、研制、攻关，经过 3 年的努力，高标准、高质量、高效率地完成了绕月探测工程的研制工作。

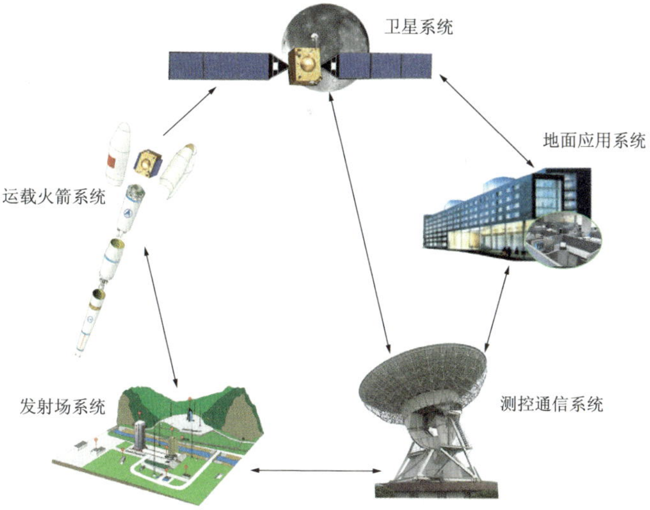

嫦娥工程系统组成

二、首次奔月之旅

中国空间技术研究院担负研制嫦娥一号月球探测卫星的任务，叶培建任卫星总设计师。嫦娥一号是我国第一个脱离地球引力的空间飞行器。卫星采用东方红三号卫星平台，外形是一个 2.00 米 ×1.72 米 ×2.20 米的六面长方体，两侧各装一个大型太阳电池翼，展开后跨度达 18 米。卫星重 2350 千克，工作寿命 1 年。这颗月球探测卫星从方案设计、确定主要技术指标，到开展卫星轨道设计、关键技术和试验验证，不到 3 年时间，完成了全部研制工作。

嫦娥一号卫星要飞越 30 万多千米，不仅路途遥远，而且地月空间环境复杂，在研制过程中要突破四道难关：

一是轨道设计与飞行控制关。嫦娥一号卫星的飞行轨道，面临地月相对运动、测控要求、运载火箭发射、推进剂携带量、月影分布、月蚀时机等一系列条件的限制，轨道设计要考虑各方面的因素，排除一切不利结果，采取有效的控制手段，最终解决了优化轨道设计难题。

二是三体定向关。嫦娥一号卫星在绕月飞行过程中，首先要将天线对准地球，以便发回探测到的数据，其次要将太阳电池翼面向太阳，以便获取到足够的能源，第三，要将相应的科学载荷对准月球表面，以便对月球进行科学探测。这样，嫦娥一号卫星采用三轴稳定的姿态控制方式，其定向天线和太阳电池翼都具有一定的运动自由度，可以调整指向，以满足各自不同的定向要求，同时还采用紫外敏感器、星敏感器、陀螺仪及提高控制制导分系统的可靠性等手段，确保三体定向的精度要求。

三是空间环境关。嫦娥一号要面对空间高能粒子辐射环境、空间等离子体环境和空间热环境，可能造成卫星材料和器件的损伤或故障。经过大量试验，解决了这些辐射效应和热控制问题。

四是远程测控通信关。嫦娥一号卫星在距地球 38 万千米的环月轨道上运行 1 年，传输距离远，时间长，数据量大，不仅要求有更大的地面天线，而且还需要卫星的测控通信具有更强的能力。星上探测器与地面测控系统以及地面应用系统进行了充分的对接试验，验证了星地之间接口的匹配性和正确性，确保嫦娥一号卫星能顺利具有必备的测控通信能力。

2007 年 10 月 24 日，嫦娥一号月球探测卫星发射，准确进入近地点 205 千米、远地点 50930 千米的超地球轨道。10 月 31 日，经过一次远地点加速和 3 次近地点加速，轨道调整到近地点 600 千米、远地点 40.5 万千米，进入地月转移轨道。嫦娥一号卫星在地月转移轨道上运行 114 小时，行程 43.66 万千米。11 月 5 日首次飞抵近月点，顺利实施第一次近月制动，成功被月球捕获，进入周期为 12 小时、近月点 210 千米、远月点 8600 千米的月球极轨椭圆轨道，嫦娥一号成为一颗绕月卫星。11 月 7 日，嫦娥一号卫星进入距月面约 200 千米的圆形轨道。这样，从 10 月 24 日发射，到 11 月 7 日到达工作轨道，经过 14 天的太空飞行，经历调相轨道、地月转移轨道、月球捕获轨道 3 个阶段，总飞行距离约 180 万千米，最终成功进入环月工作轨道。11 月 18 日卫星转为对月定向姿态，11 月 20 日开始传回探测数据，经过处理制作完成第一幅月面图像。11 月 26 日，国家航天局正式公布嫦娥一号卫星传回地面的第一幅月面图像，标志着中国首次月球探测工程获得圆满成功。中共中央、国务院、中

嫦娥一号卫星绕月飞行

央军委发出贺电，指出："我国首次月球探测工程是继人造地球卫星、载人航天飞行取得成功之后我国航天事业发展的又一座里程碑。我国首次月球探测工程的圆满成功，是我国科技自主创新取得的标志性成果，是中华民族在攀登科技高峰征程上实现的又一重大跨越，对于进一步推动我国航天事业发展，增强我国的科技实力、综合国力和民族凝聚力，激励全党全国各族人民更加满怀信心地建设创新型国家，推进改革开放和社会主义现代化建设的伟大事业，具有十分重要的现实意义和深远的历史意义。"

三、再探广寒宫

2008 年 2 月 15 日，国务院批准探月工程二期立项，研制嫦娥二号月球探测卫星，再探月球，执行二期工程部分关键技术试验和侦察在月球上着陆区的任务。

嫦娥二号卫星将直飞月球轨道，仅需 5 天就飞过 38 万千米的行程。嫦娥二号增加了技术试验分系统，重量增加 130 千克，达到 2480 千克。由于直飞地月转移轨道需要推力更大的火箭，发射嫦娥一号卫星的长征三号甲火箭已不能达到要求，最后选择采用长征三号丙运载火箭，可以满足嫦娥二号飞行轨道和推力的要求。长征三号丙火箭在此之前，已有连续 4 次成功发射静止轨道卫星的纪录，可靠性较高，能够担负起新的发射任务。

嫦娥二号卫星除增加技术试验分系统外，还对有效载荷分系统进行了全新设计，对总体及热控分系统进行了局部设计修改，提高了对月科学探测的精度。嫦娥二号确定要完成 4 项科学目标：一、获取更高精度的月球表面三维影像；二、继续探测月球表面物质成分；三、继续探测月壤特性；四、探测地月与近月空间环境，并预选未来“落月”地址。

2010 年 10 月 1 日，嫦娥二号由长征三号丙运载火箭发射，约 20 分钟后准确进入近地点高度为 200 千米、远地点高度约 38 万千米的地月转移轨道。嫦娥二号直接飞抵地月转移轨道，使奔月时间比嫦娥一号卫星减少 7 天。在经过 112 小时的奔月飞行之后，10 月 6 月，嫦娥二号卫星完成第一次近月制动，顺利进入周期约为 12 小时的椭圆形环月轨道。10 月 9 日，在北京航天飞行控制中心的精确控制下，嫦娥二号成功实施第三次近月制动，顺利进入轨道高度为 100 千米的圆形环月工作轨道。然后，星上搭载的有效载荷开始探测工作。

嫦娥二号再探广寒宫，取得 6 项技术创新成果。

一是突破了运载火箭直接将探月卫星发射至地月转移轨道的发射技术。

嫦娥二号卫星

嫦娥一号卫星是先发射到近地过渡轨道，然后经多次调整才进入奔月轨道，而嫦娥二号卫星是一次直接发射进入远地点高度为38万千米的地月转移轨道，这要求入轨的控制精度更高。

二是试验了X频段深空探测技术。嫦娥一号任务是用S频段卫星测控网，而嫦娥二号任务使用的X频段无线电传输信号，频率更高，远距离测控通信效果更好。

三是验证了高度为100千米月球圆轨道捕获技术。嫦娥一号是在距月面200千米处被月球捕获的，而嫦娥二号在距月面100千米处制动，由于飞行速度更快，轨道更低，制动量就更大。同时，月球不均匀重力场对卫星轨道的摄动影响相应增大，大大提高了对卫星制动控制精度的要求。

四是验证了100千米×15千米轨道机动与快速测定轨技术。嫦娥一号是在距月面200千米的圆轨道上固定运行，而嫦娥二号飞行轨道要从高度为100千米圆轨道调整到远月点高度为100千米、近月点高度为15千米的椭圆轨道，必须要有机动和快速测定轨道的技术能力。

五是试验了全新的着陆相机及月地高速数据传输技术。这项技术检验了对月球成像能力，提高了数据传输速率。

六是对后续工程任务的预选着陆区进行了高分辨率成像试验。嫦娥一号卫星搭载的CCD相机分辨率为120米，而嫦娥二号在100千米圆轨道和近月点15千米轨道上对预选着陆区的成像分辨率分别优于10米和1.5米。

2010年10月27日，嫦娥二号卫星上的CCD立体相机第一次在距月面15千米处拍摄了月球正面虹湾地区的高分辨率图像。11月8日，国防科工局首次公布了嫦娥二号卫星传回的嫦娥三号预选着陆区月球虹湾区域局部影像图。这标志着嫦娥二号再探广寒宫的任务取得圆满成功。

四、嫦娥落月

我国月球探测工程第二步“落”月的任务，由嫦娥三号月球探测器完成，首次实现在地外天体的软着陆，突破深空测控通信与遥控操作技术，实现月面巡视勘察和月面生存。嫦娥三号的落月点选在月球的虹湾地区。

嫦娥三号落月的主要任务，是实施月面的巡视勘查、勘测，对月球环境的勘查、勘测，在月球上完成一个作业需15天左右。嫦娥三号由月球软着陆探测器（简称着陆器）和月面巡视探测器（简称巡视器，又称玉兔号月球车）组成，月球车上搭载了7套科学仪器。着陆器在距月面100米处寻找最佳降落地点，然后在距月面4米时关闭发动机，直接降落在月面上。着陆器有4条腿和6个轮子，顶端是巡视器，巡视器的桅杆上有两对相机和一根定向天线，下面的白色机械臂用于对月表成分进行探测。当着陆器在月面降落时，将放开自带滑梯，巡视器滑行到月面行进，开始对月面巡视勘查。然后把探测到的月面图像和月球地质地貌情况，通过遥感器发回到地球。

嫦娥三号于2013年12月2日由长征三号乙运载火箭发射，12月14日，安全着陆月面。在一年的时间中，完成了30余次无线电测量试验，还圆满完成了第二届夏季青年奥运会网络火炬太空传递活动。

嫦娥三号首次实现了我国探测器在地外天体软着陆和巡视勘查，探月工

玉兔号月球车

程第二步战略目标全面实现。

五、再入返回飞行试验

2014 年 10 月 24 日，“再入返回飞行试验器”由长征三号丙运载火箭成功发射。此次任务是中国探月工程三期一次重要的验证飞行试验，主要目的是突破和掌握半弹道跳跃式高速再入返回地球的关键技术，为“嫦娥五号”任务提供技术支持。飞行试验器飞行过程历时约 8 天，于 11 月 1 日返回内蒙古中部预定着陆区。这是中国首次迎来从遥远月球上空返回的航天器，实现了世界最高精度的开伞和着陆控制。中国完全掌握了航天器以接近第二宇宙速度高速再入返回的关键技术，为确保“嫦娥五号”月球采样返回任务顺利实施和探月工程持续推进，奠定了坚实基础。

预计 2017 年前后，将发射可以返回地面的月球探测器，到月球上采集月壤样品带回地球，实现月球探测工程第三步“回”的目标。

第二章

中国航天的辉煌成就

航天技术，是现代世界科学技术中发展最快的尖端技术之一，也是一个国家科学技术水平的重要标志。60 年来，世界航天技术和航天活动的发展，极大地扩展了人类活动的新领域。这是人类认识自然，开发宇宙空间的一个质的飞跃。

中国航天科技工业的兴起和发展，是中国特色社会主义建设取得的辉煌成就之一。自 1956 年 10 月中国航天事业创建以来，我国的航天科技工业从无到有，从小到大，达到了相当的规模和水平。特别是改革开放以来，实现了快速发展，取得一系列新成就，已建成一批具有世界先进水平的研制和试验基地，进一步完善了研究、设计、生产和试验体系，使航天科技工业基础能力显著提高；航天技术整体水平明显提升，攻克一批重大关键技术，载人航天取得历史性的突破，月球探测工程按照“绕、落、回”三步走计划进展顺利；空间应用体系初步形成，应用领域进一步拓展，应用效益显著提高；空间科学研究与实验取得重要成果，达到了相当的规模和水平；航天科技已成为我国一个重要的新兴产业，在国民经济、科学文化和国防建设中，占有重要地位。

第一节　两弹一星

一、搞出争气弹

国防部第五研究院成立后，中央批准以“自力更生为主，力争外援和充分利用资本主义国家已有的科学成果”作为建院方针。

根据中苏双方签订的《国防新技术协定》，苏联通过提供武器样品和技术资料、派出技术专家、接收留学生等方式，帮助中国发展原子弹和导弹技术。

1958 年，在苏联专家的帮助下，我国一方面开始进行导弹研制基地和发射基地的建设，一方面开始仿制苏联 P-2 近程地地导弹和几种战术导弹。P-2 仿制型的代号为“1059”，意即要在 1959 年 10 月发射。

正当仿制导弹即将总装的时候，中苏关系破裂。1960 年 7 月，赫鲁晓夫下令撤走全部苏联专家，给我国的导弹仿制工作造成了一定的困难。

在党中央、国务院的亲切关怀和坚强领导下，在“两弹为主，导弹第一”方针的激励下，研制人员用较短的时间，先后顺利地完成了发动机地面试车和全弹总装的艰巨任务。

1960 年 11 月 5 日，在苏联专家全部撤走后的的第 85 天，我国仿制的第一枚凝聚着中国人民拼搏精神和顽强意志的“争气弹”，一举发射成功。

1059 导弹的仿制成功，是我军武器装备和导弹发展史上的一个重要里程碑，标志着中国在掌握导弹技术的道路上迈出了关键的第一步，它带动了中国导弹研制基地、发射基地的建设和发展。从此，中国的战略导弹开始了从无到有、从小到大、从单级到多级、从近程到远程、从液体到固体、从陆基到海基的发展历程。

“1059”仿制成功以后，根据聂荣臻副总理的指示，国防部五院决定，在仿制基础上，自行设计一型中近程导弹，积累自行设计的经验，该型号名称为东风二号导弹。1962 年 3 月 21 日，第一枚东风二号导弹发射失利，坠毁在距发射台不远处。

国防部五院认真开展故障分析，总结经验教训，通过加强总体设计和地面试验，严格按照研制程序办事，解决了首发失利的问题，提高了导弹的可靠性。1964 年 6 月 29 日，东风二号导弹发射成功。自此，中国有了自己的中近程地地导弹。

中国航天人以不争的事实给了赫鲁晓夫一个有力的回击——他曾经讽刺中国说：“中国现在过的是‘大锅清水汤，三个人穿一条裤子’的生活，还想造导弹？做梦吧！造几个大鸭蛋我看还行……”

中国就是在经济困难时期，在一穷二白的基础上，打破国际上的技术封锁，依靠自己的力量，独立自主地、自力更生地研制出了自己的导弹，完全掌握了导弹技术！

聂荣臻在随后召开的庆功会上感慨地说：“……在经历挫折之后，不言放弃，决不退缩，不管条件多么艰苦，技术多么困难，只要坚定信念，奋起前进，就一定能取得胜利！”

1969 年，经过改装后的“东风二号”正式装备部队，成为第一代为我国国防站岗放哨的战略核导弹。

二、打破核垄断

20 世纪 50 年代，世界上几个主要大国已经进入了所谓“原子时代”和“喷气时代”，航天技术也进入一个新的发展时期。以美国、苏联为首的“两大阵营”的“冷战”愈演愈烈，大有爆发第三次世界大战的趋势。同时，以美国为首的西方资本主义阵营，在垄断核武器技术的前提下，对中国进行核讹诈。1952 年 12 月，在朝鲜战场上遭到重创的美国人不断放出风声：“要以核打击摧毁中国的军事力量。”美国总统艾森豪威尔视察朝鲜战场后声称：“美国国会考虑不限制战争使用所有的武器……”其意可能对中国实施核打击。1953 年春，美军把装有核弹头的导弹运抵冲绳岛。美国媒体报道说：“考虑使用小型原子弹和核大炮……封锁共产党大陆，攻击敌方的满洲基地……”同年 6 月，美国媒体又透露，有关部门已将相当多的核武器装备转交给空军、海军司令部，军方也公然进行核讹诈。

20 世纪 50 年代初，美国的原子弹就像罩在中国人民头顶的一片乌云，随时有可能给人民造成灭顶之灾。在疯狂的核威胁和核讹诈面前，以毛泽东为首的党和国家领导人不得不考虑研制自己的原子弹。

自此，研制原子弹的想法提上了毛泽东、周恩来、李富春、聂荣臻等党和国家领导人的议事日程。1954 年，地质工作者在广西壮族自治区发现了铀矿，并将铀矿石送到了中南海。毛主席用手掂量着铀矿石，鼓励地质工作者们说：“这是决定命运的，你们好好干吧！”从这天算起，中国爆炸原子弹仅用了 10 年多的时间。

进入 20 世纪 60 年初，中苏关系破裂后，美国的军舰、飞机更是变本加厉地不断侵犯我国领海、领空，中苏珍宝岛冲突、中印边境战争、台湾海峡局势紧张，“包围中国”的战争阴影一直笼罩在中国人民的头上。

美国除出动 U-2 高空侦察机和间谍卫星侦察我国领空外，还在我国周围建立了 20 多个监听站和 30 多个测向站。测向站可以准确地测出爆炸地点。他们一直在监视中国研制核武器，随时向中国进行核讹诈，以至用武器进攻正在研制的核设施。西方其他国家也紧跟美国人，处心积虑地阻止中国拥有原子弹。他们大肆宣称，要“使中国共产党人在核方面绝育”。

苏联单方面撕毁同中国的“协定”后，也害怕中国人自力更生造出原子弹，想方设法予以阻止。1963 年 1 月，美、苏、英在纽约恢复禁止核试验的谈判。美国国务卿腊斯克直言不讳地说：“美国之所以对裁军协议谈判感兴趣，其中一个原因是针对共产党中国。”1963 年 7 月 25 日，在一片喧闹声中，美、苏、英在莫斯科签订了《关于禁止在大气层、外层空间和水下进行核试验的条约》。这个条约不包括地下核试验，也就是说，美、苏、英已拥有核武器的国家可以继续通过地下核试验来改进和发展他们的核武器，而中国要进行一般的核试验来建立自己的核力量的权利却要被剥夺了。这些所谓的“谈判”，是对中国人民民族感情的极大伤害。

当时，新中国仍然面临着严峻的政治、军事和经济形势。国际上，以美国为首的西方国家核威胁不断，战争随时都会打响，战备是中国人每天必须做的工作；在国内，在经济严重恶化的情况下，面临着两弹是“上马”还是“下马”之争。最终，毛泽东主席高瞻远瞩地拍板定案：以后不能再提原子弹下马的事了。

为了加强对原子弹工作的领导，经毛泽东主席批准，中央成立了由 15 人组成的专门委员会，简称为“中央专委”。由周恩来总理任主任，其余 14 人包括七名副总理和七名部长，都是政府或军队方面的主要负责人。

中央专委的领导，对原子弹的成功爆炸，起到了至关重要的作用。其中，主持国家科技工作的聂荣臻副总理协助周总理负责具体组织工作，对原子弹的研制殚精竭虑、呕心沥血。在一线工作的刘杰、张震寰、张蕴钰、李觉、钱三强、朱光亚、邓稼先、于敏等对研制核武器作出了历史性的贡献。

中国独立自主，自力更生，依靠自己的科学家，用了 10 年时间，爆炸了第一颗原子弹，随后又爆炸了氢弹，意义重大。不仅破解了敌对国家的核封锁、核讹诈，而且大大提高了中华民族的国际地位。正如 1964 年 10 月 16 日《人民日报号外》刊登的新闻公报所说——

中国核试验成功，是中国人民加强国防、保卫祖国的重大成就，也是中国人民对保卫世界和平事业的重大贡献——中国进行核试验，发展核武器，是被迫而为的。中国政府一贯主张全面禁止和彻底销毁核武器。如果这个主张能够实现，中国本来用不着发展核武器——中国政府郑重宣布，中国在任何时候，任何情况下，都不会首先使用核武器。

原子弹的爆炸成功，具有深远的意义。它所造成的冲击波，持久地震撼了一代又一代中国人的心灵。

三、两弹结合

两弹结合是指把导弹与原子弹结合起来，也即导弹的弹头装载的不再是常规的 TNT 炸药，而是核爆炸装置。

中国第一颗原子弹爆炸成功

早在 1960 年的《国防建设纲要》中，曾明确提出“两弹为主，导弹第一”的发展方针。国务院副总理兼国防科委主任聂荣臻以及国防部五院领导刘亚楼、王秉璋、王诤、刘秉彦、钱学森对《国防建设纲要》中涉及导弹与核弹关联的项目，不断地同第二机械工业部第九研究院的同志们一起讨论，安排这些项目进行预先研究。

1963 年 9 月，聂荣臻召集第二机械工业部的领导刘杰、李觉等同志研究，计划把原子弹和导弹结合起来，实现将导弹的常规弹头改为核弹头的目标。如若敌对国家真的敢向我国投放原子弹，我国要有进行核反击的能力。

1964 年 9 月，中央专委对两弹结合做了部署，决定由二机部九院和国防部五院共同组织论证。聂荣臻副总理宣布，钱学森担任两弹结合飞行爆炸试验的总负责人。

1964 年 10 月 16 日，中国第一颗原子弹在罗布泊高空塔爆炸后，敌对国家嘲笑中国“有弹无枪”。美国时任国防部长麦克纳马拉说：“中国 5 年内不会拥有运载核武器的工具。”因为，美国从第一颗原子弹爆炸到发射载有核弹头的导弹，用了 13 年时间，苏联用了 6 年。他们不知道中国早已潜心致力地在造“枪”了。这“枪”就是东风二号甲导弹。

1964 年 6 月 29 日，我国自行研制的东风二号导弹飞行试验成功后，导弹研制人员着手进行东风二号导弹的改进设计，改进后的导弹命名为“东风二号甲”。东风二号甲导弹在东风二号导弹的基础上又增加了射程，在导弹总体、动力系统、控制系统、弹体结构等方面也有所改进。并进行了充分的地面试验，可靠性比东风二号导弹有所提高。

在本国国土进行核试验，没有任何国外资料可供参考。钱学森、任新民、屠守锷、黄纬禄、谢光选、胡昌寿、梁思礼、钱振业、郝复俭、郑元熙、徐乃明等专家靠他们的学识和睿智，带领广大科技人员，通过呕心沥血的工作，确保在技术上不出任何差错。

1965 年～ 1966 年，七机部一院广大技术人员利用东风二号甲导弹进行了一系列“冷试”（模拟核弹头进行飞行试验），为“热试”（装载真实核弹头进行飞行试验）做好准备。

1966年10月下旬，周恩来总理在北京以密码代号形式亲自听取汇报和指挥，毛泽东主席破例亲自批准聂荣臻元帅飞往酒泉导弹试验基地主持导弹核武器发射试验。聂荣臻在基地从两弹测试、试验安全等情况着手，多次听取国防科委、二机部、七机部的汇报，特别是核导弹的自毁系统、飞行地区居民的安全、疏散等事宜，要求做到万无一失。

1966年10月27日11时，载着核弹头的东风二号甲导弹，伴随着巨大的轰鸣声，离开发射台，冉冉上升，慢慢消失在人们的视野之外。随着时间的推移，弹头着落区域终于传来令人振奋的消息：核弹头精确命中目标区，在预定的高度实现了核爆炸。

两弹结合发射成功，在中国国防科研和建军史上，具有划时代的意义。聂荣臻在向毛泽东、周恩来、林彪的报告中说："在自己的国土上用导弹进行核试验，而且一次就百分之百地成功，这在国际上是一个重大创举。从第一次核爆炸到小型化核弹头，美国用了13年（1945~1958年），苏联用了6年（1949~1955年），我国只用了2年。"

两弹结合试验成功，标志着我国有了可以用于实战的导弹核武器。这一年，我国建立了战略导弹部队——第二炮兵，不仅大大强化了国防力量，而且提升了中国的国际地位。西方媒体对中国的导弹核武器试验纷纷作出报道：

"好像亚洲上空的一声巨雷，震撼了全世界……""中国闪电般的进步，对西方来说，是神话般地不可思议……"

两弹结合的成功，除提高了我国的政治、国防、外交等地位外，也初步探索了这种战略核武器的综合使用性能。对今后的导弹核武器研制，部队的装备、训练、使用、基地建设等提供了经验，产生了深远的意义。

四、进入太空

1970年4月24日约23时，测控基地传来话音：长征一号火箭首次发射我国第一颗卫星——东方红一号一举成功。卫星进入近地点高度为439千米，远地点高度为 2384 千米，轨道倾角为 68.5 度的轨道飞行。

听到佳音，全体参试人员心中一块大石头一下子落地了，现场的参试人员，包括杨国宇、李福泽、任新民、杨南生、黄纬禄、胡溪涛、陈寿椿、虞利章、钱骥、戚发轫等人尽情地欢呼、跳跃、互相拥抱，激动得热泪盈眶。

10 多分钟后，国防科委指挥室里的罗舜初副主任向周恩来总理报告：卫星、火箭分离正常，卫星顺利入轨。周总理立即向毛泽东主席报告了这一特大喜讯。

东方红一号是我国独立自主研制的第一颗人造地球卫星，经过简化设计，由八个分系统组成。1967 年 12 月，在对卫星前期研制的基础上，国防科委召开第一颗卫星研制工作会议，审定了总体方案和各系统方案，并正式命名为东方红一号。1968 年 1 月，国家正式批准了卫星研制任务书，此后，又历经 2 年多的工程研制，顺利地将卫星送入太空。

这次发射成功，使中国成为继苏、美、法、日之后，第五个把卫星送入太空的国家，中国从此进入了航天时代。

4 月 25 日下午，新华社受权向世界宣布：“1970 年 4 月 24 日，中国成功地发射了第一颗人造地球卫星，绕地球一周 114 分钟。卫星重 173 公斤，用 20.009 兆周的频率，播送《东方红》乐曲。”

《人民日报》刊出号外。一时间，第一颗人造卫星播送的《东方红》乐曲响遍全球，震动了世界。

新闻公报一发表，顷刻之间，首都北京灯火通明，锣鼓声四起，人们高举彩旗，燃放鞭炮，游行庆祝。这一喜讯传遍全国城乡，到处一派喜气洋洋的景象。

西方媒体反应更为强烈。“美国之音”在 4 月 25 日清晨，率先报道了中国发射人造地球卫星成功的消息，各国通讯社驻华记者也在第一时间，以最快速度向本国报道了这一重大新闻，惊呼中国航天技术发展神速，令人惊异，是“轰动世界的大事”。

中国“毫不含糊地进入了空间俱乐部”，成为世界上第五个用自主研制的运载火箭发射自主研制的卫星的国家。许多友好国家、地区的领导人、团体和友好人士纷纷向我国发来贺电、贺信，祝贺我国在航天事业方面取得的新成就。有的权威人士评论：“中国把卫星送入地球轨道，从而显示出中国掌握了先进的火箭技术和制造出大型火箭的技能。”

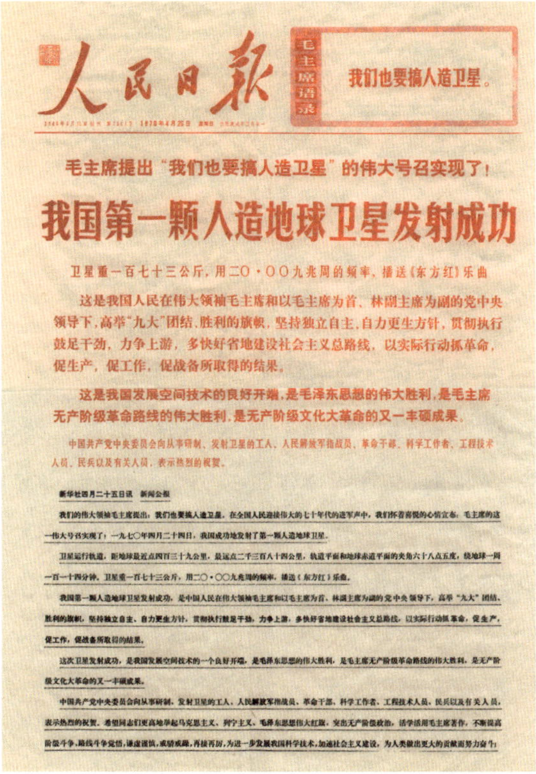

人民日报

毛主席语录

我们也要搞人造卫星。

毛主席提出“我们也要搞人造卫星”的伟大号召实现了！

我国第一颗人造地球卫星发射成功

卫星重一百七十三公斤，用二〇·〇〇九兆周的频率，播送《东方红》乐曲

这是我国人民在伟大领袖毛主席和以毛主席为首、林副主席为副的党中央领导下，高举“九大”团结、胜利的旗帜，坚持独立自主、自力更生方针，贯彻执行鼓足干劲，力争上游，多快好省地建设社会主义总路线，以实际行动抓革命，促生产，促工作，促战备所取得的结果。

这是我国发展空间技术的良好开端，是毛泽东思想的伟大胜利，是毛主席无产阶级革命路线的伟大胜利，是无产阶级文化大革命的又一丰硕成果。

中国共产党中央委员会向从事研制、发射卫星的工人、人民解放军指战员、革命干部、科学工作者、工程技术人员、民兵以及有关人员，表示热烈的祝贺。

新华社四月二十五日讯　新闻公报

我们的伟大领袖毛主席提出：我们也要搞人造卫星。在全国人民迎接伟大的七十年代的进军声中，我们怀着喜悦的心情宣布：毛主席的这一伟大号召实现了：一九七〇年四月二十四日，我国成功地发射了第一颗人造地球卫星。

卫星运行轨道，距地球最近点四百三十九公里，最远点二千三百八十四公里，轨道平面和地球赤道平面的夹角六十八点五度，绕地球一周一百一十四分钟。卫星重一百七十三公斤，用二〇·〇〇九兆周的频率，播送《东方红》乐曲。

我国第一颗人造地球卫星发射成功，是中国人民在伟大领袖毛主席和以毛主席为首、林副主席为副的党中央领导下，高举“九大”团结、胜利的旗帜，坚持独立自主、自力更生方针，贯彻执行鼓足干劲，力争上游，多快好省地建设社会主义总路线，以实际行动抓革命，促生产，促工作，促战备所取得的结果。

这次卫星发射成功，是我国发展空间技术的一个良好开端，是毛泽东思想的伟大胜利，是毛主席无产阶级革命路线的伟大胜利，是无产阶级文化大革命的又一丰硕成果。

中国共产党中央委员会向从事研制、发射卫星的工人、人民解放军指战员、革命干部、科学工作者、工程技术人员、民兵以及有关人员，表示热烈的祝贺。希望同志们更高地举起马克思主义、列宁主义、毛泽东思想伟大红旗，突出无产阶级政治，活学活用毛主席著作，不断提高阶级斗争、路线斗争觉悟，谦虚谨慎，戒骄戒躁，再接再厉，为进一步发展我国科学技术，加速社会主义建设，为人类做出更大的贡献而努力奋斗！

1970 年 4 月 26 日《人民日报》号外

第二节　运载工具

一、长征一号火箭

长征一号是中国的第一个卫星运载火箭型号。它于 1970 年 4 月和 1971 年 3 月，分别把东方红一号和实践一号卫星成功地送入太空，开创了中国人征服宇宙的新纪元，在政治上、经济上产生了深远的影响，为长征系列运载火箭的发展打下了良好的基础。

长征一号运载火箭的总体设计研制工作 1965 年 8 月至 1967 年 11 月由七机部八院（现五院 508 所）负责，1967 年 11 月以后由七机部一院负责。

1965 年 8 月，已隶属于七机部的上海机电设计院迁到北京，迁京后更名为七机部八院。七机部领导布置八院从事我国第一颗人造地球卫星运载火箭（即 1966 年 5 月被命名为长征一号运载火箭）的总体方案论证工作。在七机部八院总工程师王希季的领导下，经过多方案论证，决定以我国设计的东风四号液体中远程导弹的第一、二级作为运载火箭的第一、二级，第三级则选用一个截短了的直径为 770 毫米的固体发动机，组成一个三级运载火箭。

1965年10月七机部八院将上述运载火箭方案提交给国防科委委托中国科学院在北京召开的我国第一颗人造卫星方案论证和工作安排会议，被该会议所肯定和接受。其后，七机部八院对运载火箭方案又作了重要的改进。

1966年1月27日，根据国防科委的要求，七机部确定运载火箭的总体抓总、末级总体及总装工作，由八院承担；有关飞行程序及变轨的弹道计算工作由一院承担；末级也即三级固体发动机由四院负责研制。

1966年4月，七机部八院提出了提高东方红一号卫星轨道倾角的建议，并被工程总体和各系统所接受。

1966年5月，经国防科委、中国科学院和七机部的负责人罗舜初、张劲夫、钱学森、任新民等共同商定，将中国第一枚运载火箭命名为长征一号。

1966年9月，七机部八院提出采用新的运载火箭末级的起旋方案：由旋转平台起旋方案改为安装在末级壳体上的小火箭发动机起旋方案，从而使方案更为可靠。

1966年10月，七机部八院提出将末级火箭发动机增至原770发动机（即GF02发动机）的质量，从而避免了第二级残骸落入印尼领土。

1967年11月1日，为确保第一颗东方红一号卫星按计划发射成功，国防科委领导经慎重研究，决定：将研制长征一号运载火箭的任务由七机部八院移交给七机部一院。

此项任务转到一院后，在任新民副院长的领导下，谢光选、胡溪涛、马作新、张贵田、黄纬禄、梁思礼以及八院的技术负责人王希季、四院的技术负责人林爽、杨南生、邢球痕等经过集体讨论，根据我国导弹的研制经验，对原八院设计方案作了适当修改，修改后的总体参数为：火箭全长约29.8米，最大直径2.25米，起飞质量81.5吨，起飞推力104吨，总飞行时间570余秒，其中滑行280秒。随后，各研制单位组织专业团队，开展了设计与研制工作。

长征一号是三级运载火箭，一、二级选用东风四号液体中远程导弹，第三级采用固体火箭。这样，不仅运载能力能满足要求，发射成功把握性较大，而且可以节省研制经费，满足发射东方红一号卫星的进度要求。火箭的二、三级间采用转接锥形结构，转接锥对卫星也起着支撑的作用。第三级与第二级完全分离后，固体小火箭点火起旋，带动第三级（含卫星）在空间启动旋转后，在这种状态下点燃第三级的固体发动机，使得在其熄灭时达到所需的速度，然后星箭分离。星箭分离后的卫星仍具有一定的自旋稳定速度。

经过四年的研制，1970 年 4 月 1 日，长征一号运载火箭运往酒泉导弹试验基地，并进行了检查测试，发射我国第一颗人造卫星的工作准备就绪。

1970 年 4 月 24 日凌晨，毛泽东主席批准实施发射。周总理坐镇北京，有关人员各就各位，严阵以待。13 时，下达 8 小时准备口令。15 时 50 分，周总理电告国防科委罗舜初副主任：毛主席很重视长征一号火箭的发射，要过细工作，一次成功，为国争光。21 时 35 分，长征一号火箭在震耳欲聋的轰鸣声中点火升空，直插云霄。15 分钟后，捷报传来，东方红一号卫星被送入预定轨道，发射成功。

长征一号火箭研制发射成功，除政治意义外，也有显著的技术和经济效益。首先，突破了多级火箭技术，掌握了级间分离、星罩分离、星箭分离以及结构设计技术；其二，掌握了高空发动机点火和攻克了滑行段的姿态控制技术；其三，二级采用共底和锥形承力后底（数十吨发动机推力）的新型贮箱方案；其四，研制出独特的“全惯性捷联”和“多级稳定”的控制系统；其五，研制出大容量遥测系统和大型外弹道测量微波技术；其六，创新性的发射技术可让卫星空间自旋稳定；其七，攻克了末级固体火箭发动机自旋条件下稳定工作和高空点火等难关，研制出直径达 770 毫米的长征一号末级固体火箭发动机。其八，实现电路晶体管化。这些先进技术的采用，带动和促使了我国电子、冶金、机械、材料、纺织、能源等工业的发展，也带动了国防工业和国民经济的发展。

二、飞向太平洋

20 世纪 70 年代中期，我国在不断完善和提高洲际导弹、运载火箭、卫星性能与可靠性的基础上，在航天领域决定实施三项重大工程，其中第一项是

1980 年向太平洋海域发射洲际导弹。这是我国火箭技术发展史上一个重大的战略部署。

为了确保这次试验任务的胜利完成，中央专委和国防科委要求七机部一院及相关院所于 1979 年 12 月 31 日 24 时以前作好全程试验前的一切准备。

按照国家上述计划要求，1977 年 12 月，七机部召开了誓师动员大会，限期完成。随后，任命张镰斧为总指挥，屠守锷为总设计师。为了实现 1980 年“飞向太平洋”的目标，全国 1000 多家工厂、几万名工程技术人员和部队指战员，围绕这一共同目标，开展了一场大规模的科研攻关，加速远洋测量船和遥测设备的研制工作，组织惯性平台工艺技术攻关，提高发动机和控制系统的可靠性，组织几次远程火箭的高、低弹道飞行试验，等等。从领导到群众，从科技人员到技术工人，心往一处想，劲往一处使，争分夺秒地工作，为的是不让洲际导弹全程试验的准备工作在自己这个岗位、这个工序上“卡壳”“误点”。

中共中央对这次试验极为重视。在 1979 年的一次专委会上，中央领导强调指出，“飞向太平洋”成功与否，关系极大。一定要周密细致，认真组织，积极抓紧，争取在 1980 年四五月间试飞成功。

“飞向太平洋”成功与否，最关键的是要有高质量、高可靠的导弹。从过去的试验故障分析来看，问题多出在电子元器件上。没有高质量、高可靠的元器件，就没有高质量、高可靠的导弹。对电子元器件采取筛选的办法，只能剔除早期失效的产品，不能从根本上提高其固有质量。在刘纪原等同志的倡导与国防科委张爱萍主任的支持下，七机部提出了提高元器件质量的七项专门措施，归纳为“七专”，使元器件质量有了一个明显的提高。为保证产品质量，七机部一院还做出了质量复查和冻结技术状态等规定，对整个导弹，从设计到生产、试验过程进行全面质量复查，严格控制装弹的零、部、组件的质量，确保全程试验安全、准确、可靠。

在“创优质、抢时间、攻难关、保全程”和“一切为了全程试验”“一切服从全程试验”的口号鼓舞下，终于在 1979 年底完成了洲际导弹全程试验的一切准备工作。

1980 年 3 月，张爱萍主任、李耀文政委发布了全程飞行试验动员令（代号为 580）。

为了保证发射试验万无一失，各个研制单位派出精兵强将组成发射试验队。这个试验队由七机部的部内部外、京内京外 50 多个单位的 450 多人组成。试验队出发前，国防科委和七机部的领导一再叮嘱，千万不能因过去试验成功了就骄傲，掉以轻心，也不能因过分紧张而忙乱出错，一定要沉着、镇静、精心地工作。并反复强调，确保成功，关键在首飞。要求参试人员一定要严肃认真，一丝不苟，稳妥可靠，万无一失。

飞向太平洋，全程试验有三大特点：

首先是难度大。难度主要集中在准时发射和准确命中这两个“准”字上。由于落区海情变化莫测，发射场的发射窗口又有严格限制，只有抓住“战机”，准时发射，做到说“打”就“打”，操作准确无误，才能取得最好的成绩。

其次是要求高。特别是导弹及其数据舱的质量，必须高可靠。要求备件充足，出现问题能及时排除。工作细上加细，丝毫不差。

第三是工作量大。这次发射准备了几发弹，要在技术阵地和发射阵地同时进行测试工作，每发都要测试两遍。并且必须在规定的时间内高标准完成。这样大的工作量，在过去是没有过的。

发射试验队在队长张镰斧的精心组织下，对导弹的检查测试工作十分认真，排除了各种疑点，按照预定的工作程序，一步一步、扎扎实实地进行着。

负责护航、警戒、测量、打捞数据舱和通信、水文、气象等保障工作舰船编队，在刘道生、杨国宇将军的指挥下，于 4 月底从上海起航，经过半个多月的航行，来到南太平洋所罗门群岛以东约 1000 千米的赤道附近。船队到达预定海域后，即进行首区、末区的通信联络，全区合练，遥测飞机的综合测试，航测飞行标校试验等工作。

在跨越几千千米的试验首区、航区和末区，全国各有关部门都在为这次试验提供各种保证条件。邮电部、人民解放军通信兵部调用了数百个台站，保证通信畅通无阻；电力部门保证电力供应万无一失；铁道交通部门优先安

1980 年 5 月 18 日，我国向南太平洋预定海域成功发射东风五号导弹

排产品运输；测绘部门为试验提供精确的大地参数；气象部门适时提供气象资料和天气预报。

5 月 9 日，新华社受权向全世界发表公告，宣布：中华人民共和国将于 1980 年 5 月 12 日至 6 月 10 日，由中国本土向太平洋南纬 7 度零分、东经 171 度 33 分为中心，半径 70 海里的圆形海域范围内的公海上，发射运载火箭试验。中国舰船和飞机将在该海域进行作业。为了过往船只和飞机的安全，中国政府要求有关国家政府通知本国的船只和飞机，在试验期间不要进入上述海域和海域上空。

人民日报 号外

我国向太平洋预定海域发射的
第一枚运载火箭获得圆满成功

我国发射的第一枚运载火箭命中海域示意图

东风五号发射成功后，《人民日报》刊发号外

1980 年 5 月 18 日，这是我国导弹发展史上一个有重大意义的日子。凌晨 4 点，导弹进入发射前 5 小时的准备。为了检查导弹的技术状态是否完好，又增加了一项发射前一小时的功能检查。检查结果，一切正常。发射场上一派紧张的战斗气氛，乳白色的巨型导弹耸立在广漠浩瀚的戈壁滩上。全体参试人员全神贯注，严阵以待。10 时整，一声点火令下，霎时一阵轰鸣，四条火龙把东风五号导弹迅速托起，直插云霄。导弹向东南方向飞去，数以百计的测量台站跟踪记录、报道。导弹从酒泉起飞，飞越银川、太原、石家庄、济南等城市上空，跨越碧波万顷的西太平洋。经过半个小时左右的飞行，弹头溅落在预定海域，伴随着“隆隆”巨响，无比壮观。

与此同时，展开了打捞数据舱的工作。数据舱记录着洲际导弹飞行中的重要数据，它按照设置时间准确地从弹头内弹射出来。工作人员从发现目标到打捞完毕，只花了14分钟，打捞本身只用了5分20秒。

当天，党和国家领导人华国锋、邓小平、徐向前、聂荣臻、胡耀邦、赵紫阳、王任重、宋任穷、王震、韦国清在国防科委指挥所观看了发射实况的屏幕显示，高度评价了参试人员的工作。

这次成功发射，使中国成了世界上第三个拥有洲际导弹的国家。这一举世瞩目的成就，标志着我国的大型液体火箭技术达到国际水平，对我国火箭技术的发展以及“四化”建设产生了深远的影响。在“庆祝我国向太平洋发射运载火箭成功大会”上，胡耀邦总书记发表讲话指出：“我们这次远程运载火箭的发射成功，表明中国人民在掌握现代精密科学技术的道路上前进了重要的一步，表明我国的国防实力有了新的提高和加强。”“我们决心实现四个现代化，也决心保卫四个现代化；我们能够建设我们伟大的祖国，也能够保卫我们伟大的祖国。”

三、捆绑式火箭

捆绑火箭是指在火箭的一级周围捆绑两个以上的助推器。多是偶数，以提高火箭的运载能力。如欧洲空间局的阿里安四系列、苏联的能源号、美国的德尔它火箭等都是芯级周围捆绑助推器的捆绑火箭。

1984年4月8日，我国成功地用长征三号低温运载火箭发射了第一颗东方红二号试验通信卫星，标志着中国的运载火箭技术进入了世界先进行列。

1985年10月26日，中国政府郑重向全世界宣告：中国的长征系列火箭将投入国际卫星发射市场，为发射商业卫星服务。当时，国际商业卫星发射市场十分活跃，每年都有为数可观的卫星等待发射。然而，一些航天技术先进的国家，不断推出大容量、长寿命、多功能、重约3吨的卫星，这个发射市场几乎为美国和欧洲所垄断。中国虽已具有进入国际卫星发射市场的实力和条件，但由于长征三号的运载能力有限，能够发射的卫星寥寥无几，迫切需要发展与国际新一代卫星相适应的运载火箭。

1986年，是世界航天史上的灾难年。1月28日，美国挑战者号航天飞机凌空爆炸，机毁人亡，震惊全球。4 月 18 日，美国马丁·马丽埃塔公司的大力神 34D 火箭升空几秒钟后发生爆炸。5 月 3 日，麦·道公司的德尔它 E 火箭发动机过早熄火而自毁。5 月 31 日，欧洲空间局的阿里安Ⅱ火箭在发射国际通信Ⅴ卫星时又遭失利。这一连串的厄运，使国际卫星发射市场出现了用户排队等待发射的局面。一些卫星的拥有者，急于寻找运载工具。这无疑是中国航天进入国际商业发射市场的一个十分难得的机遇。

1987 年，中国长城工业总公司赴美商务代表团在深入调查下一代卫星发射服务市场后，同中国运载火箭技术研究院一起，再次提出研制捆绑火箭的方案，并取名长征二号捆绑火箭（简称“长二捆”），得到航空航天部领导林宗棠、刘纪原的大力支持，但经两国双方艰难的商务谈判到合同签订，再到中美两国政府批准，距发射合同期限仅剩下 18 个月了。

长二捆是我国第一型大推力捆绑式运载火箭，是为适应我国航天事业的发展、满足国际卫星发射市场需要而研制的一种新型火箭。它可以把 9200 千克重的有效载荷送入距地面 200 千米高的近地圆轨道。如加上适当的固体上面级，可将 3000 千克的有效载荷送入地球同步转移轨道。它是以经过改进的长征二号丙火箭作芯级，一级箭体四周捆绑四个液体助推器，上面级和卫星都装在整流罩内。火箭全箭长 49.7 米，起飞质量为 460 吨，起飞推力 600 吨。

要在 18 个月内研制出“长二捆”火箭，这是一场硬仗。敢不敢迎接挑战，能不能如期完成任务，既是对中国运载火箭技术研究院和各承制单位的一次严峻考验，也是对中国火箭技术水平的一次全面检阅。

研制“长二捆”有三大特点：时间紧，任务重，风险大。

时间紧。就是要在 18 个月内研制出一枚上大台阶的新型火箭，这样的火箭研制周期一般需要 4 ~ 5 年。18 个月，这样的速度，在中国运载火箭研制史上是从来没有过的，在国外，即使采用成熟的火箭技术，也未有所闻。另外，按照合同规定，如果无正当理由，推迟了发射时间，或者终止合同，对方最低索赔 100 万美元。

任务重。研制“长二捆”的工作量特别大。

——设计部门，要在三个月内完成正常情况下需要两年才能完成的全箭24套44万多张图纸设计、描绘任务。火箭结构全新，地面设备大部分需要重新设计。这样大的设计、描绘任务必须完全正确，不能出现反复。可以想象我们的设计人员要付出多么大的艰辛和超人的智慧。

——生产部门，要在14个月内完成正常情况下需要两年半才能完成的全箭七八千项生产加工和装配任务。仅工艺攻关项目就有126个之多，设计制造各种工艺装备5000多套。没有过硬的本领，没有超常的拼命精神，是很难完成任务的。

——物资供应部门，为了保证生产，需要提供7445项材料和器件，其中2000多吨金属材料要在四五个月内备齐，1100多项外购机电产品和58万件电子元器件也要在五六个月内备齐。当时，一年一度的全国订货会已经开过，为备齐这些材料和器件，牵动了全国25个省市、300多个厂家协助研制。

——试验部门，为确保首发必胜，要在半年之内，完成仿真试验、综合匹配试验，完成助推火箭、星箭、整流罩三大分离试验以及全箭振动等大小地面试验300多项。在时间极为紧张的情况下，凡能想到的试验都一一列入，甚至把可能出现的故障和排除故障的措施都做了周密预案，但必须保证不能反复。任务之重、难度之大，是中国航天事业创建以来罕见的。

风险大。研制“长二捆”，走出国门，发射澳星，风险主要来自3个方面：第一是政治风险。18个月研制不出长二捆火箭，或者首次发射失败，美方将有终止合同的权利，中国的火箭事业将会因此而暗淡无光。国家的形象，民族的尊严，中国火箭技术的信誉，都将会由此受到严重损伤。几经努力、刚刚打开的中国走向国际发射市场的大门有可能因此而关闭。第二是经济风险。一旦合同失效，3.45亿人民币贷款将难以偿还，就连贷款年息的支付也将成为问题。第三是技术风险。采用捆绑技术以及由此而引起的一系列技术问题，如结构动力学问题、助推火箭的连接与分离问题、直径4.2米的巨型整流罩、推进剂利用系统、级间壳段开口排焰技术、可控变轨的双星发射技术、高空大喷管的发动机技术、制导稳定与综合控制的复合软件系统以及承载800

吨的发射台，等等。这些技术的采用在国内都是第一次，能不能顺利过关，关系到发射的成败。

在战略上藐视困难，在战术上重视困难，是“长二捆”研制工作中的制胜法宝。

突破捆绑技术。设计人员在查阅大量资料的基础上，凭借过去的工作经验，提出了多种捆绑方案，并进行反复探讨。技术人员硬是在微型计算机上解决了建立火箭结构动力学模型和分析计算问题。这种模型和分析计算涉及到空气动力学特性、火箭运动学和捆绑分离技术。为验证数学建模中对捆绑连接方式和助推火箭贮箱内液体晃动影响所作的各种考虑的正确性，进行了小尺寸模型的实物试验。最后，在正式试验中确定了速率陀螺的位置，验证了数学模型的正确性。并依据数学模型的模态分析结果，为姿态控制系统设计提供了依据。

对于贮箱内液体晃动和弹性稳定方程，通过一系列“简化模型晃动”试验，积累了大量的试验数据。技术人员奋战两个月，完成了动态特性计算。

著名火箭专家屠守锷亲临第一线，与结构动力学专家们一道，对数学模型、计算方法、试验方案进行深入的探索和研究，推动了捆绑火箭结构动力学问题的解决，为全面开展设计、生产、试验铺平了道路。

实现助推火箭可靠分离。长二捆火箭的四个助推器，每个直径 2.25 米、长 15.3 米，加注推进剂后重 40 吨左右。既要在飞行中牢牢地与芯级火箭连在一起，牢靠传力，又要在分离时可靠分离，并且不能影响芯级火箭继续稳定飞行。这是一个难度很大的计算问题，为解决这方面的问题，技术人员做了各种不同的试验，掌握了大量数据，摸清了载荷传递规律后，才最后确定了方案。

——模拟电路改为数字电路。姿态控制系统改用数字电路，增加了控制系统的适应性和实用性，缩短了控制系统的研制周期，便于发射操作测试。

——增加侧向机动功能。在火箭研制中，首次采用侧向机动技术，使火箭在飞行中改变轨道平面。这对满足用户的轨道倾角要求和调整火箭箭体残骸落区，将起到重要作用。

研制大型整流罩。整流罩直径 4.2 米、高 10.5 米、重 1970 千克，比过去用的整流罩，不仅大得多，而且要求质量轻、刚度好、透波、可靠分离、无污染。

大型整流罩分离也是一项关键技术。整流罩壳体结构弹性形成的分离过程机理十分复杂。开始进行了几次地面试验，结果不很理想。为了攻克这个难关，总设计师王德臣组织结构力学专家日夜奋战，经过大量计算分析、数字仿真、实物模拟等工作，几经调整设计方案，最终得到了圆满解决。

建造振动塔。研制捆绑火箭，需要通过振动试验掌握火箭在实际飞行过程中每一时刻的动力学特性，包括火箭的固有频率、振型、振型斜率及阻尼等，给控制系统提供火箭的模态数据，确定敏感元件的安装位置。为此，决心建造全箭振动塔。为满足全箭振动试验需要，承包单位采取非常措施，在严冬季节仍坚持施工，于 1990 年 2 月 14 日交付试用，工期不到一年，比正常施工缩短一年多时间。

研制大型发射台。长二捆火箭的地面支持工作由发射、运输、加注、供气、供电、瞄准、空调净化和起吊停放等 8 个系统约 140 项设备承担。其中大型发射台是一个钢架焊接的空间结构，安装在钢筋混凝土的基础上。它不仅要支撑火箭，还要在重载的情况下，自动完成回转移动，调整火箭的垂直度和瞄准射向。发射台的外径为 14 米，自重 210 吨，堪称亚洲第一。1990 年 3 月，发射台在西昌卫星发射中心安装，火箭垂直调整时，仅用了两分钟就达到了所要求的精度，做到一次生产、一次安装、一次调试合格。该发射台能实现手动和自动两种不同的操作方法，在 800 吨的载荷下，可以完成 360 度回转，不仅满足了长二捆的技术要求，也为发射更大载荷的火箭作了技术上和物质上的准备。

抢建发射工位。为发射长二捆，要在西昌卫星发射中心建造一个新的发射工位。新的发射工位用来完成运载火箭和卫星的运转、吊装、起竖、对接、捆绑、瞄准测试、模拟发射、推进剂加注和泄出、供电供气、射前功能检查、发射和发射中出现问题时应急处理等工作。

新的发射场区采用活动工作塔架和固定脐带塔相结合、地下单面导流槽导流方案，运载火箭和卫星靠活动工作塔架完成分级吊装、起竖、对接、捆绑、测试检查、瞄准、加注推进剂和发射等程序。

在国防科工委和航空航天部的领导下，在各部委、省市、自治区和协作单位的通力合作下，经过广大工程技术人员、工人和各级干部一年多的顽强拼搏，研制任务一项项地按时完成。

1990 年 5 月 20 日，第一发“长二捆”火箭出厂，运抵西昌卫星发射中心，进行技术阵地测试。6 月 29 日，雄伟壮观的“长二捆”矗立在发射台上，进行垂直测试和加注推进剂，这一过程并非一帆风顺，7 月 13 日，在对“长二捆”排故过程中，火箭总装厂的魏文举技师光荣牺牲。

1990 年 7 月 16 日，北京夏令时 9 时 40 分，凝聚着千百万人心血和汗水的“长二捆”火箭，拖着八条桔红色的火龙飞向太空。574 秒时，火箭进入近地点 200 千米、远地点 1000 千米的椭圆轨道。578 秒时，搭载的巴基斯坦科学实验卫星与火箭分离，顺利进入预定轨道。火箭继续飞行， 697 秒时，模拟星与火箭分离，“长二捆”火箭完成了发射模拟星的飞行试验任务。

中共中央、国务院、中央军委对“长二捆”发射成功发来贺电。指出，这是全体研制、试验和工程施工人员贯彻党的十一届三中全会以来的路线、方针、政策和发扬刻苦攻关、勇于拼搏精神的结果，也是我国继成功发射亚洲一号通信卫星之后取得的又一次具有重大意义的胜利。这次发射试验的成功，使我国的运载火箭系列增加了新的品种，表明我国已经具有发射重型卫星的能力，这必将有力地促进我国同世界各国的技术交流与合作，鼓舞全国人民建设四化的信心和决心。

“长二捆”火箭发射成功，在国内外产生重大反响：

香港《文汇报》7 月 18 日发表评论说：“长二捆”研制成功表明，在重型运载火箭技术方面，中国仅次于美国、苏联，与法国并列第三。踏上新的阶梯，迈上新的征程。这是中国顶着巨大的国际压力，在 18 个月内完成的一项伟大壮举。

美国《基督教箴言报》评论说："长二捆"首次飞行成功，预示着中国在卫星发射业务方面将上升为大角色的地位。中国有能力将航天员送入太空，建设空间站，或达到其他长远的宇航目标。这家报纸还报道一位航天专家的话说，"长二捆"火箭可能使中国跻身于从事载人太空探索的先进国家行列。

法国《世界报》7 月 18 日报道说，这是一枚令人生畏的火箭，它加强了中国运载火箭在世界市场上的竞争力。

台湾一个经贸代表团来大陆参观火箭总装厂房时，曾连连表示感谢。说你们为炎黄子孙争了光。

1992 年 3 月 22 日，"长二捆"火箭第一次发射澳星。但点火后发生故障，

1992 年 8 月 14 日，"长二捆"火箭将澳星准确送入预定轨道

火箭实施了紧急关机，发射中止。经检查分析，故障是由火箭一个控制点上的微量铝制多余物引发的，同时，点火电路的可靠性不够。后来，进一步完善了设计。

1992 年 8 月 14 日，“长二捆”火箭再次发射澳星，将卫星准确地送入预定轨道，发射成功。

1994 年 8 月 28 日，“长二捆”火箭把第二颗澳星送入预定轨道。至此，中美双方签订的发射澳星合同，胜利完成。

“长二捆”火箭发射澳星成功，是 20 世纪 90 年代中国航天技术发展的一个里程碑，标志着中国运载火箭技术跨上了一个新台阶。运用这种捆绑技术，可以进一步发展推力更大的捆绑式火箭。它不仅增强了中国对外发射服务的能力，而且对发展我国载人航天技术具有重要意义。

四、商业发射

十一届三中全会前后，党中央提出了把工作重心转移到社会主义现代化建设上来，把改革开放作为国策，全国各行各业一派欣欣向荣的景象。在航天科技工业战线上，积极贯彻“军民结合”“军转民”“内转外”等战略举措。在面向国民经济主战场的同时，加快了进入国际卫星发射市场的步伐。1985 年 10 月，我国政府向全世界宣布：中国长征系列运载火箭投放国际市场，承揽对外商业发射服务。

从 1970 年长征火箭发射第一颗人造卫星到 80 年代中期的 10 多年间，中国先后研制成功长征一号、长征二号（含长征二号丙）、风暴一号和长征三号火箭。长征二号丙火箭，从 1982 年开始到 1993 年，连续 11 次发射成功，成功率为 100%。长征三号火箭技术性能良好，在应用低温技术和高空二次启动技术方面，堪与世界航天大国媲美，获得世界同行的赞誉。中国火箭的研制队伍和研制方略也属世界一流。这就是中国火箭进入国际卫星发射市场的实力。

1986 年上半年， 挑战者号航天飞机、大力神 34D 火箭、德尔它 E 火箭及阿里安Ⅱ火箭接连发射失败，使国际卫星发射市场出现用户排队等待发射的局面。

为了打开对外开放的局面，航天工业部曾通过多种渠道、多种方式，先后同 40 多个国家和地区建立了联系，同一些国外的研究机构、公司和厂商进行了交往。一些国家的厂商还探讨了技术合作、搭载服务的可能性，有的还草签了合同或意向书。

1987 年和 1988 年，中国利用发射返回式遥感卫星的机会，先后为法国和德国搭载微重力实验装置，获得成功。

1989 年 1 月，中国用长征三号运载火箭发射美国休斯公司制造、亚洲卫星通信有限公司经营的亚洲一号通信卫星（简称“亚星”）合同正式签订。经过近一年的交涉、协调，同年 12 月，布什政府宣布批准发放卫星运往中国的许可证。

用长征三号运载火箭发射“亚星”，是第一次外星商业发射服务。1990 年 4 月 7 日 21 点 30 分，在西昌卫星发射中心，长征三号火箭精确地将亚洲一号通信卫星送入预定轨道。

西昌卫星发射中心主任、本次发射指挥长曲从治庄严宣告：“亚星”发射成功!

江泽民总书记、杨尚昆主席、李鹏总理分别向发射现场打电话表示祝贺和慰问。

邓小平同志、邓颖超同志分别打电话祝贺发射成功。

国务院在贺电中指出：亚洲一号发射成功表明，我国的航天技术不仅可以为祖国的社会主义建设服务，而且还可以为发展与亚洲和世界各国的友好合作作出贡献。

由于本次发射的精度高，可以使卫星的寿命延长一年。这颗卫星有 24 个转发器，每个转发器一年的租金是 150 万美元，大体可增加收入 3600 万美元。

经过百折不挠的努力，长征二号捆绑火箭于 1990 年 7 月在西昌卫星发射中心首次发射成功。1992 年 8 月和 1994 年 8 月成功地把两颗澳星送入预定轨道。

1997 年 8 月，长征三号乙火箭圆满完成了发射菲律宾马部海通信卫星的任务，并获得 4 战皆捷的辉煌战果。

为适应发射摩托罗拉公司铱星的要求，又对长征二号丙进行了改进（称长征二号丙改），研制了固体发动机上面级，一次发射两颗铱星。经过 3 年多的艰苦攻关，1997 年 9 月，首次发射铱星模拟星即获成功，以后连续 6 次发射成功，七战皆捷。

在中国火箭走向世界的阶段，为了更好更快地发展导弹与火箭技术，中国航天界提出了“导弹换代、火箭升级、设备更新、人员交替”的奋斗目标，为在新世纪攀登航天技术新高峰，加足马力，勇夺桂冠。

进入 21 世纪，中国航天人面临新的挑战，矢志不移，再接再厉，加强国际合作，不只承揽卫星发射服务，还承揽了尼日利亚、委内瑞拉、巴基斯坦、玻利维亚、老挝、白俄罗斯等整星出口及在轨交付项目。

中国的商业发射是改革开放政策的重要体现，中国火箭走出国门，让世界了解中国航天。自 1985 年 10 月，中国政府宣布长征火箭投放国际卫星商业发射市场以来，长征系列火箭先后将国内外制造的 40 余颗国（境）外卫星送入预定轨道，为 20 个国家、地区和国际卫星组织提供了发射服务，创造了中国在国际市场高科技的品牌，取得了良好的经济效益，为中华民族争了光，奠定了进一步参与国际合作、共同开发利用太空、造福人类的基础。

五、一箭多星

一枚火箭发射多颗卫星，可做到一次发射多方受益。而对火箭、卫星、发射场、测控跟踪等方面带来很大的难度，它们之间的协调较为复杂。首先，需要具备研制大推力运载火箭的能力，掌握稳定可靠的星箭分离、多星分离、多星跟踪、遥测、遥控和数据处理等技术，还要解决星、箭、发射场、地面测控台站之间的协作问题，排除它们间可能产生的无线电干扰。

1977 年夏，国防科委将我国“一箭三星”任务下达给上海机电二局。采用风暴一号火箭发射科学试验卫星实践二号、实践二号甲和实践二号乙三颗星的任务。

“一箭多星”是一种新的发射技术，某种意义上代表一个国家航天技术的先进性。总体设计人员加班加点地进行了技术可行性分析，认为风暴一号火箭的运载能力可达1吨以上，足以满足三颗卫星有效载荷的运载要求。又具备火箭总体设计、结构设计和级间分离、整流罩分离、星箭分离的成熟技术基础，存在的最大的难点是“一箭三星”的连接与分离技术。

实践二号最初设计时，并未考虑还要带一对“姐妹”星一同上天。为了满足“一箭三星”的要求，中国空间技术研究院对卫星总体布局做了调整。之后，经过星、箭设计人员研究与协调，决定由卫星方面研制一个特殊的“Ⅱ”字形的对接梁，通过爆炸螺栓与实践二号卫星连接并与实践二号甲卫星的锥裙连接（实践二号甲的锥裙是罩在实践二号卫星上面的），对接梁用螺栓固

风暴一号成功完成“一箭三星”发射任务

定在火箭第二级仪器舱前端的端框上。第二级关机后，实践二号甲和实践二号先后与火箭分离，对接梁留在火箭上。

在中国航天人的艰苦努力下，星、箭产品经过大量地面试验总装后，运抵酒泉导弹试验基地进行测试与射前检查。1981 年 9 月 20 日，风暴一号火箭载着“三星”隆隆升起，7 分 23 秒后，这一组空间物理探测卫星准确进入了预定轨道，标志着我国初步掌握了“一箭三星”技术。

以后，我国又用长征二号丙改、长征二号丁、长征三号甲、长征四号乙等火箭多次进行“一箭两星”或“一箭多星”发射。特别是 2015 年 9 月 20 日，长征六号火箭一次发射了 20 颗小卫星，创造了我国一箭多星的发射纪录，进一步表明了我国“一箭多星”发射技术的成熟，产生了良好的社会效益。

六、载人运载火箭

载人航天所用的火箭要具有高质量、高安全、高可靠三大特性，即所谓的“三高”产品。

长征二号 F 运载火箭是我国航天史上第一枚用于载人航天的新型运载工具。它是以长征二号 E 为基本型改进设计而成的。火箭全长 58.34 米，起飞质量 480 吨，运载能力 8 吨。火箭系统由箭体结构、动力装置、控制、推进剂利用、故障检测处理、逃逸、遥测、外测安全、附加和地面设备共 10 个分系统组成。也是 20 世纪 90 年代我国运载火箭中起飞质量较大、长度最长、系统最复杂的火箭之一。它的安全性指标为 0.997，可靠性指标为 0.97，达到了国际载人运载火箭的先进水平。

为了让长征二号 F 火箭具备“三高”特性，在研制过程中，需解决一系列的技术难题，首次采用 55 项新技术，其中 10 项关键技术要达到国际先进水平。确保航天员安全是头等大事，必须掌握火箭故障检测诊断技术和逃逸技术，这是一项世界级的课题，是载人火箭独有的技术。长征二号 F 火箭的研制者们，在国内航天史上首次研究了 310 种火箭故障模式及逃逸判据，首次研制了故障检测系统，实现了运载火箭在待发段和上升段发生故障时，能自检测、自诊断，发出故障信息给逃逸系统，并能实施自动逃逸和地面指令逃逸，这一技术达到了国际先进水平。又在国内航天史上首次采用了全冗余的控制系统，实现双套制导与稳定控制技术，给火箭上了双保险。

实现“三垂”模式。载人航天工程改变了传统的发射方式，在国内航天史上率先实现了“三垂”模式，即垂直吊装、垂直测试和垂直转运，改变了过去火箭平放、分节测试再对接的传统操作方法，保证了火箭状态的稳定，并使火箭在发射架上的准备时间由以往的 15 天左右缩短为 3 天。第一次实现 1500 米远距离测试、发射和控制技术；首次研制大型多节点调平、无级变速、高定位精度的活动发射平台，解决了 58.34 米高的箭船组合体在垂直状态下自行行走 1500 米的运输问题。此项技术达到国际先进水平。

确保“不败工程”。发射载人飞船的火箭必须确保万无一失，确保航天员的生命安全，被称为“不败工程”。过去，运载火箭的可靠性达到 0.91 就可以了，长征二号 F 火箭的可靠性却要达到 0.97，安全性指标必须达到 0.997。火箭研制者们必须对现有型号进行全面“体检”，找出薄弱环节，提高可靠性和安全性。这就对设计、生产、试验提出了高标准、严要求。

为了保证长征二号 F 火箭的高可靠性、高安全性，研制人员从火箭的元器件抓起。火箭上约有 5 万只元器件，其中只要有一个有隐患，就可能功亏一篑，成千上万人的劳动和心血就要付之东流，遗憾无穷。为了紧紧把住元器件、原材料的源头，抓住工艺关，按照载人航天工程元器件“七专加严和五统一”的要求，加强筛选、监制和验收。

为了使“不败工程”真正可靠，每一位设计、生产人员，一方面要不断地、仔细地查找自身的不足，一方面又要不断地请别人给自己挑毛病。只有十分认真、仔细地查找问题，才能保证设计、生产的高质量，火箭的高可靠。

啃下逃逸硬骨头。逃逸救生系统是长征二号 F 新点和难点的代表。在长征二号 F 火箭研制初期，研制人员只是在国外的画报上看到过逃逸火箭，要在没有任何参考资料的前提下变成事实，难度很大。某国专家曾经提出：中国的生产和工艺水平无法达到载人航天工程对火箭要求。只要中方出资，他们可以直接提供图纸或产品，但是这些都被中国航天人婉言谢绝了。他们自编了一万多条程序，利用容量有限的微机，进行大规模的数字计算。

在逃逸系统的研制中，栅格翼、整流罩成为攻关的主要“瓶颈”。没有成功经验可以借鉴，没有成熟技术可以继承，甚至没有现成资料可以参考，在总设计师的带领下，以年轻人为主体的研制人员艰难探索、刻苦攻关，突破了火箭传统的研制程序，把方案和初样两个阶段的研制过程“合二为一”，仅仅用了 18 个月的时间，就完成了逃逸系统的研制和试验。这是按常规需要 2 ~ 3 年才能完成的工作。

经历日日夜夜的艰苦攻关和充分的地面试验，完成总装的长征二号 F 火箭运抵酒泉卫星发射中心。经过精心测试，1999 年 11 月 20 日，长征二号 F 火箭承载着神舟一号试验飞船顺利升空，并将其送入预定轨道，中国载人航天工程首次飞行试验取得成功。

2001 年 1 月 10 日凌晨 1 时零分，指挥员下达点火命令，伴随着雷鸣般的巨响，大地震颤，烈焰喷腾，经受过特殊“洗礼”的长征二号 F 火箭直冲云霄，

长征二号 F 火箭整装待发

飞行 589 秒后，将神舟二号试验飞船准确送入预定轨道，发射获得圆满成功。

2002 年 3 月 25 日，长征二号 F 火箭发射神舟三号试验飞船，再次获得成功。

2002 年 12 月 30 日零时 40 分，“神箭”在超低温环境下，又一次壮丽起飞，成功地将神舟四号试验飞船送入预定轨道。

在高质量、高安全、高可靠地发射四艘无人试验飞船的基础上，2003 年 10 月 15 日，长征二号 F 火箭首次发射神舟五号载人飞船，把航天英雄杨利伟送入太空，实现了中华民族的千年飞天梦想。杨利伟在太空飞行 21 小时后，安全返回地面。

长征二号 F 火箭首次发射后，经过不断精心完善，更加成熟。之后，这支善打硬仗的载人火箭队伍，继续发扬“特别能吃苦、特别能战斗、特别能攻关、特别能奉献”的载人航天精神，使长征二号 F 火箭取得了各发皆捷的佳绩。

七、探月运载火箭

自 2004 年 1 月 23 日绕月探测工程立项之日起，经过 12 年的不懈努力，我国月球探测工程（嫦娥工程）取得了辉煌成就。随着嫦娥一号、嫦娥二号、嫦娥三号及嫦娥五号再入返回飞行试验器相继奔向月球，嫦娥工程按照“绕”“落”“回”三步走的计划稳步推进，中国在深空探测领域不断树立起新的丰碑。

嫦娥一号、二号、三号和嫦娥五号再入返回飞行试验器，都采用长征三号甲系列火箭，自西昌卫星发射中心发射。长征三号甲系列火箭包括长征三号甲、长征三号乙、长征三号丙三种火箭，其中，“长征三号甲”是基本型。

“长征三号甲”是在长征三号火箭的基础上研制成功的。原先研制的主要目的是用于发射地球同步转移轨道卫星，其火箭的总体参数：高度 52.52 米，一、二子级直径 3.35 米，三子级直径 3 米，整流罩直径 3.35 米，起飞质量 241 吨，起飞推力 2961.6 千牛，二级推力 742 千牛，三级推力 157 千牛。地球同步转移轨道运载能力可达 2.6 吨，比“长征三号”的 1.45 吨，翻了近一番。全箭由箭体结构、动力系统、控制系统、遥测系统、外测安全系统、滑行段姿态控制与推进剂管理发动机系统、低温推进剂利用系统等组成。“长征三号甲”的第三级，当时是我国最大的末级火箭，在全世界发射高轨道卫星的火箭中仅次于人马座GⅡ，位居第二。

长征三号甲火箭，从一开始研制就制定了较高的技术指标。为了实现这些指标，在方案论证阶段提出了100多个新技术项目和58个工艺攻关项目，其中重大新技术项目41个。这些新技术不但代表着国内火箭技术的最高水平，许多项目还赶上和超过了世界航天强国的技术水平，尤其突出的是四项重大技术关键，即氢氧发动机、动调陀螺四轴平台、冷氦加温增压系统和低温氢气能源的双摆伺服机构。充分应用这些新技术，是长征三号甲火箭实现整体优化设计的保证。功夫不负有心人，经过广大科技人员8年的艰辛攻关，这些新技术先后获得突破，使中国火箭技术跃上了一个新台阶，并于1994年通过“一箭双星”方式将实践四号科学试验卫星和夸父一号模拟星送入预定轨道。之后，它基本成为中国发射同步转移轨道卫星的主力运载工具。

长征三号乙火箭是以长征三号甲火箭为芯级，一级四周捆绑四个液体助推器，实现了“上改下捆”。火箭的起飞质量426吨，起飞推力5923千牛，二级推力79.8吨，三级推力16吨。全箭长56.33米，一、二子级直径3.35米，三子级直径3米，助推器直径2.25米。地球同步转移轨道运载能力5.2吨，使我国高轨道运载能力跨入世界先进行列。

长征三号丙相对长征三号乙火箭，捆绑助推器数量有所减少。长征三号丙火箭一级捆绑了两个助推器。但是，长征三号丙火箭对总体设计，主要是连接和分离技术、控制技术提出了新要求。长征三号丙火箭起飞质量367吨，起飞推力4442千牛，地球同步转移轨道运载能力4吨。其他如箭体长度，一、二、三子级直径等技术状态与长征三号乙火箭相同。

长征三号甲系列火箭经过适应性修改，提高了质量与可靠性，满足了“嫦娥工程”的使用要求。2007年10月24日，长征三号甲火箭成功发射嫦娥一号卫星，2010年10月1日，长征三号丙火箭成功发射嫦娥二号卫星。这两次绕月飞行，收集了大量的数据和月球图片。2013 年 12 月 2 日，长征三号乙火箭将嫦娥三号探测器发射升空，2013 年 12 月 14 日，嫦娥三号探测器成功着陆月球，传回大量的月球清晰图片，认证了月球局部地区的真实面貌。

2014 年 10 月 24 日，嫦娥五号再入返回飞行试验器由长征三号丙运载火箭成功发射。11 月 1 日，再入返回飞行试验器服务舱与返回器在距地面高度 500 千米处正常分离，服务舱留在太空开展一系列拓展试验，返回器顺利着陆于预定区域。嫦娥五号再入返回飞行试验器飞行试验任务的圆满成功，标志着中国探月采样返回任务取得突破性进展，为实现探月三期工程目标奠定了坚实基础。

第三节　群星灿烂

一、对地观测（遥感）卫星

对地观测卫星又称地球观测卫星，是用于观测地球及其大气层的人造地球卫星总称。自1975年11月26日发射成功首颗返回式遥感卫星以来，目前已形成系列应用卫星，诸如“风云”“海洋”“资源”“遥感”“天绘”等卫星系列和“环境与灾害监测”小卫星系列，等等。我国先后研制发射的返回式对地观测、气象、资源、海洋等应用卫星，可以全天时、全天候地观测整个地球，及时地获取地球上的多种图像和数据，方便地获得气候、气象、植被、矿产勘测、土地利用、海洋环境等资源信息以及关系民生的空气质量污染情况。这些应用卫星携带的遥感器种类繁多，波段覆盖可见光、红外、紫外和微波波段，地面分辨率由千米级到分米级；波段分辨率由几百纳米到几纳米。根据不同的观测对象，卫星遥感技术分为大气遥感、陆地遥感和海洋遥感等。

目前，对地观测卫星数据已广泛应用于经济社会发展各领域。建立和逐步完善的国家遥感中心、国家卫星气象中心、中国资源卫星应用中心、国家卫星海洋应用中心、中国遥感卫星地面站等单位，以及许多省市的卫星遥感应用及论证机构是遥感卫星的应用部门。它们利用国内外遥感卫星，积累形成覆盖范围广、时间序列长的多波段卫星对地观测数据资源，提供多种遥感产品和服务。在一些重要领域，卫星遥感应用系统已投入业务化运行，特别是在气象、地矿、测绘、农业、林业、土地、水利、海洋、环保、减灾、交通、区域和城市规划等方面得到广泛应用。其中在国土资源大调查、生态建设和环境保护以及西气东输、南水北调、三峡工程等重大工程建设中发挥了重要作用。

1988 年 9 月以来发射的“风云”系列气象卫星，其可见光和红外扫描辐射计，获得了大量的地面云图、地面温度以及海洋水色空间及光谱域等资料，提供给有关部门，取得了可观的经济效益。进入 21 世纪，“风云”系列遥感卫星不断改进，携带有垂直温度辐射计、大气观测遥感器等遥感仪器，可获得大气垂直分布数据，大气中的微量气体元素、气溶胶、水、温度和压力等信息，能够监测大气质量和被污染程度，提供气象、环保等部门处理后，在灾害监测预报中起到了重要作用。“风云”系列气象卫星实现了对台风、雨涝、森林与草原火灾、干旱、沙尘暴、雾霾等灾害的有效监测，气象预报和气候变化监测能力达到了国际先进水平。“风云”系列气象卫星已被世界气象组织纳入全球业务应用气象卫星系列。国家卫星气象中心建立了位于北京、广州、乌鲁木齐的三个地面主体站，辅以 31 个省级卫星遥感中心和 500 多个卫星接收利用站，形成国家、省、地三级的气象卫星遥感体系。同时，也接收美国、日本、欧洲的气象资料，这一卫星遥感体系，每时每刻地都在为人们服务。

我国“资源”卫星系列在土地、矿产、农林、水利等资源及地质灾害调查、监测与管理以及城市规划中发挥着重要作用。如：“遥感”、“天绘”遥感器在科学试验、国土资源普查、地图测绘等领域发挥了不可替代的作用；“环境与灾害监测预报小卫星星座”也为地表水质与大气环境监测、重大环境污染事件处置以及重大自然灾害监测、评估与救援提供了重要的技术支撑。

1999 年 10 月，我国发射的中巴资源一号卫星，是中国和巴西联合研制的陆地遥感卫星。它携带的五谱段电荷耦合器件（CCD 相机）、红外多光谱扫

风云一号 C 星发回的第一幅卫星云图

描仪（IRMSS 相机）、宽视场成像仪（WFI）、42 头高密度数字磁记录器等有效载荷，为中巴两国获取了大量的地球数据和卫星图片，提供有关部门分析使用，在农林、海洋、环保、国土资源、城市规划等方面发挥了重要作用。2000 年 9 月、2002 年 10 月、2004 年 11 月发射成功的资源二号卫星是传输型遥感卫星，已达到世界水平。这三颗卫星携带着先进的新型遥感器，具有较高的分辨率，提供了精确的数据信息，在国土资源勘探、环境监测与保护、农作物估产、防灾减灾、城市规划和空间科学试验等领域发挥了重要作用。

海洋遥感卫星是我国发展较晚的一种地球遥感卫星。它应用于对中国海域和全球重点海域进行监测，对海冰、海温、风场等的预报精度和灾害性海况的监测时效显著提高。2002 年 5 月，在太原卫星发射中心，用“一箭双星”方式发射了风云一号 D 和海洋一号 A 卫星。其中，海洋一号 A 卫星主要有四种有效载荷：雷达高度计、微波散射计、水色成像仪和多信道微波辐射计。

雷达高度计可以直接测量星下点海面的高度及其变化，用于观测海流、有效的波高、海面风速、海洋潮汐、旋涡和大地水准面等重要的海洋学现象；微波散射计测量星下点两侧约1000千米范围内的矢量风，可以用于低风速测量；水色成像仪用以观测海水的温度、水色、透明度等，由此取得海洋生物化学循环和海洋生产力等信息；多信道微波辐射计用以测量海面微波级的温度，并为雷达高度计和微波散射计提供大气衰减的校正数据。除上述四种遥感器外，还配置有数据收集系统，主要用于中继海上数据收集平台的实测数据，并为海上搜索和救援提供服务。2007年后研制发射的海洋系列卫星，遥感器有了较大改进，数量也有所增多，在灾害性的海况监测与预报、海洋油气与矿产资源开发、海岸带和海港开发与保护、发展海洋渔业、最佳航线选择、海洋科学研究等方面，每年创造了数百亿元的经济效益。此外，我国的海洋卫星在促进遥感技术，带动电磁波理论、微电子学、光学、信息学、计算机科学、地球环境科学、海洋科学的发展方面，必将产生巨大的推动作用，还可增强我国的国际竞争力，打破航天强国对全球海洋实时与高分辨率数据的垄断，在维护我国的制海权方面拥有更多的主动权，有利于以平等地位与其他海洋国家在开发、利用或研究海洋方面开展交流与合作。

二、通信广播卫星

卫星通信具有覆盖范围广、容量大、信号质量好、可靠性高和机动灵活等特点，因此，在远距离通信、数据网络、数据采集、广播电视、电子邮件、行政管理、应急救灾、远程医疗、应急救助、航海通信、个人移动通信等领域都得到广泛应用。卫星通信广播与人们的生活息息相关，已是人类活动难以替代的联络手段。

我国1984年4月在西昌卫星发射中心成功地发射了第一颗地球静止轨道试验通信卫星——东方红二号，使我国成为世界上第五个能独立自主研制与发射地球静止轨道通信卫星的国家。研制东方红系列通信卫星，有一个从小容量到大容量、从单一波段到复合波段、从试验到实用再到广泛应用的循序

庆祝我国试验通信卫星发射成功大会

渐进的过程。我国研制与发射广播通信系列卫星包括五种类型的通信卫星，即东方红二号试验通信卫星、东方红二号甲实用通信广播卫星、东方红三号通信广播卫星、东方红四号系列通信广播卫星和“天链”系列数据中继卫星。

1984 年 4 月，东方红二号试验通信卫星成功发射和定点之后，圆满地完成了我国卫星的各种通信试验，实现了覆盖全国的信号传输，初步解决了我国长期存在的通信难的问题，并彻底解决了边远地区通信落后以及看不到中央电视台新闻联播节目的问题。

在东方红二号试验通信卫星的基础上，我国又研制发射了 4 颗东方红二号甲实用通信广播卫星。它们采用国内波束天线，增加了有效载荷转发器数量和辐射功率，每个卫星有 4 个 C 波段转发器，可以传输 4 路彩色电视信号和 2400 路双向电话。自 1988 年 3 月 ~1990 年 2 月连续发射成功 3 颗东方红二号甲卫星后，全国有几亿人通过这些卫星和数千个地面接收站可收看电视节目，大大改善了我国的通信和广播电视传输条件，提高了人们的生活质量。虽然1991年12月，第4颗东方红二号甲卫星发射失败，由于前3颗卫星在空间使用寿命均从4年提高到5年以上，后续又有其他卫星接替，仍不间断地为我国通信、广播、交通、水利、教育等部门提供了各种服务。

“东方红三号”是我国研制的中等容量通信广播卫星，比“东方红二号甲”有了很大的改进。卫星上装有24路C波段转发器，设计寿命为8年。1997年发射成功后，已纳入我国卫星通信业务运行系统，能为很多部门提供通信服务，改善了我国的国际通信以及西部边远山区的通信落后状况，社会效益和经济效益明显提高。

东方红三号卫星平台还成为我国通用卫星平台，它加上不同的有效载荷，可组成不同功能的卫星。我国第一颗绕月探测卫星——嫦娥一号，就是采用东方红三号卫星平台设计而成的。

东方红四号是我国进入21世纪研制成功的新一代大型静止轨道卫星的通用平台。该卫星平台已达到同类卫星的世界水平。在该卫星平台上，可根据用户需求，安装不同类型的有效载荷，生产不同类型的通信广播卫星。东方红四号的成功研制，为我国研制大容量通信广播卫星、直播卫星和移动通信卫星等奠定了基础。它正继续为我国卫星通信事业产业化、商业化发展服务，并开辟了国际商业服务的广阔前景。

采用东方红四号卫星平台组装成的鑫诺、中星7号、中星10号等通信广播卫星都具有长寿命、大容量、安全可靠等技术特点。如：2006年10月发射并定点成功的鑫诺二号通信广播卫星，其质量为5.1吨，世界标准的广播频段，有22个大功率转发器，设计寿命15年，可在轨服务到2020年。

采用东方红三号卫星平台，再把东方红三号卫星的“通信舱”改为“跟踪和数据中继舱”，构成了“天链”系列数据中继卫星。2008年4月、2011年7月、2012年7月，从西昌卫星发射中心，用长征三号丙火箭，分别把天链一号01星、02星和03星送入预定轨道。“天链”系列数据中继卫星发射成功与应用，大大提高了我国航天测控通信能力和覆盖率，也为我国载人航天、月球探测提供了地面测控难以解决的问题。

在通信广播领域，我国已经掌握大容量地球静止轨道卫星、天基数据中继卫星等关键技术，通信广播卫星性能明显提高，话音、数据和广播电视通信技术达到世界先进水平。中星十号等卫星的成功发射和稳定运行，大幅提高了中国通信广播卫星的功率和容量。天链系列数据中继卫星的成功发射，使中国初步具备了天基数据传输能力和对航天器的天基测控服务能力。

通信广播技术发展十分迅速，应用日益广泛，应用产业基本形成。截至2012年年底，中国拥有国际、国内大型通信广播地球站100多座，国内几十个部门和若干大型企业共建立了140多个卫星专用通信网，各类甚小口径终端站达8万多个。卫星广播电视业务的开展与应用，提高了全国广播电视特别是广大农村地区广播电视的有效覆盖范围和覆盖质量。卫星通信广播技术在“村村通广播电视”和“村村通电话”工程中发挥了不可替代的作用，卫星远程教育宽带网和卫星远程医疗网初具规模。中国作为国际海事卫星组织成员国，已建成覆盖全球的海事卫星通信网络，跨入了国际移动卫星通信应用领域的先进行列。

通过整合，成立了中国卫星通信集团有限公司（简称中国卫通），这是一家中国卫星运营的主导企业。该公司以卫星应用产业化发展为使命，以天地一体化卫星运营服务体系为平台，以市场化规模化为导向，重点发展卫星空间运营、地理信息服务和卫星地面运营服务。中国卫通拥有国内主导、世界先进的资源网络和设备齐全、功能先进的民用卫星地球站，通过高素质专业化的保障团队、专业技术支持团队、高效的系统集成团队，实现多星运营条件下的卫星测控、业务监测与安全运行保障，为广大用户提供高效、优质的广播电视、语音、数据多媒体、互联网、应急通信、企业专网、远程教育等一站式广播服务。

三、导航定位卫星

导航定位卫星是通过发射无线电信号为用户提供位置、航行、通信和授时服务的人造卫星。导航定位卫星可直接向地面、海洋、空中和空间用户提供精确的位置、速度和时间等导航定位信息。一般由多颗卫星组成导航定位网，实现全球和近地空间的立体覆盖。它主要采用时间测距定位原理，可对地面、海洋、空中和空间的汽车、船舶、飞机、导弹、卫星、飞船、空间站等各种用户进行全天候、实时、高精度的三维定位测速和精确授时。

我国自主研制的全球北斗卫星导航定位系统（BDS），是继美国（GPS）、俄罗斯（GLONASS）之后，第三个成熟的卫星导航系统。系统由空间端、地面端和用户端组成。可在全球范围内全天候、全天时地为各类用户提供高精度、高可靠的定位、导航和授时服务，并具备短报文通信能力。区域导航定位精度优于 10 米，测速精度优于 0.2 米 / 秒，授时精度优于 50 纳秒。

我国研制 BDS，采取“三步走”的发展战略：第一步，建立由 3 颗卫星组成的北斗导航试验系统，解决有无问题；第二步，建设北斗区域卫星导航系统，于 2012 年具备亚太地区区域服务能力；第三步，于 2020 年左右，建成覆盖全球的北斗卫星导航系统，为全世界提供导航服务。

2000 年 10 月、12 月，2003 年 5 月，2007 年 2 月，分别发射了 4 颗北斗导航试验卫星。超额完成试验任务后，2007 年 4 月～ 2012 年 10 月，又完成 16 颗北斗导航卫星研制与发射任务。自 2010 年 10 月以来，我国逐步通过“卫星导航应用产业化”等重大工程项目的实施，并利用国内外导航定位卫星，在卫星导航定位技术的开发、应用与服务方面取得了长足进步。

目前，卫星导航定位的应用范围和业务范围不断扩展，全国卫星导航应用的市场规模以每两年翻一番的速度快速增长。卫星导航定位技术已广泛应用于我国的交通运输、基础测绘、工程勘测、资源调查、地震监测、气象探测和海洋勘测等领域。

我国按照从试验系统、到区域系统，再到全球系统的“三步走”发展思路，将继续构建中国的北斗卫星导航系统。自2012年12月27日起，北斗导航系统在继续保持导航试验系统、有源定位、双向授时和短报文通信服务的基础上，已具备提供覆盖亚太地区的导航定位、授时和短报文通信服务的能力。预计2020年左右，建成由5颗地球同步轨道卫星和30颗非地球同步轨道卫星组成的覆盖全球的北斗卫星导航系统。

四、科学技术试验卫星

科学技术试验卫星又分为科学实验卫星和技术试验卫星两类。科学实验卫星包括空间物理探测卫星和天文观测卫星等。技术试验卫星是进行新原理、新方案、新仪器设备和新材料等技术试验或为应用卫星进行试验的某些试验卫星。

1971年3月，我国发射了实践1号科学实验卫星，首次对近地物理环境进行了探测与研究，卫星在太空正常运行了8年多，远远超过了设计寿命，这在20世纪60年代国外研制的卫星中是少有的。1981年9月，我国以“一箭三星”方式成功发射了三颗实践2号系列卫星，又为我国探索太空积累了宝贵的实验数据和卫星运行管理经验。截至2015年，我国先后发射了多颗科学技术试验卫星，用于空间环境探测、空间物理参数测定、太阳风暴数据测定、空间辐射探测、空间流体学试验、单粒子效应试验以及其他相关的空间试验。

我国“实践”系列的卫星多是科学技术试验卫星。自20世纪70年代初，“实践”系列卫星开展了一系列空间探测与研究，获得很多空间资源。20世纪80年代，我国又用返回式遥感卫星，进行了多种空间试验，在基础理论、空间物理、微重力科学、空间生命科学等领域都取得了成果。2004年以来，我国几乎每年要发射科学技术试验卫星，并为创建国家级实验室寻找理论根据。目前，建立的空间有效载荷试验中心，具备了支持空间试验的能力，基本达到世界水平。我国多次同国外航天组织洽谈，独自或合作发射航天器，探讨宇宙的奥秘。比如：研究太阳系和地球的奥秘，为什么地球适合生命的繁衍，怎样保护地球，同时探讨太阳活动、行星际扰动触发磁层空间暴和灾害性地球空间天气的物理过程，同欧空局合作发射探测号卫星等，为人类空间活动的安全及生存环境的维护提供了科学数据和相应对策。

我国技术试验卫星，如返回式卫星、通信卫星、气象卫星以至试验飞船，一般是先从单项技术或整星试验做起，成熟之后，再走向应用。技术试验卫星在试验阶段，需要付出巨大的人力财力，以便为后续的应用奠定基础。

第四节　载人航天

按照调整后的规划，我国载人航天工程分三步走：第一步，发射载人飞船，建设初步配套的试验性载人飞船，开展空间应用实验；第二步，突破航天员出舱活动技术、空间飞行器交会对接技术，发射空间实验室，解决有一定规模的、短期有人照料的空间应用问题；第三步，建造空间站，解决较大规模的、长期有人照料的空间应用问题。

一、突破载人航天技术

载人航天工程是高度复杂而庞大的系统工程，是人类开拓宇宙具有挑战性的领域，也是一个国家综合实力和整体科技水平的体现。

我国的载人飞船工程包括航天员系统、飞船应用系统、载人飞船系统、运载火箭系统、发射场系统、测控通信系统、着陆场系统等七个系统。自 1992 年启动载人航天工程以来，先后攻克了飞船总体技术，飞船控制技术，逃逸救生技术，再入返回技术，“三垂一远”发射技术等国际宇航界公认的技术难题。

我国的载人飞船命名为“神舟”号，由三舱组成：轨道舱、返回舱、推进舱。船上有两对太阳能电池翼，采用升力控制返回和降落伞回收技术。神舟号飞船高度约 8.3 米，最大直径 2.8 米，质量约 8 吨，额定成员 3 人，可自主飞行 7 天；整船可靠性 0.97，安全性 0.997。推进舱位于飞船的后部，主要功能为飞船的轨道和姿态控制提供动力以及提供电源、排热调温的手段；返回舱位于飞船的中部，是航天员在发射段和返回段的座舱；轨道舱位于飞船的前部，是航天员在轨运行期间生活、休息等活动和开展有效载荷试验的场所。飞船共计 13 个分系统，环境与生命保障、仪表与照明、应急救生、乘员等分系统是卫星上所没有的分系统。

经过 10 多年的研制历程，在连续成功发射四艘“神舟”试验飞船的基础上，2003 年 10 月 15 日，我国首次将杨利伟驾驶的神舟五号载人飞船送入太空。飞船在太空运行与返回都取得了圆满成功，实现了中华民族的千年飞天梦想。

2005 年 10 月 12 日，长征二号 F 火箭成功发射神舟六号载人飞船，将航天员费俊龙、聂海胜送入太空，并安全返回地面。实现了 2 人 5 天的飞行，完成了真正意义上有人参与的空间科学试验。

我国载人航天工程的研制建设，发扬了“两弹一星”精神，继承了日益

神舟飞船发射、运行、返回全程示意图

成熟的航天技术，特别是返回式卫星技术，初步探索了一条具有中国特色的载人航天发展之路；突破了一大批具有自主知识产权的核心技术，提高了我国航天科技及相关学科，特别是信息、材料、能源等重点学科的整体水平；建设并完善了一批先进性与实用性兼备、能满足我国载人航天事业可持续发展的载人航天工程设施；培养了一支“特别能吃苦，特别能战斗，特别能攻关，特别能奉献”的研制、发射队伍。使我国成为继美国、俄罗斯之后，世界上第三个掌握载人航天技术的国家。

二、掌握空间出舱技术

空间出舱是高风险活动，航天员将面临着高真空、高热、深冷、太阳辐射、粒子辐射、微流星和空间碎片等严峻的空间环境。舱外航天服以及出舱保障设备必须能在这种极端的恶劣环境中为航天员提供安全的生存条件。任何微小的故障都可能导致出舱活动的失败，甚至威胁航天员的身体健康和生命安全。

航天员的出舱活动必须身着舱外航天服，这套航天服实际上是一套小型的载人航天器，不仅具备飞船的一些功能，在重量、体积和功耗上甚至比飞船要求高，制造难度大。中国航天员翟志刚穿的“飞天”舱外航天服，是在引进俄罗斯“海鹰”航天服的基础上自行研制成功的。航天服分服装结构、供氧与排放二氧化碳、环境控制、压力调节、电力保障、通信子系统和头盔、手套、安全绳等主要设备。服装总高约 2 米、质量为 120 千克、抗压能力 120 千帕、服内压力 40 千帕、外层耐温能力正负 110 摄氏度、可靠性 0.997，每套造价约 3000 万元人民币。

2008 年 9 月 25 日，长征二号 F 火箭成功发射神舟七号载人飞船，将航天员翟志刚、刘伯明、景海鹏送入太空。在此次飞行任务中，翟志刚身穿我国自行研制的“飞天”舱外航天服进行了出舱活动，实现了我国空间技术发展的重大跨越，使中国成为世界上第三个独立掌握空间出舱技术的国家。

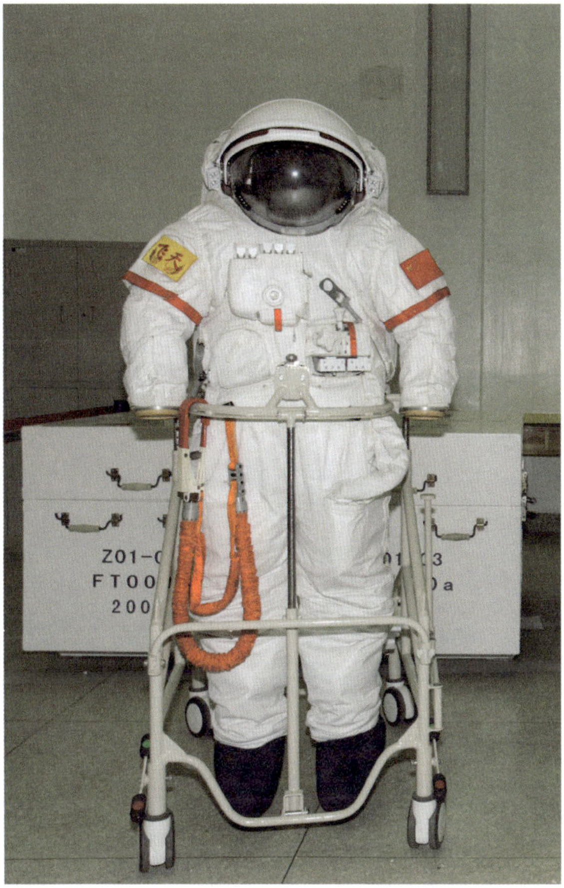

中国“飞天”舱外航天服

三、完成交会对接任务

航天器空间交会对接是使两个航天器在空间轨道上会合，并在结构上连成一个整体的技术，是实现大型航天器（如空间站）的建造、补给、维修、航天员交换及营救等在轨服务的先决条件，是载人航天工程的一项重大基本技术。

空间交会对接需要两个航天器，一个是被动目标飞行器，一个是主动追踪飞行器。

我国空间交会对接飞行任务的目标飞行器为天宫一号，它是以神舟飞船技术为基础研制的，轨道寿命2年，采用两舱构型，由实验舱和资源舱组成，全长10.4米，舱体结构最大直径3.35米。

天宫一号实验舱里的密封结构，为航天员提供基本模拟地面大气环境的条件以及必需的工作和生活设施，拥有约15立方米的自由活动空间。实验舱前端安装异体同构周边式（导向瓣内翻）对接机构，用于与载人飞船对接，对接后形成密封通道，航天员经此通道进出天宫一号。资源舱位于后部，为非密封舱段，舱外安装一对太阳能电池翼，舱内安装发动机、推进剂贮箱以及环控气瓶等设备。

在交会对接的基本过程中，目标飞行器首先发射升空并在轨道上运行。交会对接前，调整目标飞行器的轨道高度和相位，使其进入对接轨道。之后，飞船发射升空，先在地面控制下完成远距离导引，然后由飞船自主控制完成近距离导引，最后完成与目标飞行器在对接段的对接任务。

在远距离导引段，地面测控网精确测定并预报飞船和目标飞行器的轨道，并根据交会变轨策略计算飞船的轨道控制参数，控制飞船经过多次变轨机动后，进入到飞船测量敏感器能够捕获目标飞行器的范围。

在近距离导引段，飞船转入自主导引控制，完成寻的段、接近段和平移靠拢段的飞行，使飞船沿对接走廊向目标飞行器逼近，直至接触。

在对接段，飞船对接机构对接环伸出处于对接位置，两飞行器相互接触时，对接机构利用自身缓冲装置和导向板结构进行缓冲和导向，飞船正推发动机短时工作，产生冲量，使两对接机构完成捕获，锁紧机构使两个航天器在结构上实现硬连接。此后，对接机构分别完成信息传输总线、电源线和液体管线的连接。

两个飞行器连接在一起的飞行阶段称为组合体运行段。组合体运行由目标飞行器控制，飞船处于停靠状态。载人飞行时，在完成一系列状态检查和设置后，航天员打开飞船和目标飞行器间的舱门，进入目标飞行器工作和生活。

组合体完成飞行任务后，飞船与目标飞行器分离解锁返回地面，目标飞行器继续在轨进行科学试验，并等待进行下一次交会对接任务。

2011年9月29日，天宫一号发射成功，拉开了中国载人空间站建设的大幕。

2011年11月1日，神舟八号无人飞船发射成功，11月3日，与天宫一号进行了自动交会对接，标志着我国突破了自动空间交会对接技术。

2012年6月16日，景海鹏、刘旺、刘洋驾驶神舟九号飞船飞向太空，执行与天宫一号手动交会对接任务，突破了载人交会对接技术。

2013年6月11日，聂海胜、张晓光、王亚平驾驶神舟十号飞船再次进入太空，与天宫一号进行交会对接，并进行了首次太空授课，标志着我国拥有了一个可以实际应用的天地往返运输系统。

神舟十号航天员王亚平在太空为中学生授课

第五节　月球探测

一、迈向深空

深空探测是指对距地球约等于或大于地月距离（约 38.4 万千米）的天体和空间进行探测的活动。所用的航天器可以是无人的，也可以是有人的，统称深空探测器。深空探测的主要目的包括：了解太阳系的起源、演变和现状；通过对太阳系内的主要行星及其卫星的比较研究，进一步认识地球环境的形成和演变，了解太阳系的变化历史；探索生命的起源和演变；寻求人类新的星球居住地；等等。

2004 年 1 月，我国正式启动月球探测工程——“嫦娥工程”。2007 年 10 月 24 日，在西昌卫星发射中心，长征三号甲运载火箭将嫦娥一号卫星送入预定轨道。嫦娥一号卫星经过 8 天运行和变轨后，准确进入地月转移轨道，又经过 5 天多的飞行、调姿、制动等工作，于 11 月 7 日进入高度约 200 千米的环月轨道。11 月 20 日，嫦娥一号卫星携带的 CCD 相机开机，开始对月面进行拍摄。11 月 26 日，我国发布了嫦娥一号拍摄的第一幅月面图，标志着绕月探测工程取得圆满成功。

“嫦娥一号”是我国第一颗绕月卫星，它是在东方红三号卫星平台的基础上经过改进研制成功的，有效载荷以资源二号卫星等对地观测卫星的观测仪器为基础，为适应对月球观测的要求进行了改进。“嫦娥一号”虽然是中国第一个飞往月球的探测器，但是，在导航、制导与控制能力和精度，无深空大天线支持下的远距离测控精度，热控水平，设计寿命等方面均达到国际先进水平。

“嫦娥一号”于2009年3月1日，受控降落于月球表面丰富海区域的预定撞击点，卫星上的CCD相机实时传回了清晰的图像，为我国首次绕月飞行

嫦娥一号卫星传回的第一幅月面图

任务画上了圆满的句号。

二、拍摄全月图

2010 年 10 月 1 日，长征三号丙运载火箭从西昌卫星发射中心发射，将月球探测工程二期先导星——嫦娥二号卫星发射升空。嫦娥二号卫星直接奔向地月转移轨道，经过奔月、近月制动、绕月飞行、降低轨道控制等多个关键环节，成功进入 100 千米的极轨环月轨道。10 月 24 日，嫦娥二号卫星搭载的 CCD 立体相机首次开机工作，成功获取了月表的影像数据。此后，嫦娥二号分别在 100 千米高度的圆轨道、100 千米 ×15 千米椭圆轨道进行了高分辨率近月成像和环月探测，发回了清晰的月球表面图片和大量的探测数据。10 月 27 日，CCD 立体相机第一次在距月面 15 千米处拍摄了月球正面虹湾地区的高分辨率图像，为嫦娥三号落月奠定了基础。

2012 年 2 月 6 日，我国正式对外发布“嫦娥二号”7 米分辨率全月球影像图。这一最新版的全月图由 384 轨嫦娥二号卫星 CCD 相机影像数据合成，实现了全月球影像的“无缝”镶嵌，色调一致，图像清晰，层次丰富，月表月物界限清楚，在分辨率、影像质量、数据一致性和完整性、镶嵌精度等方面优于国际同类产品，达到了国际最高水平。

三、飞赴拉格朗日点

截至 2011 年 4 月 1 日，嫦娥二号安全运行 183 天，达到了半年的设计寿命，但它的剩余推进剂仍然充足，经有关部门研究、论证，决定它的探月使命告一段落，下一步命运随之出台。

在嫦娥二号发射之初，它的最终命运设置为三种模式：一是对月球补充探测，或进行再次落月；二是让它飞赴更远的太空，验证我国对更远宇宙空间的深空探测能力；三是让它回归地球，成为地球卫星。经有关部门研究，最后决定，让它 2011 年 6 月 16 日左右离开月球，飞往日 – 地拉格朗日 L2 点进行探测飞行试验。

拉格朗日点，是指在受两大天体引力作用下，能够使小物体稳定的点。在该点处，小物体相对于两大天体基本保持静止。这点的存在是由法国数学家拉格朗日于1772年推导证明的。两个大天体间有5个拉格朗日点，其中2个是稳定的，3个是不稳定的。

日地系统存在5个拉格朗日点。嫦娥二号飞赴第二个拉格朗日点（不稳定的点），处于日地连线的延长线上，距离地球约150万千米，与太阳和地球间的相对位置基本保持不变，环绕该点运行只需很小的能量来修正，可进行更多的深空探测和实验。

2011年8月，嫦娥二号卫星成功到达日－地拉格朗日L2点，开始进行载荷科学探测。2012年4月，圆满完成绕L2点一个完整周期的飞行探测。嫦娥二号成功绕飞L2点，验证了深空轨道设计与飞行控制、150万千米的远距离测控通信等技术，验证了L2轨道的保持特性，并在L2点开展了10个月的科学探测，填补了中国对地球远磁尾区域的离子能谱、太阳耀斑爆发和宇宙伽玛爆的科学探测空白。

四、探测小行星

小行星一般指直径小于80千米的行星，也是太阳系最早的产物，大部分存在于火星轨道和木星轨道之间，围绕太阳运转周期为5～6年。小行星的化学成分和矿物组成对研究太阳系的起源有重要意义。20世纪90年代之后，国外对小行星（含彗星）的空间探测活动日益增多，特别是美国、日本，已成功发射了多颗小行星探测器，并实现了同小行星的交会、小行星伴飞、小行星表面着陆和小行星采样返回。小行星探测已成为未来深空探测领域方兴未艾的热点。

嫦娥二号卫星飞离日－地拉格朗日L2点后，2012年12月15日，飞抵距地球约700万千米远的深空，与图塔蒂斯小行星由远及近擦身而过，再拓展试验成功，嫦娥二号工程圆满收官。

嫦娥二号卫星与图塔蒂斯小行星擦身而过

五、月球软着陆

2013 年 12 月 2 日，嫦娥三号探测器在西昌卫星发射中心由长征三号乙运载火箭发射升空，并于 12 月 14 日在虹湾以东月球表面预选着陆区域成功着陆，标志着中国成为世界上第三个实现航天器在地外天体软着陆的国家。12 月 15 日，玉兔号月球车与嫦娥三号着陆器分离，“嫦娥”和“玉兔”完成互拍并获得图像，标志着“嫦娥三号”任务圆满成功，也标志着探月工程第二步战略目标全面实现。

至 2014 年 12 月 14 日，嫦娥三号着陆器登陆月球一周年，实现了月面安全工作一年的预定工程目标。在这一年中，“嫦娥三号”先后进行了 13 次月夜休眠和月昼唤醒，经受住了月夜极寒环境的考验，进行了 30 余次无线电测量试验，完成了第二届夏季青年奥林匹克运动会网络火炬太空传递活动。

2016 年 2 月 18 日，设计寿命一年的嫦娥三号着陆器成功自主唤醒，超期服役 14 个月，月基天文望远镜等有效载荷及工程参数测量设备工作正常。目前，嫦娥三号状态良好，正在开展超期拓展试验，为中国深空探测积累更多的技术经验。

“嫦娥三号”任务使中国实现了 9 个第一：

首次突破低温推进剂运载火箭在多窗口、窄宽度的发射和高精度的入轨技术；

首次在航天器上采用放射性同位素热源和两相流体回路技术；

首次研制与试验成功大型深空测控站，并初步形成覆盖行星际的深空测控通信网；

首次研制、建成一系列航天高水平的特种试验设施，并形成了一系列先进试验方法；

首次在月球着陆中同步实现了巡视探测；

首次实现了航天器在地外天体软着落；

首次实现了航天器在地外天体巡视探测；

首次实现并掌握了对月面探测器的遥测、遥控、跟踪、操作控制技术；

首次实现了对月面的多种科学探测并取得成果。

第六节　航天发射场

一、酒泉卫星发射中心

酒泉卫星发射中心，始建于1958年10月，1960年投入使用。是我国建设最早、早期使用最多的导弹与航天发射中心。主要承担弹道导弹以及大倾角、中低轨道的卫星和载人飞船的试验与发射任务。

酒泉卫星发射中心位于内蒙古自治区，海拔1000米，占地面积约2800平方千米。该地区处于大漠戈壁，地势平坦，人烟稀少，视野开阔，具有得天独厚的地理优势，是发射航天器的理想场所。酒泉卫星发射中心所在地属于内陆及沙漠性气候，年平均气温8.7摄氏度，相对湿度35%～55%，常年干燥少雨，春秋两季较短，冬夏两季较长，一年四季多晴天，云量少，日照时间长，平均每年约有300天可以进行航天发射。虽然这里的生态环境较差，但可以为航天发射提供良好的自然环境条件。在世界23个发射场中，酒泉卫星发射中心与苏联/俄罗斯的拜科努尔航天发射场（现哈萨克斯坦境内）、美国的肯尼迪航天中心齐名，都能发射载人航天器。

酒泉卫星发射中心

酒泉卫星发射中心有着光荣的传统，创造了中国导弹与航天发射史上的多个第一：第一枚仿制苏联导弹发射试验；第一枚近程、中程、中远程、洲际导弹发射试验；第一枚导弹核武器发射试验；第一颗人造地球卫星发射；第一颗返回式卫星发射；第一枚“一箭多星”发射；第一艘试验飞船发射，第一艘载人飞船发射，以及第一个空间实验室发射。

二、西昌卫星发射中心

西昌卫星发射中心，始建于1970年，1982年投入使用。中心由总部、发射场（技术区和两个发射工位）、通信总站、指挥控制中心和三个跟踪测量站，以及相关的生活保障单位（医院、宾馆等）组成。主要承担通信、广播、气象、导航等地球同步轨道卫星和探月卫星的发射任务。

西昌卫星发射中心位于四川省境内，坐标位置为东经102度、北纬28.2度。中心总部设在四川省西昌市，卫星发射场位于西昌市西北65千米处的大凉山峡谷腹地——冕宁县泽远乡封家湾。卫星发射测试、指挥控制、跟踪测量、通信、气象、勤务保障六大系统的相应场区，分散在峡谷之中的不同区域。该地区属亚热带气候，全年平均气温为16℃，全年地面风力柔和适度，每年10月至次年5月是最佳的发射季节。

西昌卫星发射中心先后创造了发射中国第一颗试验通信卫星、第一颗实用通信卫星、第一颗国际商业卫星、第一颗导航卫星、第一颗月球探测卫星、第一颗数据中继卫星和第一枚大推力捆绑式运载火箭等多项第一，年发射能力达到10次以上，跃居世界十大航天发射场之列。

三、太原卫星发射中心

太原卫星发射中心，始建于1967年，1979年投入使用。中心拥有火箭和卫星测试厂房、设备处理间、发射操作设施、飞行跟踪及安全控制设施，具备多射向、多轨道、远射程和高精度测量能力，担负气象、资源、通信等太阳同步轨道卫星和中、低轨道卫星的发射任务。

太原卫星发射中心位于山西省忻州市岢岚县的高原地区，地处温带，海拔1500米左右。这里冬长无夏，春秋相连，无霜期只有90天，全年平均气温5℃。

太原卫星发射中心是一个具有多功能、多发射方式，集指挥控制、测控通信、综合保障系统于一体的现代化发射场，具备每年执行十次以上高密度航天发射任务的能力。中心先后成功发射中国第一颗太阳同步轨道气象卫星、第一颗中巴资源卫星、第一颗海洋资源勘察卫星等，创造了中国卫星发射史上的多个第一。如今，太原卫星发射中心已成为我国发射极地轨道卫星的主要发射场。

四、文昌航天发射场

文昌航天发射场，始建于2009年9月，2014年10月基本竣工，现已投入使用。主要用于发射中国新一代大型无毒、无污染运载火箭，承担地球同步轨道卫星、大质量极轨卫星、大吨位空间站和深空探测航天器等航天发射任务。它由发射场区、配套测控站等区域组成，发射场区地理位置居北纬19度左右，包括发射区、技术区、试验协作区、技术勤务保障系统等。

文昌航天发射场位于中国海南省文昌市附近，前身为中国发射亚轨道火箭的测试基地，后经国务院、中央军委批准，在该地建设中国首个滨海航天发射基地。

文昌航天发射场可以发射长征五号系列火箭与长征七号运载火箭。作为低纬度滨海发射基地，文昌航天发射场不仅可满足中国航天发展的新需要，还能借助接近赤道的较大线速度，以及惯性带来的离心现象，使火箭推进剂消耗大大减少，亦可通过海运解决巨型火箭运输难题并提升残骸坠落的安全性。

第七节　航天测控系统

运载火箭搭载着航天器离开发射台以后，要通过无线电波等手段同地面建立实时的信息联系，使地面及时了解火箭及航天器的飞行轨迹、姿态及其各系统的工作状态，进行跟踪测量、监视与控制，保障火箭及航天器按照预先设计好的状态飞行和工作，并完成科学数据传输等预定任务。对于载人航天器，还应包括航天员的生理状态监视、话音通信和图像传输等任务。

一、陆基测控站

1966 年 3 月，我国陆基卫星地面测控系统，由中国科学院结合第一颗人造卫星任务，组织“701”工程处，进行规划、设计、组建、管理和维修工作。不久，由于“文革”的严重冲击，该处的测控系统总体设计和建设工作，转由酒泉导弹试验基地第六试验部负责。自 1967 年起，从酒泉导弹试验基地和祖国各地调来了具有多年导弹测控经验的测控通信技术人员、无线电学者、计算机方面的专家等，聚集到陕西渭南，开始了测控系统的建设。

20 世纪 60 年代中期，结合东方红一号卫星的测控要求，提出航天测控网的概念，据此进行规划设计。首期工程包括渭南卫星测控中心和南宁、昆明、湘西、海南等 7 个测量台站，要具备跟踪测轨，遥测，时间统一勤务，数据处理，通信、指挥调度和数据传输，控制计算中心等 6 个分系统。在加紧测控设备研制的同时，渭南卫星测控中心和各台站的土建施工也在紧张进行。建成之后，通过几次联网校飞，该测控网初步适应发射卫星的测控通信要求，并经受了发射我国第一颗人造卫星的验证。

20 世纪 70 年代初，我国决定研制发射返回式卫星。回收卫星对地面测控网要求较高，不但要求对火箭及卫星跟踪测轨，还要求完成卫星入轨后的运行控制与回收一系列的测控任务。为此，在首期已建成的 7 个测量台站的基础上，开始建设二期工程的渭南、宜宾等 4 个测量台站，同时还增建了前置站、活动站、回收站以及非测控的应急调用台站等。二期测控台站竣工交付后，经过返回式卫星的测控应用，初步形成了我国陆基测控网，能保证我国近地轨道的卫星在环绕地球运行通过国土上空时，至少有两个站可跟踪测控。

20 世纪 70 年代至 80 年代初，我国不仅决定扩大研制发射多种近地轨道卫星，还要研制发射地球静止轨道的通信卫星和中高轨道的气象卫星、资源卫星等。因而，对测控通信系统的布局要适应多场区、多射向、多弹道飞行的特点和对不同发射倾角、不同运行轨道卫星测控通信的要求。这一要求，不仅对陆基布置台站带来诸多的难处，尚需扩展到海上，以至国外，而且技术要求高，难度大。如地球静止轨道卫星的测控站，由于采用微波统一体制，并同国际接轨，以及设备增大功率，高灵敏度、远距离测控通信等要求，必须加大测控联网攻关，进行改扩建。为此，确定了以下方针：在已有的测控通信能力的基础上，远近结合、全面规划、星箭兼顾、综合利用，逐步建成一个布局合理、工作协调、适应性强的航天测控通信网。遵从该建设方针，测控战线上的航天人，经过 10 年的努力，于 20 世纪 80 年代初，初步建成了我国近地轨道卫星测控网至地球静止轨道卫星的测控系统。投入使用后，圆满完成了近地轨道科学试验卫星、返回式卫星、太阳同步轨道气象卫星和地球静止轨道通信卫星等测控任务。

二、海上测量船

测控站根据所具备的功能，可划分单功能站和综合测控站。单功能站配置设备专业性相对较强，如：安全控制站、光测站、遥测站、雷达站等。综合测控站配置设备的功能全面，通常有光学、无线电测量、遥测接收、遥控设备以及计算机、通信、时间统一、数据传输、气象保障等设备。

测控站建设的关键是选址。如果建站地点在陆地上，我们称陆基测控站。如果配置的设备在航海的船上，称作海上测量船。海上测量船是以船体为平台，装载着测控设备，可以在广阔海面上机动的测控站。

测量船不同一般的舰船。为了克服船舶受海风、海浪冲击和处于摇摆飘移状态的问题，测量船一般都装有减摇鳍，以增加船体的稳定性；船的位置和姿态是不断变化的，必须提供准确的测量坐标和姿态，作为测量设备捕获目标与稳定跟踪的参考基准；船体空间有限，装有众多的无线电设备，以及加密铺设的电缆等，电子兼容和视角遮挡问题必须解决；设备诸多，系统繁杂，对电路设计技术要求高，必须逐级设计，层层把关，将出现的电磁干扰控制到最低水平。除解决上述技术难点外，船在海上长期航行，受高温、高湿、海浪、盐雾的侵袭，航海通信、气象保证、安全作业等手段也必须全面具备。

结合“331 工程”发射地球同步轨道通信卫星的测控要求，火箭在把卫星送入地球同步转移轨道的南太平洋上空时，国内的陆基测控站对转移轨道第一圈无法测量，必须动用测量船到海上测量。为此，我国研制了3艘海上测量船，综合各种因素，该任务海上布置为：远望三号测量船布置在东经 137.91 度、北纬 18.13 度海域，船上以安装接收卫星下行信号的遥测设备为主，对火箭飞行的主动段进行测量；远望一号测量船布置在东经 153.48 度、北纬 8.84 度，接受火箭起飞至 1279 秒前的火箭与卫星参数；远望二号测量船布置在东经 164.01 度、北纬 2.02 度，利用可接收的卫星微波统一系统下行信号的船载遥测解调设备和双频自动跟踪遥测系统，对卫星在转移轨道第一圈进行测量，这是至关重要的一圈。1984 年 1 ～ 4 月，用陆基连网延伸到海基的测量船上，

远望六号海上测量船

进行“331 工程”测控，顺利完成了预定的测控任务。之后，进行陆基、海基连网改进设计，投入使用，圆满完成了包括发射外星在内的地球静止轨道通信卫星、风云二号卫星等测控任务，使我国航天测控技术接近世界水平。

三、跟踪与数据中继卫星

由于高频电波直线传播的特性和地球曲率的限制，地面测控站对近地航天器的测控覆盖很有限。载人航天任务对测控覆盖率要求很高，为增大测控站的观测范围，经分析计算：如果把测控站搬到地球静止轨道上，设一个测控站就可以观测到绕地球多半圈范围内的近地航天器；若合理地布置 2 个，最多 3 个，就可以实现全球 100% 的测控覆盖。虽不能把庞大的测控设备搬到卫星上，但可以把转发设备搬上去，让电波在此拐弯，就像潜望镜一样，光线转弯就能看到无法通视的目标，这就是天基测控系统的基本概念。天基测控网的核心是位于地球静止轨道上的跟踪与数据中继卫星，这种卫星具有跟踪航天器、对航天器进行轨道测量和数据中继的功能（即将航天器的轨道和遥测数据转发到地球站和将地球站的遥控指令等转发到航天器的功能，对载人航天器而言，还具有语音、图像中继的功能）。

1992年，我国决定开展载人航天工程。经过论证，决定我国载人航天工程的测控通信系统分两步实施：第一步是利用我国已建成的国内陆基站和海上测量船，并适当补充（如增建远望四号和远望五号测量船），加上在国外建站或以国际合作方式（如卡拉奇站、纳米比亚站、圣地亚哥站），以北京航天飞行控制中心和西安卫星测控中心组成地基测控网，执行没有交会对接任务的载人飞船的测控通信任务。第二步是在第一步的基础上，发射天链一号跟踪与数据中继卫星，执行有交会对接任务的载人航天的测控任务。2008年4月，天链一号01星发射和定点成功，卫星的地面管理和控制中心工作正常。随后，在2008年9月执行的神舟七号飞行任务中，验证了飞船的中继星终端与天链一号01星的跟踪与数据中继功能。2011年7月和2012年7月，我国又分别发射和定点成功了天链一号02星和03星，在完成神舟八号、神舟九号和神舟十号飞船分别与天宫一号目标飞行器的交会对接任务中，发挥了重要的作用。

第八节 航天精神

航天精神属于航天文化范畴，在不同的历史时期有着具体的体现和继承发展，是中国航天事业发展过程中形成的精神成果。虽然航天精神形成的时期、提炼的方式不尽相同，但其实质和内涵是一脉相承的。

一、航天传统精神

1956 年 10 月 8 日，国防部五院成立。聂荣臻副总理在向中央的报告中指出：我国的导弹研究采取“自力更生为主，力争外援和利用资本主义国家已有的科学成果”的方针。1956 年 10 月 17 日，毛泽东主席、周恩来总理批准了这一方针。这使得“自力更生”成为航天精神的核心要素。

1986 年年底，航天工业部党组对航天精神进行了提炼和归纳，提出了“自力更生、大力协同、尊重科学、严谨务实、献身事业、勇于攀登”的航天传统精神。后来，根据聂荣臻副总理倡导的“自力更生、艰苦奋斗、大力协同、无私奉献”的精神，结合航天科技工业的具体特点，对航天传统精神作了新的提炼和概括，表述为“自力更生、艰苦奋斗、大力协同、无私奉献、严谨务实、勇于攀登”。

自力更生：就是独立自主，自主创新，主要依靠自己的力量发展航天事业，实现航天发展的远大目标。

艰苦奋斗：就是不畏艰难，不怕困苦，迎难而上，奋发图强，去创造伟大的事业，去夺取航天事业的胜利。

大力协同：就是胸怀全局，顾全大局，同舟共济，相互包容，密切配合，共同完成神圣的使命。

无私奉献：就是将个人的利益置之度外，淡泊名利，不计得失，勇于为航天事业的发展贡献智慧、心血和力量，必要的时候，勇于牺牲自己的生命。

严谨务实：就是确保成功为最高原则，严格按科学规律、规章制度和工作程序办事，严上加严，细上加细，慎之又慎。

勇于攀登：就是不畏艰险，勇往直前，刻苦攻关，开拓创新，勇于攀登世界科学技术高峰。

二、“两弹一星”精神

1999 年 9 月 18 日，在建国 50 周年前夕，中共中央、国务院、中央军委在北京隆重召开了表彰为研制“两弹一星”作出突出贡献的科技专家大会。江泽民总书记在会上提出并精辟阐述了在“两弹一星”研制过程中形成的“两弹一星”精神，即“热爱祖国、无私奉献、自力更生、艰苦奋斗、大力协同、勇于登攀”。

三、载人航天精神

2002 年 3 月 25 日，神舟三号飞船在酒泉卫星发射中心发射成功后，江泽民总书记发表重要讲话，指出航天科技队伍是一支特别能吃苦、特别能战斗、特别能攻关、特别能奉献的队伍。2003 年 11 月 7 日，在中共中央、国务院、中央军委召开的庆祝我国首次载人航天飞行圆满成功大会上，胡锦涛总书记明确提出了“特别能吃苦、特别能战斗、特别能攻关、特别能奉献”的载人航天精神。

第三章

中国航天与国家经济建设

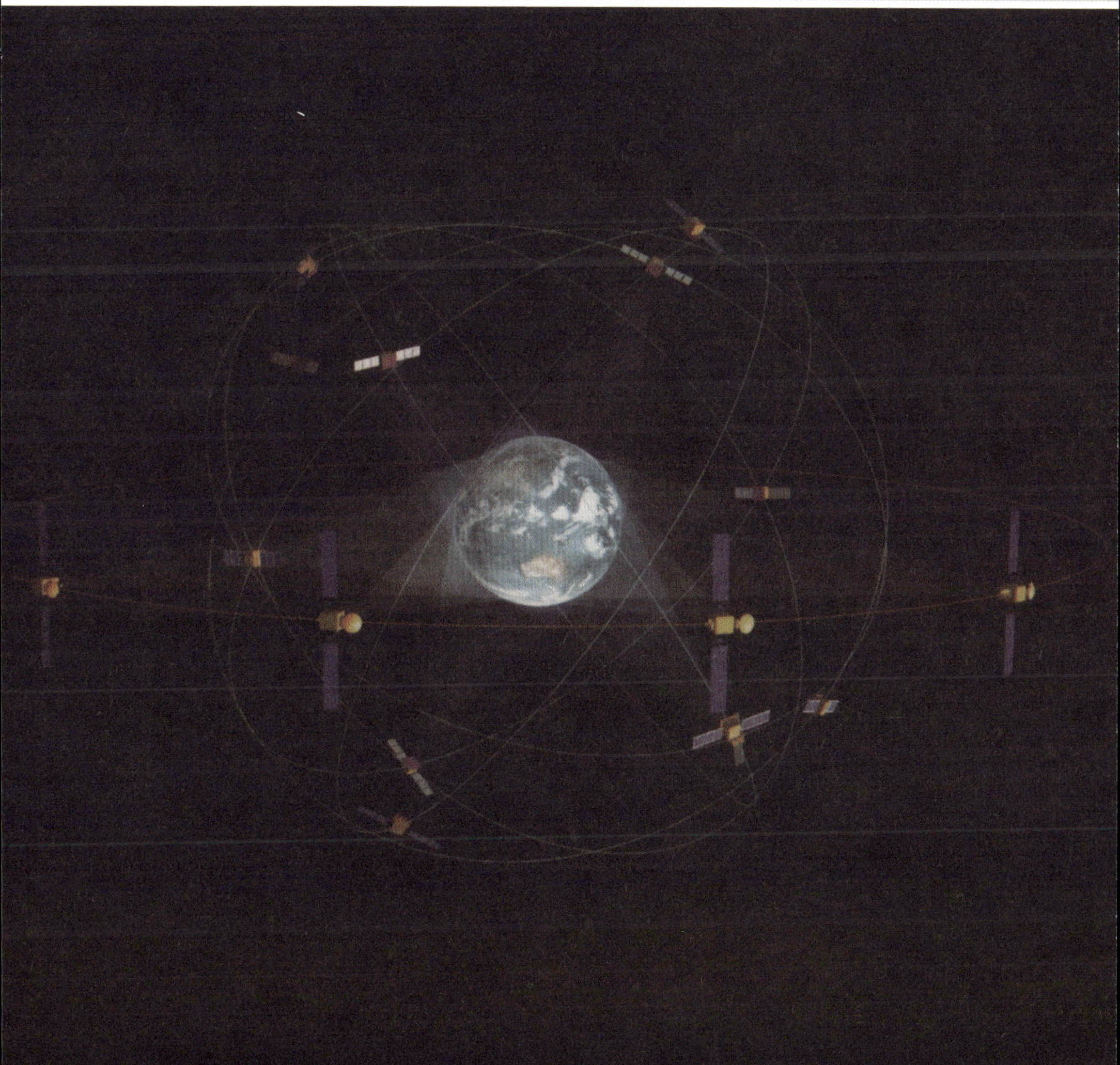

俄国（后为苏联）科学家齐奥尔科夫斯基有一句名言：“地球是人类的摇篮，但人类不会永远躺在摇篮里……”。20 世纪初，他从理论上证明多级火箭可以克服地球引力，冲出大气层而进入太空，并提出了“火箭列车”的设想，建立了火箭运动的基本数学方程，同时提出了采用液体火箭发动机是航天器最适宜的动力装置，奠定了现代航天学的科学理论基础。他的研究成果使人类摆脱神话和幻想的飞天，走上真正意义上的航天之旅。

20 世纪 50 年代起，航天技术的迅速崛起与发展，以其辉煌的科技成就，对政治、经济、军事和人类文明产生了巨大效益。因此，发达国家竞相发展航天技术、制定发展战略。印度、巴西、巴基斯坦等发展中国家，尽管国力有限，也不惜对航天技术大量投资，目的是通过发展航天技术提高其政治、经济地位，增强国力，发展社会文明。现在，全球自行研究和发展航天技术的国家已有 60 多个，能用自制的火箭发射自制卫星的国家也已达 10 多个，参加各种卫星组织的成员国达 180 多个，通过直接、间接渠道利用航天技术成果的国家和地区则更多。这说明了航天技术在国家经济建设和人类社会文明中具有巨大的生命力和光辉的发展前景。

目前，地球上空运行着上千颗（艘）卫星、飞船和空间站等航天器，它们已经为人类提供了大量的信息，为人类社会、经济的发展和文明的进步作出了巨大的贡献。现代航天技术的巨大成就也为人类文明发展开创了新的机会，人类将进一步开发宇宙空间，开拓天疆。

中国航天的发展，起步于20世纪50年代中期。当时的新中国百废待兴，工农业、科学技术基础非常薄弱，国民经济十分落后。虽然，经过几年恢复和发展，国民经济建设取得了很大成绩，但是，整个国民经济基础还相当薄弱，航天事业更是一张白纸。就在这样的条件下，经过10多年的艰苦创业，顽强拼搏，努力奋斗，到70年代初，中国终于实现了“两弹一星”的宏伟宿愿。而且，研制周期比西方发达国家还要短，令世界为之惊叹！随后，中国航天技术迅速发展，中国成为了世界航天大国。正如邓小平同志指出的：“如果60年代以来中国没有原子弹、氢弹，没有发射卫星，中国就不能叫有重要影响的大国，就没有现在这样的国际地位。这些东西反映了一个民族的能力，也是一个民族一个国家兴旺发达的标志。”

航天技术为什么对国家经济建设有如此巨大的影响力呢？这是因为，它具有特殊的属性，具备当代高新技术的一切特征，包含门类广泛而与科学技术和基础工业密切相连的先进技术内涵：建立在综合科学或大规模研究基础之上，处于当代科学技术前沿。高技术也具有战略性、高风险性、增值性、渗透性和知识、人才、投资密集性；在发展生产力、增强国防现代化、促进社会文明三个方面起着先导作用。因此，航天技术是综合性系统工程，为国民经济建设和人类社会文明带来巨大的机会，也是最富有前途的开拓天疆的壮丽事业。

第一节　航天技术的特性和基础

一、航天技术特性

（一）航天技术是一门“航天技术学”，又称空间技术或宇航技术

著名科学家钱学森指出：“航天技术不仅仅是一个技术问题，其本身就是一门学问。”它是研究人类探索、开发和利用第四活动领域飞出地球大气层，奔向宇宙空间的大系统学问。所谓“航天”，是指在太阳系内飞行，利用广阔浩瀚的空间资源的系统科学技术。人类在漫长的历史长河中，主要是在陆地、海洋和空中活动。现代航天技术的崛起，使人类有机会向第四活动领域——地球以外的太空拓展，它使人类的认识与实践活动得到了历史上从未有过的极大的发展。

就目前各类卫星的应用来说，航天技术向国民经济的各有关部门提供了大量的准确、可靠、及时的信息与数据资料，使得广播，电报，电话，电视，教育，远距离通信，气象预报，灾情预报与监测，陆地、空中、海上的定位导航，资源勘察，国土普查，环境监测，国防建设，科学技术与工农业生产等诸多领域发生了革命性的变化。

随着航天技术的发展，将建立空间基地、月球基地、火星基地，

中国航天事业的奠基人——钱学森

以及开展对地球、金星、木星、水星、火星、土星、天王星、海王星等几大行星的探测航行，或飞离太阳系向更遥远的宇宙空间探秘航行……。可以预见，开发外层空间，充分利用太空中的高远位置、微重力、高真空、超洁净等特殊资源，无疑对人类未来经济和文明进步将产生不可估量的影响。

（二）航天技术是植根于传统科学技术并脱颖而出的新兴技术

航天技术是现代科学技术最新成就的高度综合与集成，是国家规模的工程技术。就航天三大基础技术之一的运载火箭技术来说，一枚运载火箭包含着箭体结构、控制、动力、遥测、外弹道测控等几个分系统，由数十万个元器件、零部件组成，涉及原材料、高强度合金、电子元器件、仪器、仪表、精密机械、大型设备、测试、计量等各个方面的科学技术。只有在各有关学科、专业技术、技术基础研究取得突破的基础上，才能有足够的基础技术来进行航天型号研制与发射。它需要全国各工业部门、研究单位、高等院校的大力支持、协作与攻关。例如，上海航天技术研究院研制的运载火箭，就有300多家研究所、工厂、高等院校配套协作，还有全国相关的研究单位、工厂、高等院校等参与。

随着航天技术的发展，它又以其最新的技术成果向与其密切相关的技术领域和产业部门广泛地扩散、转移和渗透，进一步促进和带动这些技术领域和产业的发展。所以，航天技术既是在传统科学技术与基础工业的基础上发展起来的，又是具有独特的新兴高技术特征的产业。

（三）航天技术是一门开拓性技术，处于高新技术群前沿并具有主导作用

就航天技术的内涵来说，在现代科学技术体系中，没有哪一项高新技术包含如此广泛的技术门类，是最新技术的高度综合与集成。例如，人类文明三大支柱之一的信息技术，它的主要作用仅在于为现代科学技术体系的所有技术提供一种可以广泛应用的新的传输技术基础。而航天技术几乎可以说是全部高新技术的综合应用。航天技术的开拓性与先导作用孕育着新技术门类和产业。运载火箭、卫星和载人航天器都是在恶劣环境下工作，长寿命卫星、空间站还要长期稳定地工作。毫不夸张地说，把技术用于太空比用于地面要困难得多，尤其是航天技术在精确度、重量、可靠性和使用寿命等方面都有更高的要求，甚至于十分苛刻。特别是高风险，不允许带问题上天，传统技术是满足不了需求的。航天技术不断提出对新技术的需求，带动科学技术与基础工业各个领域进行开发、突破，从而不断地孕育新技术，并发展成为新的技术产业。就新材料来说，据不完全统计，新中国成立后，我国研制的 1100 多种材料中，有 80% 都是由航天技术需求推动而研制的。如氟塑料，有些导弹、火箭所用的一些液体推进剂是具有强烈腐蚀性的液体，传统的密封材料不能适应其需求，必须研制耐腐蚀性能优良的氟塑料。经上海有关研究所和工厂的研究、试制，终于在 20 世纪 60 年代成功研制出我国自己的氟塑料系列产品，填补了国家空白。它不但满足了航天技术发展的需要，也促进了我国新兴产业——氟塑料工业的发展。现在氟塑料工业遍布全国，它广泛用于化工、机械、电子与电缆等工业部门。

因此，就航天技术发展过程中的不断开拓性质而言，无论是人类对第四活动领域的开发，还是对各种专业门类的新技术和新学科的需求，都将使它始终处于高新技术群的前沿，发挥主导作用。又由于它的高度综合性、集成性，

必然带动高技术群和相关领域的发展，产生巨大的社会生产力，促进和带动国民经济建设的发展。

二、航天基础技术

从中国航天技术的崛起到现在，短短的60年里，航天技术取得了长足的发展。但是，人类开拓空间的历程是非常艰辛的，历经失败、挫折甚至牺牲的极大风险，才获得了今天的成就。令人振奋的是，随着航天技术的发展和日益成熟，积累了成功与失败两个方面的丰富经验和教训，使航天技术的可靠性、成功率大大提高，获得了迅速的发展。

航天技术能够如此稳步、迅速地发展，在于它以现代科学技术和基础工业的最新技术成就为基础，是现代高技术群的高度综合。航天技术主要包括三大基础技术，即运载火箭技术、航天器技术、航天发射和测控技术。这三大基础技术都是高度综合性的技术，集中了近代力学、数学、物理学、天文学、大地测量学等基础理论，应用了现代电子学、微电子学、无线电、计算机、自动化、真空、低温、高温、机械加工、冶金、化工，以及计量、测量、试验等多学科高技术。它的发展，又促进了现代天文学、空间物理学、地球物理学、微重力流体力学、生命科学、航天医学及系统工程管理科学等一大批基础科学和应用科学的兴起与突破性发展。

（一）运载火箭技术

人类要飞出地球，必须克服地球的引力，也就是重力。这就要有能提供强大能量的推进装置，使航天器能够对抗地球的引力，达到足够的飞行高度和飞行速度。若航天器达到一定的飞行高度和速度并保持速度方向在当地水平方向，则航天器就可以环绕地球作圆轨道飞行。到达不同高度作圆轨道飞行的速度称作在那个高度上的环绕速度，不同高度上的环绕速度是不同的。假定地球是一个均匀质量的圆球，地球周围没有大气层，航天器紧贴着地球表面飞行时，航天器所具有的环绕速度称作第一宇宙速度 v_1。v_1 约为7.9千米/秒，简单地说，航天器达到第一宇宙速度就可以环绕地球飞行而不会落到地面。如果航天器要离开地球引力场，环绕太阳运行，其飞行速度要达到 11.2 千米 / 秒，称为第二宇宙速度 v_2。如果要使航天器脱离太阳系，奔向遥远的宇宙空间，其飞行速度要达到 16.7 千米 / 秒，称为第三宇宙速度 v_3。

要使航天器达到这样的飞行速度，需要很大的推力。在目前的技术条件下，要想用单级火箭“一蹴而就”是不行的。首先，由于地球表面存在着约 100 千米厚的大气层，航天器高速穿过稠密大气层时，必然受到巨大的空气阻力；同时，在这样的高速下，空气与航天器表面摩擦，产生极高的温度，将使航天器烧毁。航天科学理论奠基人齐奥尔科夫斯基提出了人类利用多级火箭冲出地球的理论，即依靠多级火箭，实行“接力推举”，逐步达到所需要的速度。运载火箭起飞后，第一级火箭首先完成任务，与第二级火箭分离，同时，第二级火箭启动，依次接力，使运载火箭的速度不断增加，而重量又不断减轻。这样，既解决了运载火箭穿越大气层时的摩擦高温问题，又可合理地利用火箭的能量。所以，发射航天器的运载火箭都是多级的，一般有两级、三级，也有四级的。

运载航天器的运载火箭，首先，必须能提供强大的能量，以使航天器达到所需要的速度。其次，必须具有一定的飞行姿态，保持预定的轨道，能准确地飞抵预定的目标。第三，必须具有能测量与控制其飞行轨迹的外弹道测控系统，以分析其飞行轨道性能。第四，必须具有测量飞行中各个系统工作性能情况的主要参数遥测、遥感系统，以便分析其飞行性能。

可见，运载火箭是一种由结构、动力、控制、测控、遥测等几个系统组成的现代化的“航天大力士”。随着航天技术的发展，目前，已发展到可以根据航天器执行任务和起飞重量的需要，设计和研制出专用的、既经济又实用的各种各样的运载火箭，以适应航天事业发展的需要。对于非载人航天器，其运载火箭主要由以下几个系统组成。

1. 箭体结构系统

运载火箭的箭体结构系统包括箭体结构和连接—分离装置两部分，保证其在高低温、高速、振动的恶劣飞行环境下具有足够的强度和刚度，且在需要分离时能可靠地分离。其内安放运送的航天器等有效载荷；固定安装提供巨大推力的火箭发动机；存贮具有巨大能量的推进剂及固定安装推进剂增压输送系统；固定安装控制、测控和遥测等系统的仪器设备，以及尾翼等。其主要结构承力件都采用现代高强度、轻质的合金材料（如钛合金），以及玻璃钢等复合材料。箭体结构通常由有效载荷舱、控制仪器舱、推进剂贮箱和发动机舱等组成。

2. 推进系统

推进系统也称动力系统，它是运载火箭的核心，提供火箭上升、冲出大气层所需的强大推力。大多数运载火箭采用液体火箭发动机。它由火箭发动机和推进剂增压输送系统组成。火箭发动机产生强大的推力，使火箭获得所需要的飞行速度。推进剂增压输送系统将液体燃料和氧化剂从贮箱输送给火箭发动机，直接关系到运载火箭的飞行可靠性。

3. 控制系统

控制系统是运载火箭的神经中枢，它保证火箭保持一定的飞行姿态，按照预定的轨道，准确地飞向预定的目标。控制系统由精密的惯性器件、中间变换放大装置、执行机构和电源等分系统组成。

4. 测控系统

测控系统也称外弹道测量、控制与安全系统。它由地面雷达、无线电测量设备测量火箭的飞行方位和速度、轨迹等，经过计算比较，得出修正飞行误差的指令并发送到火箭上，由火箭上的控制系统通过执行机构，使火箭沿着预定轨道飞行。

5. 遥测系统

遥测系统在火箭飞行中测量各系统的主要技术参数，并向地面测控站报告，以便分析、判断运载火箭的飞行情况。测量参数包括速度、方位、角度、电流、电压、时间、压力、温度和振动等。

对于发射载人飞船的运载火箭，除了具备上述 5 个系统之外，还要增加故障检测处理系统和逃逸系统。

长征二号 F 火箭发射神舟九号飞船

1. 故障检测处理系统

故障检测处理系统的任务有两个：一是通过火箭在发射台上时和飞行时的重要参数来判定火箭是否有致命性故障，一旦确定出现致命性故障，迅速向逃逸系统和控制系统发出逃逸指令和发动机中止飞行指令，并将有关的逃逸信息通知飞船；二是在抛整流罩前逃逸过程中启动逃逸飞行器上的相关发动机点火，完成逃逸飞行器的时序控制和火工品配电。

2. 逃逸系统

逃逸系统中的逃逸飞行器主要由逃逸塔上部整流罩及安装于整流罩上的高空逃逸动力系统、上下支撑机构、栅格翼和灭火装置组成。其主要功能是在飞船发射段抛整流罩前，一旦火箭出现致命性故障，逃逸飞行器可将载有航天员的飞船返回舱带到安全区，为航天员救生创造条件。

运载火箭已经发展了 50 多年。1957 年，苏联发射了第一颗人造地球卫星，重量为 83.6 千克。1970 年 4 月，我国发射了第一颗人造地球卫星，重量为 173 千克。目前，已发展到能将上百吨的空间站送入低地球轨道的大型运载火箭。世界各航天国家相继发展了自己的运载火箭系列，形成发射各种轨道航天器的运载火箭。

中国先后发展了十多种型号的长征系列运载火箭，能够覆盖低地球轨道、

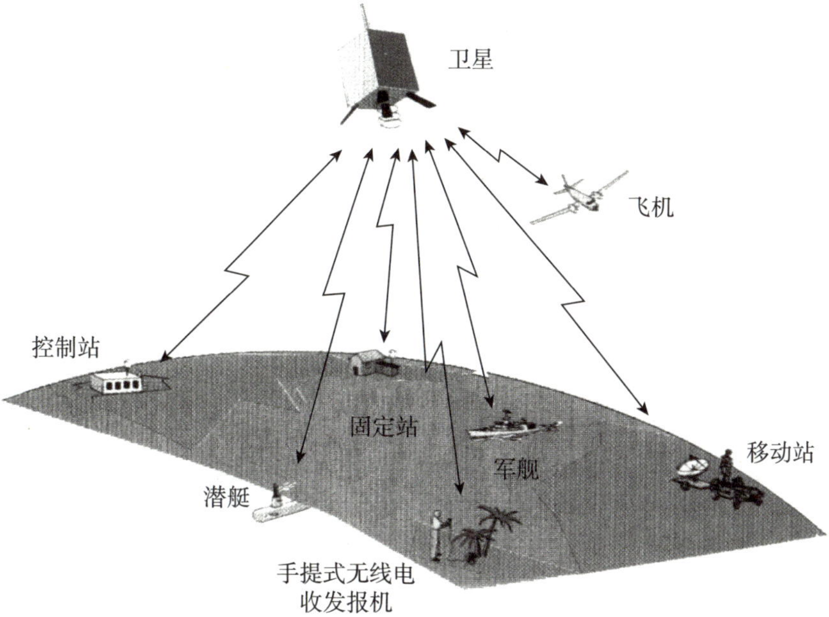

卫星通信示意图

太阳同步轨道和地球同步轨道，发射能力达到国际先进水平。

（二）航天器技术

人类要开发太空，开拓天疆，在地球以外的宇宙空间进行活动，必须有相应的载体，人类通过这个载体获取各种科学信息和空间资源。因而，必须设计、研制符合人们需要的载体，即航天器，这是人类征服宇宙、开拓天疆的必要条件。就人类的现代通信来说，卫星通信能把高、远距离的通信变成近如咫尺的通信，非常便利。

航天器在发展科学技术、利用空间资源、增强综合国力和加强军事实力方面发挥着越来越大的作用。因此，不断发展航天器技术已经成为各航天大国的战略目标。

航天器技术是指对航天器进行设计、制造、发射、跟踪和控制的技术。为了使航天器能够在空间环境中进行相应的活动，需要满足各种必要的条件。因此，航天器高度综合了当代许多基础科学和高新技术。航天器技术的理论基础涉及近代大地测量学、数学、物理、化学、天文学、力学、生物学和空间医学等众多学科。航天器技术的实践条件涉及先进的微电子、计算机、遥感、遥测、遥控、自动化、雷达、无线电、红外线、激光、超低温、超高温、超真空等许多高技术，以及冶金、化工、机械、电子视听、声像和信息传输等许多工业生产手段。所以，航天器技术高度综合了当代各高技术领域的成果。

1. 航天器运行的必要条件

航天器要在宇宙空间运行，必须具备一定的高度和速度，同时，还必须按一定的轨道飞行。主要有以下几个条件：

高度与速度。航天器必须达到当地的环绕速度才能环绕地球运行。而且，还要达到一定的高度，即在地球大气层以上，不然，航天器在运行过程中，会遇到大气阻力，飞行速度逐渐减小，飞行高度逐渐降低，最终落入大气层而烧毁。当航天器达到一定速度和高度时，其运行轨道有两种形式：一种是圆形轨道，即以地心为中心，航天器在飞行时距离地心的距离不变，其速度为当地的环绕速度。另一种是椭圆轨道，这时，地球处于椭圆轨迹的一个焦点上，航天器围绕地球旋转时，与地心之间的距离是变化的，离地心距离最近的一点称为近地点，离地心最远的一点称为远地点。近地点的地心距减去地球的平均半径称为近地点高度，远地点的地心距减去地球的平均半径称为远地点高度。在地球轨道上运行的航天器，其轨道寿命和用途与轨道高度有直接关系。高度高，其轨道寿命则长些；反之，其轨道寿命则短。对于不同用途的航天器，其运行高度也不一样。例如，用于照相侦察的卫星，不宜轨道太高，因为轨道太高，成像不太清楚。而用于通信、转播、传输信息的卫星，则可运行在高度很高的地球静止轨道上，即在35786千米高度上环绕地球运行，因其速度与地球自转速度一样，因此，它好像是静止地“挂在”地球的某地上空，这样，有利于定点传输信息。由于高度高，其通信、传输信息的覆盖面较广，用三颗“静止卫星”，就可覆盖两极区域外的全球。所以，航天器轨道高度要根据其用途来选择。

速度大于当地地球逃逸速度的航天器，已经飞出地球轨道，其轨道已不

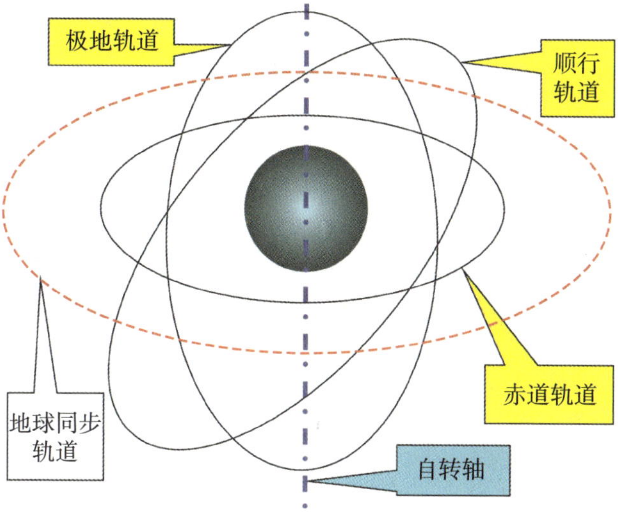

航天器轨道示意图

是圆与非圆的问题，而是另一种空间轨道了。

运行周期。这是指航天器绕地球运行一周的时间。其周期长短与轨道高度有关，轨道高，周期则长；反之，周期则短。但其周期最短不能少于 84 分钟，否则，其轨道高度就太低了。低于 125 千米时，航天器就会受到大气层的阻力而慢慢陨落。

轨道倾角。这是指航天器运行的轨道平面与地球赤道平面的夹角。轨道倾角的大小，决定了航天器对地球表面覆盖区域的大小。轨道倾角越大，覆盖区域越大；反之，则越小。当轨道倾角为 0° 时，航天器的轨道平面与赤道平面重合，即“赤道轨道”。当轨道倾角大于 0° 、小于 90° 时为“顺行轨道”。当轨道倾角为 90° 时，航天器的轨道平面与赤道平面垂直，即“极地轨道”。

航天器的运行轨道主要根据其任务需要而定。航天器轨道通常有以下几种。

1）地球同步轨道。其运行周期与地球自转一周的时间完全相同。对地面观测者而言，每天相同时刻卫星出现在相同的方向上。

2）太阳同步轨道。指航天器运行轨道平面绕地球轴线的旋转方向和周期，与地球绕太阳的公转方向和周期相同。其突出特点是，航天器运行轨道平面与太阳照射方向始终不变。因此，当航天器沿此轨道运行，每次通过同一纬度的地面目标上空时，能保持对同一地方、在同一运行方向上具有相同的光照条件。这对于空中对比观测、合理部署和充分利用航天器上太阳能电池阵具有独特的优点。一般近地侦察卫星、地球资源卫星和一些气象卫星大多数采用此轨道。

3）极地轨道。其突出优点是，航天器运行轨迹可覆盖全球，航天器在此轨道上，可飞越地球上的任何地区。

2. 航天器构成

由于航天器包括卫星、载人飞船、货运飞船、空间站和深空探测器等，它们的使命各不相同，因此其构成也有所不同，现以神舟六号为例来说明航天器的构成，神舟六号飞船由系统总体和 13 个分系统组成。

1. 结构与机构分系统。由飞船结构与飞船机构组成。飞船结构是指各舱段的金属壳体结构和返回舱的防热结构，飞船的机构是指那些通过机械运动而完成特定任务的装置，如座椅缓冲装置，返回舱舱门等。

2. 制导导航与控制分系统。用于自主实现飞船的轨道控制和姿态控制，该系统包括惯性测量装置、计算机、太阳敏感器等设备。

3. 热控分系统。用于保障飞船各系统的仪器设备在预定的温度范围内，以便它们可以可靠地工作。

4. 数据管理分系统。用于发送程控指令、飞船上信息的自动控制、校时，并为其他分系统和有效载荷分系统提供全面、综合的数据服务和管理。

5. 测控与通信分系统。用于同地基测控网配合，协助测控网对飞船进行跟踪、测轨，向测控网发送船载设备的工作状态，接受地面发给飞船的遥控指令，传送航天员与地面之间的双向通话及图像。该分系统包括 4 部分：跟踪部分、遥测部分、遥控部分和通信部分。

6. 电源分系统。它为飞船各系统提供工作所需的电能，包括太阳能电池阵、蓄电池、控制设备等。

7. 回收着陆分系统。用于在正常情况下在返回舱下降到 10 千米高度后，通过降落伞系统稳定下降姿态、降低下降速度，最后采用着陆反推手段，保证航天员安全着陆。此外，在飞船飞行的各个阶段，一旦发生应急救生状态，本分系统也要保证航天员安全着陆。

8. 环境控制与生命保障分系统。该分系统具有环境控制和生命保障两项功能。前者用于控制座舱大气总压、气体成份、大气温度和大气湿度以及座舱烟火检测及灭火；后者为舱天员提供各种生活支持设施，解决空间飞行条件下航天员进食、饮水和处理个人卫生的困难，保证航天员的正常生活。

9. 推进分系统。用于为飞船的轨道机动和姿态控制提供推力。该分系统由轨道舱推进分系统、返回舱推进子系统和推进舱推进子系统组成。

10. 仪表与照明分系统。该分系统由仪表子系统和照明子系统组成。前者为航天员提供飞船飞行期间的轨道、姿态、各分系统工作状态的信息，并为航天员提供手控操作的设备和语言提示设备；后者提供舱内照明和舱外照明。

11. 应急救生分系统。在载人飞船飞行的各个阶段出现致命性故障时，该系统在其他系统和分系统的配合下，使航天员迅速脱离危险区并及时返回地面，实施自救或营救，以保障航天员的生命安全。

12. 乘员分系统。是航天员系统的装上飞船的设备，如食物、饮用水、应急救生包等。

13. 有效载荷分系统。是飞船应用系统的装上飞船的实验（或试验）设备及实验件，如空间环境监测设备。

（三）航天发射与测控技术

航天器由运载火箭发射入轨后，需要地面进行监测和控制，才能发挥其作用。因此，航天发射和测控技术是现代航天技术的三大支柱之一，是航天事业发展进程中必不可少的重要条件。航天发射和测控技术是与运载火箭技术和航天器技术同步发展的，它们相辅相成，保障和促进了整个航天事业的发展。

1. 航天发射场

发射场是运载火箭和航天器进入宇宙空间之前，在地面的最后一个测试、对接站。发射场主要包括测试区、发射区、指挥控制中心及地面设备和测发系统。

发射场址的选择要具备一定的条件，一般包括以下几个方面：处于低纬度地区，尽可能靠近赤道，且人烟稀少，以防发生意外事故；气候适宜，温差小，日照天数多；在运载火箭飞行方向易于布设测控网；交通运输方便或易于开辟；尽可能多功能使用，如军民兼容。这些基本条件，一般很难全部满足，但优先保证前两条，即纬度尽可能低和气候尽可能好。

目前，世界各主要航天国家都有自己的航天发射场。美国和前苏联各有3个；法国与欧洲空间局各1个；日本有2个；中国有4个。

发射场主要配备以下几个方面的设施。

1）装配测试厂房。这是测试区的主要建筑物，是运载火箭和航天器测试的场所。

2）发射塔。这是发射区的主要建筑物，是多级火箭和航天器吊装对接工作塔，也是火箭起竖和测试工作塔。发射塔通常由活动塔和固定塔组成，活动塔和固定塔合拢后，形成一个封闭的垂直测试空间。塔顶有专用吊装设备，塔上工作平台有空气净化系统，火箭发射台下有高温火焰导流槽。发射时，活动塔撤离到安全区，固定塔平台收拢。

3）指挥控制中心。指挥控制中心设在离发射塔数千米远的地下坑道内或数十千米外的大厅里，里面有总指挥台和一座大型组合式显示屏。发射前，显示屏上显示发射阵地的电视图像，火箭起飞后，显示实时飞行轨道曲线和特征参数，还有各种状态口令，参数显示板使指挥员一目了然地掌握发射前后的全过程，利于指挥控制。

4）地面设备和测发系统。为保证火箭起竖、推进剂加注、供气、供电、发射等各种勤务需要，设有大量的地面勤务保障设备，如推进剂库、气库、供配电等。

2. 测控技术

运载火箭离开发射台以后，很快进入茫茫无际的太空，要跟踪和测量运载火箭和航天器的飞行轨迹，掌握其工作状态，以及改变航天器的运行轨道，只能通过地面测控系统，利用无线电等手段，建立实时的信息联系。

我国的地面测控技术，一般由运载火箭测控系统和航天器测控系统两部分组成：运载火箭测控系统主要完成火箭全航程的测控任务；航天器测控系统主要跟踪、测量航天器的运行情况，以及对其进行遥控。在满足技术要求的前提下，各测控设备的地点相对集中，便于建设、管理和指挥。例如，发射地球同步轨道卫星，在西昌卫星发射中心航区，从运载火箭起飞至星箭分离的 7000 多千米的航程上，有陆上测量站 5 个，海上测量船 3 艘。对于运载火箭航程小于 3000 千米的酒泉和太原卫星发射中心航区，有陆上测量站 3 个，如航区继续延长，则需设测量船或在岛屿上设活动测量站。

航天器测控系统通常包括以下几个分系统。

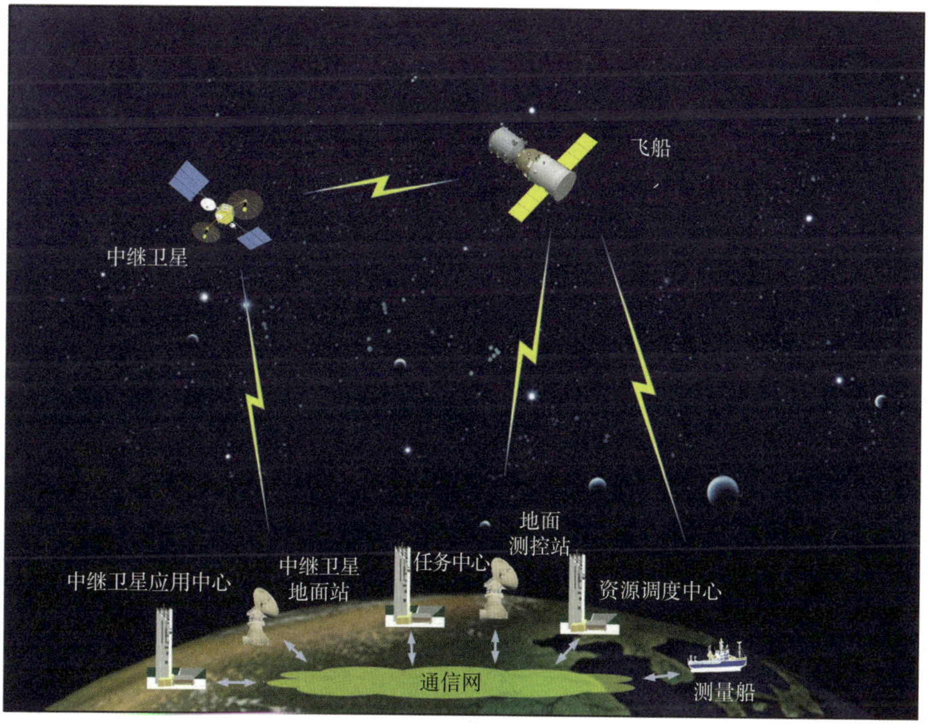

航天测控网组成示意图

1）跟踪测轨分系统。该分系统以无线电和光学为测控手段，包括精密跟踪雷达、无源引导雷达、多普勒频移测速仪、光学跟踪望远镜和比相干涉仪等设备。

2）遥测分系统。该分系统配备无线电接收机，包括短波通信接收机、遥测调解器、音响和信号共同接收机等。

3）时统勤务分系统。该分系统设有短波授时手段，包括接收短波标准时间信号的接收机，以统一各测控台、站的时间标准，保证各台站时间误差不超过千分之一秒。近年来，又采用了长波授时手段，辅以有线传输授时，用铯束原子钟保证各台站之间的时间精确同步。

4）数据处理分系统。该分系统配备有各种数据处理计算机、监控与记录设备，按测控台、站的等级不同，分别配备不同容量的设备，有的还要配备跟踪和数字传输之间的“缓冲设备”，以匹配数据传输速度。

5）通信、指挥调度和数据传输分系统。该分系统配备有线通信为主、无线通信为辅的通信系统，包括有线载波线路设备、短波通信设备、数传机、调度台、各台站之间内部的通信线路，以实施指挥调度。在载人航天器的测控系统中，还要配备与航天员通信联络的设备，包括话音、视频等最先进的通信设备。

6）控制计算遥控分系统。这是航天器跟踪系统的枢纽，负责指挥整个测控系统协调工作。配备有数据处理计算机，监控显示仪，遥控发射机，数据存储、显示和记录设备，通信联络设备和时统勤务设备等。

就整个航天任务来说，除了包括航天三大基础技术外，还有一个组成部分即航天应用系统。它包括根据航天器的不同任务需要而装载的各种专用设备和相应的地面应用系统，也是实现航天效益的关键系统。例如，为实现卫星通信，在通信卫星上装载的转发器和通信天线系统，相应的地面应用系统是：为开展电话、电报、传真、电传、电视和数据传输业务而设置的卫星通信地面站。

第二节　航天技术对国民经济建设的独特作用

从航天基础技术的内涵来看，航天确是一类多学科、多门类的高新技术综合性产业，集中了当代许多门类的基础科学和新技术。

基础科学方面：包括数学、物理学、化学、天文学、地学和生物学；而物理学中又包括力学、声学、光学、热学、电学和磁学，等等。这些都是航天技术的理论基础。

技术科学方面：包括空气动力学，推进技术，材料与结构，自动控制与运动学，微电子与计算机技术，遥测、遥感、遥控技术，光电技术，通信技术，真空与低温技术，测试、计量技术，精密加工技术，特殊工艺技术及材料工程，特种设备以及工程医学，等等。

航天技术的协作部门：包括机械、电子、化工、冶金、重工、轻工、纺织、印染、交通、铁道、邮电、民航、气象、船舶、生物、农业等几十个部门，并带动它们的技术发展与手段更新。可以说，航天是在现代科学技术基础上发展起来的，对国民经济和科学技术有重大影响的产业。

一、促进传统产业改造和升级

航天技术对国民经济建设贡献巨大的一个重要特征之一，主要是通过其开拓性的先进技术手段改变众多国民经济产业的传统生产方式，促进相关产业的改造与升级，超越传统的发展阶段，加快实现现代化。航天技术需要国民经济各工业部门、研究单位、高等院校的大力支持、协作和攻关，才能获得发展。而随着航天技术产业的发展，除了航天产品与技术在社会应用和国内外销售直接对国民经济产生效益外，作为高新科技的前沿，在其产业化发展过程中，与传统产业之间存在着相互渗透、相互促进和共同发展的关系，航天技术的发展将牵引传统科学技术和产业水平的提高，航天技术发展过程中产生的许多新技术、新材料、新产品、新工艺和新设备，又以多种渠道和层次直接向国民经济各个领域进行推广、应用和移植，或经过二次开发后在传统产业中扩散、转移与渗透，进一步促进和带动这些技术领域与产业的发展。而航天事业的管理方法、通用软件、人才和设备优势，也可以为传统产业借用，极大地促进传统产业的改造与升级发展。

上海是我国有着较好的传统科学技术与工业基础的大城市，为加速我国航天事业的发展，在中央的支持下，上海市创建了上海机电二局（上海航天局的前身），开始了发展航天技术的征程。为了适应航天技术的发展要求，上海先后进行了几次大的工业结构的调整与改造。20 世纪 50 年代后期和 60 年代中期，分别为探空火箭和地空导弹产品配套，在电子元器件、半导体器件、高强度合金、非金属材料和精密机械等方面配置生产点，一批传统的纺织厂、制皂厂、手工业工厂等转入电子及原材料工业、仪器仪表工业、精密机械工业，并进行改造与升级，成为国家一批新兴产业。

20 世纪 60 年代末，为适应大型运载火箭的发展，上海又有 300 多家研究所、工厂和高等院校进入大型运载火箭的研制配套协作网，形成了地区配套、紧密协作的航天基地，成为传统产业改造和升级的范例。

由于航天技术发展的需求，这些配套厂、协作网也获得了长足的改造与升级，打破了上海传统产业的旧格局，发展成为上海乃至全国新型高技术产业门类的一部分，促进了我国向高新技术领域的发展。

同一时期，航天事业也先后在有关地区拓展，建立了三线航天基地，对调整当地传统产业的格局，提高工业与经济水平，起到了很大的促进作用。

现在，除了北京、上海、西安和天津等几个主要航天基地外，还有许多航天基地或单位遍布全国各主要省、市和自治区，例如，四川、贵州、湖北、湖南、山西、陕西、内蒙古、云南、辽宁、黑龙江、山东、广西、海南等，形成了全国性的航天产业布局。在航天技术发展过程中产生的新技术、新工艺、新材料、新产品，经过二次开发、移植，推广应用到传统产业中。航天产业部门以其技术和综合优势，或为传统产业提供各种先进的技术装备，或直接参与企业的生产线改造，大大促进了传统产业水平的提高。

二、引领国家高技术发展

老一辈科学家师昌绪、王大珩等五位院士1993年8月30日在《科技日报》上发表的《发展我国高技术产业的若干问题》，将高技术产业分为以下五种类型：

1）大型工程技术，如航天技术、核技术等；

2）基础元器件和材料，如微电子芯片、激光器、先进材料等；

3）高技术关键产品，如计算机、先进通讯系统等；

4）高技术的应用；

5）高技术软件和服务。

特别强调的是，这些高技术产业由于其高投入、高风险，对其他产业影响面广，带动性强，并关系国力和国防，因此，需要政府的支持和协调。

航天技术领域包含了广泛的技术门类，荟萃了众多的成果和人才。航天技术的发展，将会带动一系列科学技术的发展，包括物理学、化学、现代力学、天文学、地球科学、生命科学、信息科学，以及能源技术、生物技术、信息技术、新材料、新工艺等的研究与发展，促进中国科学技术水平的提升。

同时，卫星应用技术、空间加工技术、空间生物技术、空间能源技术等，也将增强人类认识和改造自然的能力，兴起更多的高新技术，促进生产力的发展。

航天技术对国民经济贡献巨大的另一个重要特征，是航天技术的开拓性与先导作用孕育着新技术产业。运载火箭和航天器都是在严酷、恶劣的太空环境中工作，长寿命的航天器还要长期稳定地运行。本来，把技术用于太空比用于地面就困难得多，而且，航天技术在精度、重量、安全性、可靠性和使用寿命等方面还有更高的要求，甚至十分苛刻。因此，航天技术的开拓性质，不断带动科学技术与工业领域进行开发、突破，从而不断孕育新技术，并发展成为新的技术产业。

如抗烧蚀复合材料的诞生。20 世纪 60 年代研制弹道导弹时，在导弹弹头再入大气层的过程中，由于与大气剧烈摩擦，产生极高的温度而被烧蚀，普通耐高温材料难以满足要求，为此，提出抗烧蚀材料的开发、研制新课题。上海硅酸盐研究所承担了这项课题，通过多种方案进行试验，最后采用碳—石英复合材料，终于获得了成功。该材料既满足了弹头再入的抗烧蚀要求，也促进了我国防热复合材料的发展。现在，玻璃钢已形成一个庞大的高技术产业，从洗衣机、游艇、舰船、汽车、飞机到桥梁，应用非常广泛。

航天型号要求精度高、小型化、高可靠、长寿命的电子产品，民用电子元器件难以满足使用要求。在导弹、火箭、卫星研制过程中，航天系统向电子工业部、中国科学院和高等院校等提出了上百项电子元器件开发研究课题。这些项目都是瞄准国际先进水平而提出的，它们的研制成功与应用，推动了航天技术的发展，也促进了我国在这些技术领域接近或达到世界先进水平。

三、带动电子信息化建设

在国民经济建设中，有关部门和机构需要方便地获得有关国家资源的最新信息。为此，要发展现代化的信息采集、传输、管理、分析和处理手段，发展地理信息系统、卫星遥感、卫星通信和计算机网络等高新技术及其应用。

具有获取信息和传输信息功能的卫星遥感、卫星通信、卫星导航以及其他航天技术的应用，是国家建立可持续发展信息系统的重要手段，这是其他技术产业不可替代的。

在试验通信卫星发射之前，我国边远地区，特别是新疆、西藏地区，看不到中央电视台当天的节目，最快的办法是用飞机将录相带运送到这些地区，再通过当地电视台播放。有的地方要在几天后才能看到中央电视台的新闻节目。试验通信卫星发射以后，乌鲁木齐和拉萨的居民，可以直接收看试验通信卫星转发的中央电视台的节目。目前，中央电视台和许多地方电视台通过通信卫星，开通了多套卫视节目，提高了全国的电视覆盖率。

通信卫星可以实现全国性数据通信和计算机通信，使全国计算机形成一个网络，大大发挥计算机的效能。通信卫星可以进行多路数字电话通信，话音清晰、保真度好，几乎没有噪声和干扰，通话双方的对话经几万千米的传输距离，如同近在咫尺，大大加强了国内通信和国际交往，同时，带动了信息化建设。

随着航天技术的发展，航天系统自身也实现了信息化。近年来，我国成功实施了空间交会对接，完成了北斗卫星导航系统亚太区域组网，并为多个国家发射了商用卫星，这些都离不开我国自主研发的航天软件系统。航天产业作为高技术战略性产业，拥有批量小，批次多，安全性、可靠性要求高等特点，向国际购买软件难以满足需要，促使我国走出了一条自主创新的航天信息化产业之路。其中，航天器集成化设计与制造管理系统——神舟管理系统是军工领域信息化建设的一个典型代表。这套系统构建了航天器设计、制造、管理的信息化集成应用平台，已经有几十家分散在全国各地的型号研制单位全面应用，构建了跨越北京、天津、上海、西安等地的工作环境，实现了型号产品总体与分系统，设计、制造和管理之间的异地多点并行工作，确保了安全、可靠运行。

近年来，我国发射航天器的任务越来越多，时间间隔越来越短，发射频率由原来的每年几次发展到现在的每年一二十次，数据丰富，信息繁多，如果不通过数字化、网络化和信息化手段，根本不可能完成数据处理与信息加工任务。航天信息化系统的成功研发与应用，打破了国外同类软件产品在技术上的垄断地位，实现了我国航天信息化的自主产品，避免了核心支持软件受制于人的局面。

从古至今，税收都是国家财政收入的主要来源，是维持国家运转的“生命源”。1994 年，我国正式启动“金税工程”建设，航天信息公司研发的“增值税防伪税控系统”已经平稳运行了 20 多年，并根据税务领域不断出现的新情况和新需求，经历了从最初的防伪税控系统，到一机多票系统、红字发票系统，再到现在的增值税汉字防伪税控系统。多次的升级和扩展，从纳税和征税两方面，构筑起了国家税收的安全神盾，也为我国税务信息化建设提供了强有力的支撑。

同样，航天系统研发的广播通信、气象、遥感、资源、海洋、导航定位等卫星提供的大量而丰富的数据和信息，也形成了各应用领域的信息化系统的基础。

随着信息化技术的发展，以卫星通信、卫星气象、卫星监测、卫星遥感和地理信息等为要素的空间信息技术，在国民经济建设中、长期发展重大专项中占有重要地位。在信息系统经历数字化、网络化发展后，现已逐步进入智能化阶段，智能信息化产业已经成为我国战略性新兴产业的重要领域，成为电子信息产业这一国家支柱产业的重要经济增长点。因此，航天信息化促进了国民经济现代化建设。

四、提供导航定位功能

卫星导航定位技术可以为国土资源勘察与监测对象、地面人员、陆上车辆、海面舰船、空中飞机，以及天上航天器等目标提供全天时、全天候、连续实时的高精度定位和测速信息，从而掌握国土资源勘察与监测、交通运输以及各种灾害等信息，为资源开发与利用、交通管控、救灾减灾等评估、指挥系统进行正确决策提供切实可靠的依据。

21 世纪以前，我国是依赖美国全球定位系统（GPS）来进行卫星导航定位的，受制于人。进入 21 世纪以来，我国自主研发的北斗卫星导航定位系统逐步为国土资源勘察与监测、交通运输、灾害防治等提供导航定位服务。

2003 年 12 月 23 日，四川川东油气田发生了一次特大事故，给人民群众的生命财产造成了巨大的经济损失。主要原因是生产监控和信息传输措施不到位，导致事故预先防范和事后救援措施不力、伤亡惨重的严重后果。四川地区天然气储量丰富，但各种有毒、有害气体浓度偏高，开采成本和危险性也相对较高。如何在保证安全的同时满足生产需要是面临的一项重大课题。利用北斗卫星导航定位系统对油气田开采、天然气脱硫、管道输送等环节进行实时监测和监控，是保证油气田安全生产和输送的一个有效手段，是对其他现有技术手段的有效补充和扩展，对油气田的生产建设工作，具有非常重要的现实意义和战略意义。

为了提高北斗卫星导航系统的定位精度，增强其在海上应用的完好性、可用性和连续性，2012 年，交通运输部东海航海保障中心、中国航空无线电子研究所和上海埃威航空电子有限公司开始研究“差分北斗”导航系统关键技术，并取得了一系列突破。2013 年 7 月，终于建成了全国首座“差分北斗卫星导航系统基准站”，同时也是世界上首座北斗和 GPS 双模差分全球卫星导航系统基准站，能同时为北斗用户和 GPS 用户服务，标志着我国在北斗卫星导航系统海上应用方面取得了重大突破。经过严格测试，差分北斗卫星导航系统动态定位精度能够达到亚米级，信号覆盖范围 300 平方千米，达到了国际先进水平。

该系统的建成和运行，打破了 GPS 系统在定位、导航、授时等方面的垄断，将为我国海上交通运输、海洋工程建设、渔业生产、专属经济区开放和国防建设提供更加精确、可靠的定位支持。

1. 北斗卫星导航定位系统组成和功能优势

卫星导航定位系统是由同一轨道或几种不同轨道的众多卫星组成，能够覆盖全球，进行导航、定位、授时和通信服务。

2012年10月25日，随着我国第16颗北斗导航卫星顺利入轨，我国北斗区域卫星导航系统正式建成，圆满实现了北斗卫星导航系统“三步走”计划的第二步战略目标。

北斗区域卫星导航系统完全具备了稳定、连续、覆盖亚太地区服务的能力，为用户提供定位、导航、授时，以及短报文通信等服务。增加的短报文通信功能，不但可以知道自己所在的位置，还可以知道别人的位置，并让别人知道自己的位置。计划到2020年左右，北斗卫星导航系统将实现第三步覆盖全球的战略目标。该系统具有以下功能优势。

1）实现了导航与通信集成，增强了导航能力和搜索救援能力，可实现用户信息共享和信息交换，满足高精度用户要求。

2）在用户端可提供多用户兼容接入信息，实现公开服务相互兼容，必要时可提供多系统监测信息和差分改正信息，满足完好性信息要求。

3）自主研制、自主知识产权，加密设计、安全、可靠和稳定，24小时监测。可在第一时间获取灾情信息，并对灾情应急事件做出快速反应和科学指挥决策，从而避免重大灾难事件发生，减少损失。

北斗卫星导航系统与美国全球定位系统不同，其星座由地球静止轨道卫星、中圆轨道卫星和倾斜地球同步轨道卫星组成。这种混合星座的优越性在于，

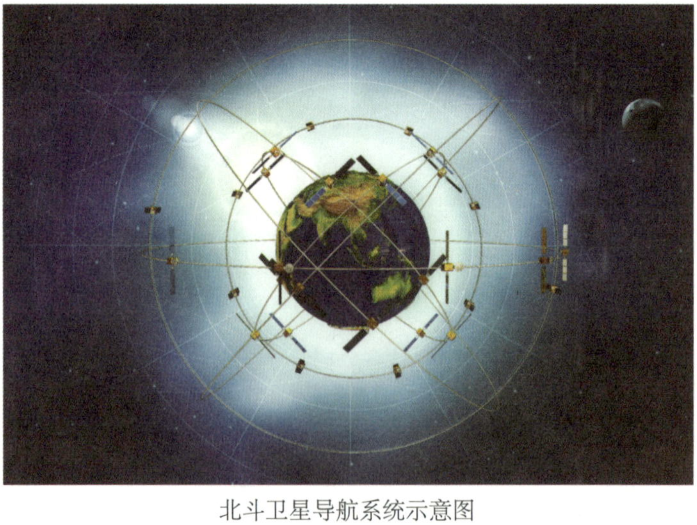

北斗卫星导航系统示意图

通过较少的卫星数量，能使北斗区域卫星导航系统建成时，保证对覆盖区域的服务性能。从北斗卫星导航系统三步走发展战略目标来看，先解决区域服务问题，然后，再覆盖全球，覆盖全球需要 30 颗卫星。所以，在北斗区域卫星导航系统中，必须部署地球同步轨道卫星和倾斜地球同步轨道卫星。同时，又要考虑下一部全球系统的建设，因此，需要包括混合星座。

北斗卫星导航系统与美国全球定位系统（GPS）和俄罗斯全球卫星导航系统（GLONASS）相比，具有星座的特点和功能优势：

1）北斗导航系统采用混合星座，能以相对较少数量的卫星保证覆盖区域内的服务性能，这是一种比较经济的方式。如果全部采用中圆轨道卫星，十几颗卫星无法实现目前的性能指标。

2）由于卫星数量少，部署周期更短，建设速度更快，见效也更快。

3）由于有了地球静止轨道卫星，在提供的服务上比美国全球定位系统（GPS）与俄罗斯全球卫星导航系统（GLONASS）多了有源定位和短报文通信功能。虽然有源定位需要用户申请，并通过地面站转发，但是实现首次定位时间比无源定位更短。

通过自主创新，北斗卫星导航系统还实现了星载原子钟的突破。如果没有国产星载原子钟，我国卫星导航系统的发展将受制于别国，航天大国的地位将无法稳固。

到 2020 年，我国将建成技术先进、开放兼容、独立运行、稳定可靠、拥有自主知识产权的北斗卫星导航系统，成为能与美、俄、欧卫星导航系统相互兼容的四大卫星导航系统之一，打破美国全球定位系统（GPS）的垄断地位。这既是一个国家综合实力的具体表现，也为国民经济建设开创一个广阔前景。

由于北斗卫星导航系统具有定位、导航与短报文通信功能，对国土资源勘察、监测与开发，环境保护，以及交通运输等方面都能发挥重要作用。

2. 卫星导航技术在减灾救灾中的效能

我国是世界上自然灾害最为严重的国家之一，每年均有地震、洪涝、台风、干旱、森林和草原火灾、森林病虫害等灾害发生，并受到严重的经济损失。近年来，我国利用先进的专业技术和现代信息技术对灾害可能造成的影响进行及时、准确的预测，并发布预警信息。尤其是利用卫星导航定位技术，可以对灾害进行精确定位，从而有效绘制灾害专题地图，并以此为基础开展相应的灾害评估和灾害救援工作。

与传统的卫星导航定位系统相比，北斗卫星导航系统具有短报文通信的优势，能够在重大自然灾害发生后，当地传统通信设施严重破坏的情况下，完成应急通信的使命，还可以全天候快速定位，通信盲区极少。

2008 年 1 月，我国南方发生罕见的低温雨雪冰冻灾害，国家减灾中心应急响应工作组携带北斗卫星导航系统终端，奔赴灾区指导抗灾救灾工作。同年 5 月 12 日，四川汶川发生 8.0 级特大地震后，在震后地面常规通信中断的严重情况下，国务院抗震救灾指挥部依靠北斗卫星导航系统，了解到多个灾区的情况，为抗震救灾的正确指挥提供了依据。我国北斗卫星导航系统终端在第一时间将所到之处的灾情和救援信息发回指挥部，在灾情现场信息获取、灾情信息传输、现场应急指挥联动、救灾物资与救援队伍监控调度和应急搜救等方面发挥了重要作用。

2010 年，民政部国家减灾中心针对灾害管理工作的应用需求，配备了北斗卫星导航系统用户机和手持全球定位系统（GPS）仪，并给多个省（区）配备了北斗卫星导航系统的指挥系统和便携式终端，已在灾害现场数据采集、灾害应急和灾情评估等方面取得了很好的实效。

北斗卫星导航系统将是我国构建“天－地－现场”一体化灾害立体监测、评估、应急救助、恢复重建和辅助决策的减灾救灾业务体系的重要组成部分，能够为国家四级灾害应急救助指挥体系的构建发挥重要作用，将灾害损失减小到最低限度。

3. 卫星导航系统使制导武器发展发生革命性变化

以往，空对地制导武器精确打击目标，使用传统的地形匹配 / 景象匹配、成像导引头或激光导引头近距离作业、惯性导航等目标定位方法，使用系统复杂，效率低，精度差，价格昂贵。

1973 年，自美国全球定位系统（GPS）使用后，整个制导系统大为简化，将复杂的定位系统由弹上昂贵的消耗品变成了卫星平台，通过一个简单的终端，可以使得导弹精确地定位自身位置，而装定系统只需要一台类似的终端，就可以确定目标的坐标，精确地引导打击。

过去，只有美国可以使用 GPS 对导弹武器进行制导。我国曾多次试图使用 GPS 进行制导，均受到美国的干扰，只能使用传统制导方式。现在，我国可以用北斗卫星导航系统进行制导了，而且“差分北斗”导航定位系统的制导精度超过了美国的全球定位系统（GPS），达到了亚米级。

五、助力国家资源开发和利用

联合国全球发展战略《21 世纪议程》指出，土地资源包括土壤、矿物、水、和生物群，是人类生命系统的基础，为一切人类活动提供土壤、能量、水和机会。要求所有国家均酌情全面清查本国的土地资源，以便建立土地资源信息系统，按土地资源最恰当用途进行分类，制定开发、利用管理计划，对环境脆弱和灾害频繁地区采取特殊保护措施。并指出，所有国家应有机会获得现代化土地资源管理技术，如地球信息系统，卫星摄影、图像和其他遥感技术，强调发展数据系统、数据处理和统计模式，利用遥感和地面勘查，发展地理信息系统等。

国土自然资源是国民经济与社会发展的重要物质基础，分不可再生（如矿产）和可再生（如森林、草原）资源两大类。为有效地利用和综合开发、保护国土自然资源，为国民经济建设服务，必须全面清查国土自然资源。《中国 21 世纪议程》也指出，自然资源的日益短缺，将成为中国社会经济持续稳定发展的重要制约因素。要求建立基于市场机制与政府宏观调控相结合的自然资源管理体系，明确区域规划在资源利用和保护中的作用，政府将组织自然资源的综合调查、勘探、规划和综合开发利用。在 2000 年以前完成国家、省、地（市）、县四级土地资源调查和土地利用总体规划，完成各级政府土地资源管理信息系统，逐步建设土地利用监测网、掌握土地的动态变化，要配置计算机软硬件，开发应用遥感、图像处理、测绘、卫星导航系统，以及决策模型和系统分析技术。到 20 世纪末，建成全国森林监测系统；建成并不断完善以海洋航天、航空遥感和水下声学探测为主的立体监测网。

这就是说，要实现自然资源现代化管理，就要清查国土资源，不断监测资源的变化，建立监测网，开展卫星遥感，应用卫星定位技术成为收集各种资源信息的最佳方式，通信卫星也成为传输信息不可替代的手段。在国家资源开发与利用，陆地、空中、海洋交通运输，以及环境控制等国民经济建设方面也急切需要航天技术的支撑。在这样的形势和挑战下，航天技术成为国家资源开发和利用的强有力手段。

1. 多种卫星普查国土资源

现代卫星遥感技术是宏观地、综合地、动态地、快速地进行国土资源调查与环境监测的一种新手段。

国土资源普查可利用气象卫星、地球资源卫星、返回式遥感卫星、减灾卫星和海洋卫星等对地观察卫星。卫星上装载着多波段扫描辐射仪、可见光或红外线相机、微波高度计、微波辐射仪、合成孔径雷达等遥感仪器，对卫星经过的区域进行遥感或照相，收集地球环境信息，适时发送遥感信息或回收胶片舱，通过信息处理系统，形成卫星图片或数据资料，提供给各应用部门。例如：

1）京津唐与黄河三角洲区域资源和环境调查。提供给两地区，供编制国土规划使用。

2）西藏高原土地资源调查。以往虽然对西藏自治区的自然资源进行过几次路线考察，但因环境恶劣，调查的深度和广度远不及全国其他地区，因此，迫切需要全面查清西藏的土地资源。经过几年的努力，通过卫星遥感技术，终于获得了雅鲁藏布江、拉萨河与年楚河重点农业区，藏东、藏南半农、半牧区及林区，藏西北牧区和藏北无人区的遥感资料，并绘制成不同的比例地图，为资源开发和利用提供服务。

3）地质矿产资源调查。地质部利用中国国土资源卫星在全国范围内广泛开展了区域地质调查和应用研究。目前，卫星遥感技术的应用已包括区域地质、矿产（含能源）资源调查和预测、水文地质、工程地质、灾害地质、环境地质、农业地质、城市地质、旅游地质调查，城市综合调查和土地利用情况调查等方方面面。获取了大量数据和资料，发现了一大批新地质信息、新矿产资源和矿化点，如新疆准噶尔艾比湖以北地区金矿及塔里木盆地北缘油田，并编图和绘制成图件。这些丰硕成果为综合利用提供了可靠依据。

4）森林与草原资源调查和监测。森林与草原都是以绿色植物为主体的再生资源，它们一方面作为大型植物群体，与其周边生态环境有着紧密的关系，呈有规律的分布；另一方面，其内部也呈现出有规律的生态结构及不同的外貌形态。这两者都服从于植物地球学与植物生态学的规律。卫星遥感技术就是根据上述科学规律及绿色植物的光谱特性进行森林和草原资源调查的。通过卫星遥感调查获得了大量信息和资料，为再生资源的开发、管理和利用提供依据。

2. 海洋资源和海域开发调查

海洋面积占地球总面积的71%，海洋面积中的80%为公海。海洋资源包括领海、大陆架和专属经济区范围内的各种资源。领海是指12海里以内海域，中国领海面积约三百万平方千米；大陆架是围绕陆地的平浅海底，是陆地的自然延伸；专属经济区为200海里以内的海域。中国大陆海岸线长约18000千米，岛屿海岸长约14000千米。海洋资源的种类包括：经济鱼类及海兽、海藻、贝类；近海石油和天然气，海岸重砂矿、深海底锰结核；水力、热力利用；海水中铀和重水；盐与海水中其他化学资源（如溴等）；海岛与海岸带；海运、海湾等。

1）潮滩调查研究。半封闭泻湖与海湾是指涨潮时被海水淹没，落潮时露出水面的那部分陆地，弄清楚潮滩的分布情况，对资源开发有重要意义。1985 ~ 1990年，利用国土资源卫星对黄河三角洲进行滩涂资源调查，圈定并量算了中低潮滩、高潮滩、风暴潮滩、滩涂面积和海岸线长度，划分了5个开发利用区；对京津唐地区海岸调查，量算了海岸线长度，研究了海洋历史变迁，分成岬湾海岸、沙坝沙丘泻湖海岸、滦海口现代三角洲海岸、海积平原海岸等形态类型，并量算了面积，划分了开发利用区，为国土开发、规划提供了依据。

2）泻湖环境及开发调查。泻湖的环境有多种多样，但重要的是水的盐度。卫星遥感技术可以监测其盐度变化，以及其环境影响，判断泻湖的开发潜力。卫星影像清晰地显现滦河三角洲砂坝—泻湖海岸独具的地理景观，十分发育的半封闭泻湖展现出广阔的开发前景。

3）海岛海岸土地利用变化监测。以覆盖海岛海岸的“中巴资源卫星”遥感影像为数据源，对多期影像进行几何校正和图像配准，在此基础上，开展土地利用动态监测。

4）珊瑚岛礁监测。以“中巴资源卫星”多光谱数据和我国资源二号卫星全色数据为数据源，开展相同区域的多光谱影像分析、获取岛礁的各种信息、进行图像融合，获得高空间分辨率影像之间的配准，然后进行开发利用分析。

通过以上例子充分说明，卫星遥感技术对国土资源普查摸底、开发和利用，对国家宏观决策提供了可靠的依据，对国民经济持续、高速发展有不可估量的助力作用。

六、强化环境保护与防灾减灾

我国自然环境比较复杂，处于气象、地质灾害等自然灾害多发区，每年都有不同程度的自然灾害。随着我国人口的增长和国民经济的发展，环境污染、森林退缩、耕地和植被受损等生态环境问题成为不可忽视的重要问题。全球《21世纪议程》指出：环境保护是可持续发展的必要组成部分。这个问题处理不好，可能制约国民经济的发展。

为此，要大力加强环境监测和保护，建立环境监测系统。《中国21世纪议程》也指出：广泛采用现代遥感技术和自动化技术，建设我国大气监测自动化系统，基本实现国家基本站网地面监测自动化、高空探测自动化或半自动化和边界层物理观测；建设气象卫星监测网，基本建成门类比较齐全、布局比较合理、自动化程度比较高的大气综合探测系统；提高气象卫星遥感的时空分辨率和多光谱图像的处理能力；加强对气候变化、生态环境有重要影响的温室气体的监测；发展以卫星通信为主的通信系统，形成分布式信息库和分发网。

卫星遥感监测的基本特点与优势：

1）卫星观测范围大，可实现全球观测。一颗地球静止轨道气象卫星可观测约四分之一的地球表面，一亿多平方千米。在赤道上空布设 3 ~ 4 颗静止卫星，便可观测全球；静止卫星观测不到的地球两极地区，可用极轨卫星来观测。两者结合起来，可以实现真正的全球观测。

2）卫星观测获取信息快。一颗地球静止轨道卫星观测一幅约一亿平方千米面积的全景圆盘图，一般需要 30 分钟，一昼夜可观测 40 多次；一颗极轨卫星 12 小时就可以完成对全球的观测；若用正交轨道双星观测，只需 6 小时。

3）卫星观测可长期连续观测和实现一定程度的同步观测。目前，气象、资源、海洋等卫星都已业务化、系列化、连续化，观测资料已逐年积累下来，均可提供使用。

4）全天候、全天时、全方位、多次重复观测。卫星遥感技术不受地理、自然环境条件及国家疆界限制。多次重复观测，其资料在时空上的代表性、一致性、均匀性、可比性较好，能更好地反映观测对象的动态变化，便于对比分析。

由此可见，环境监测特别是全球环境监测、大气监测、卫星遥感、卫星通信是必不可少的。它比传统的、常规的观测快速、全面，也比较经济，在环境保护决策与管理方面具有强大的生命力。

1. 强化环境保护和保持可持续发展

在环境保护中，淡水保护是一个很重要的问题。淡水既是一种资源，也是与环境密切相关的，如水土流失、洪涝、盐碱、植被增损都与淡水相关。淡水包括地表水、土壤水、地下水，其补给来源主要是大气降水。我国降水折合降雨率低于全球陆地平均降雨率 20%，我国人均占有水资源量仅为世界平均值的1/4。水资源80%用于农业，而81%的淡水分布在长江及其以南地区，该地区耕地面积仅为全国耕地面积的36%；淮河及其以北地区，耕地面积占全国耕地面积的64%，而淡水仅占总量的19%，空间分布极不均匀。降水及径流的年分配率，汛期四个月降水量和径流量占全年的60%～80%；而径流量历年最大和最小的比值，长江、珠江、松花江为2～3倍，黄河为4倍，淮河、海河可高达15～20倍，在时间尺度上分布也极不均匀。这样的分布与众多的人口极不匹配，稍有失控，便会引起局部环境恶化，严重时，将使我国以改土、治水为主的农业基本建设，以及工业发展受到水的制约，从而影响国民经济发展。

根据我国环境现状与几十年来的观测资料和数据，国家最终决策，先后采取了兴建“南水北调工程”等一系列重大举措，以期改善北方水资源短缺状况，强化环境保护。

2. 防灾减灾

在人类历史上，自然灾害始终威胁着人们的生存安全和社会发展，地球上每年都发生着诸如台风、风暴潮、洪水、干旱、地震、滑坡、泥石流、病虫害和森林大火等自然灾害。我国是一个幅员辽阔、人口众多的大国，但又是世界上自然灾害最严重的国家之一。近50年来，每年由气象、海洋、洪涝、地震、地质、农业、林业等七大类灾害造成的直接经济损失约占国民经济生产总值的3%～5%。如1976年7月28日，一次唐山大地震就毁了一座城市，夺去24万多人的生命。平均每年因灾害死亡约数万人。据统计，1996年到2010年，平均每年因各类自然灾害造成约3亿人（次）受灾，年均直接经济损失近2000亿元。我国减灾救灾工作面临着巨大的挑战。

对于自然灾害，目前人类还没有能力进行控制和消灭，但随着科学技术和社会科学的发展，我们已经有能力利用航天技术、遥感技术、通信技术和信息处理技术等现代化科学技术手段来监测、预报自然灾害，采取措施减轻自然灾害的损失。《中国21世纪议程》指出，要健全灾害调查、评估与统计的组织管理体系，建立国家灾害信息管理中心，提高防灾减灾体系的管理水平，提高受灾地区的恢复重建速度。对荒漠化防治，要求利用航空及卫星相片和地面试验站进行荒漠化监测和发展趋势的预测和评估。从全球《21 世纪议程》要求来看，灾害预测、预报、救灾都需要按照灾害种类，分别建成信息系统。

因此，这些都需要先进的遥感卫星、导航卫星、气象卫星和通信卫星技术的支持。卫星遥测、监测、导航、定位与通信，为我国及时发现灾情、防灾减灾作出了重大贡献。特别是自我国发射了“环境与灾害监测预报小星座”及北斗导航卫星至最近建成北斗区域卫星导航系统，应用效果更为显著。主要表现在以下几个方面：

1）台风监测预报无一漏网。如我国风云二号气象卫星自 1998 年投入运营以来，对西北太平洋及南海生成的近 300 个台风，登陆我国大陆的近百个台风进行了有效监测，无一漏网，使人民群众的生命财产损失明显减小，投入产出效益非常显著。

2）环境与灾害监测预报。2008 年 9 月 6 日，我国成功发射两颗环境与灾害监测预报小卫星（A、B 星），共同组成环境与灾害监测预报小卫星星座（2 ＋ 1），具备对灾害、生态破坏、环境污染进行大范围、全天时、全天候动态监测的能力。该星座具有中高空间分辨率、高时间分辨率、高光谱分辨率、宽观测幅宽性能，并能综合应用可见光、红外线与微波遥感等观测手段，满足环境与灾害监测预报对时间、空间、光谱分辨率，以及全天时、全天候动态监测的需求，对我国减灾和环境监测与预报有直接贡献。

3）灾情信息传输。接收灾害现场信息，监控救援车辆和救灾队伍的位置和任务执行情况，同时向灾害现场反馈数据获取需求，向救援车辆发送移动路径规划信息和调度信息，向灾害现场救灾队伍发送灾民转移安置地、转移安置路径等救灾信息和任务指令，将处理后的信息和生成的决策方案通过地面通信网络或北斗运营服务平台反馈给国家和地方应急指挥中心和灾害现场指挥中心。

4）灾害现场信息获取。基于北斗卫星导航系统以及卫星通信、地理信息系统技术等开发的高集成度、一体化、便携式灾害现场信息采集型手持终端，进行受灾区域范围和位置的确定、灾害分析评估和双向通信，为灾害现场信息采集和上报等业务服务。

5）灾害现场应急指挥联动。满足灾害现场的应急救助、转移安置和指挥调度需求。具备接收灾害现场信息，监控救援车辆和救灾队伍的任务执行情况，向救援车辆发送移动路径规划信息和调度信息，向灾害现场救灾队伍发送灾民转移安置地、转移安置路径等救灾信息和任务指令的能力。

6）救灾物资与救援队伍监控调度。满足救灾物资与救援队伍监控调度需求，实现救灾车辆与救援队伍行进的路径规划、监控和指挥调度。上级灾害管理部门能够远程监控救灾车辆和救援队伍目前所在位置和行进路线，借助北斗卫星短报文等通信手段，实现科学调度救灾物资和救援队伍。

7）灾害应急搜救。满足受灾人员的应急搜救需求。实现对受灾人员进行定位，并将搜救信息及时发送给离灾害现场最近的救援队伍，满足快速响应、连续跟踪和迅速搜救的工作需求。

从上述几个方面可以预期，随着航天技术的不断进步与完善，对强化环境保护和防灾减灾将发挥更大作用。

七、开发空间资源和保护空间环境

航天技术对国民经济发展贡献巨大的另一重要特征，是它的基础性。天基信息系统是信息社会和知识经济不可缺少的空间设施。航天技术是人类开发第四活动领域，认识宇宙、利用空间资源的科学技术。它使人类可以开发利用大气层以上空间的远位置、高真空、超洁净、大温差、强辐射、微重力等环境条件，进行科学技术探索、开发与研究；以及对地球的近邻——月球、太阳系各行星进行探测、开发和利用。前者为与地球表面的环境条件完全不同的特殊环境条件类空间资源，人们可以利用“天”上的特殊环境条件开展一些地面上无法开展的工作，如特种材料加工、生物产品加工、科学技术试验等。后者为地外天体可能存在与地球相同或不同物质的物质类空间资源，人们可以探索、探测或登上该天体进行探测、开发和利用。如月球上有铁、铝、钛、硅、氧等元素，特别是含有远比地球上含量大得多的氦 -3 元素，它可用做核聚变发电原料，且比氢原料更安全；又如有的小行星含贵金属和稀土元素，好像一座价值连城的矿山。

这些空间资源与其他资源不同，它是没有国界的，为全球人类共享。但是，各国人民能享用多少这些资源，则以其国家的航天技术能力大小而定。因此，各国都积极发展航天技术，为自己国家争取更多的空间资源，服务于本国人民。

1. 空间资源开发与利用

自航天技术兴起之后，20 世纪 60 年代，人们就开始进行空间材料和空间生物加工探索、试验、研究。

1）空间材料加工

最早的空间材料加工试验是在载人飞船上进行的。1969 年 10 月 11 日，苏联航天员在联盟6号上用电子束法、等离子法和熔化电极法进行了焊接试验，观察到在微重力条件下产生的新物理现象。随后，美国在阿波罗 14 号飞船上，进行了复合材料浇注等五项微重力试验。这些探索试验得到了许多令人鼓舞的结果，没有地球上的夹杂、气孔等一系列质量问题。接着，许多国家相继开展了空间材料加工试验。

由于环境特殊，空间能够生产出地面无法得到的高质量的新材料和药品。如在苏联礼炮 6 号空间站上生产的一条长 1 千米、直径 1 微米的光导纤维，其重量仅 2 克，能容纳的信息为普通话路的 1000 倍。又如空间可以生产纯度极高、无缺陷的大单晶硅，其成品率可超过 30%，而地面仅为百分之几，而且纯度低。

中国也把空间材料加工试验作为空间应用的一项重要内容，列入了国家航天高技术计划，利用返回式卫星和飞船返回舱开展了一系列空间材料加工试验。如各种材料（砷化镓、碲化铟、铝铅合金等）的单晶生长、热处理、重熔固化、非晶生长与冷却细化等，获得了一系列令人鼓舞的成果。

2）空间生物加工

微生物材料培养与生产。微生物迅速、大量地繁殖，需要均匀地供给培养液和有氧气体。空间微重力环境中，气泡和液体在飘浮状态下混合均匀，其繁殖速度有较大提高。1987 年以来，中国在返回式卫星上进行了多次可控和不可控的微生物空间搭载培养试验，利用空间特有的高能重粒子辐射，引发微生物变异，获得了有利应用的新品种，如黑曲霉和康氏木霉经过搭载试验后，酶活力都有不同程度的提高，用这两种菌混合物发酵的饲料喂养鹿，鹿茸产量可以提高 16% ~ 22%。

育种培养试验。各种植物的干种子或萌发的种子暴露在空间环境（主要是强辐射环境）中，会产生变异。从这些变异中，选出作物的优良新品种，在地面推广应用，以促进农业发展。中国卫星搭载育种试验，取得了明显成果。如感光型晚稻品种包选 2 号，经过空间飞行后，产生了丰富的变异，从中选出各种优良农艺性状的变异植株，在第三代稳定下来。可培育出矮杆、分蘖数增加、籽粒数增多、单株产量高、籽粒遇雨水不易发芽的优良性状的水稻新品种。1987 年，开始对小麦进行育种培养试验，经过空间飞行后，培育到第三代，获得了麦苗生长快、长势好、整个生长期只 4 个月多一点的顶风抗倒伏的小麦优良品种。其他如蕃茄和青椒种子，经过空间飞行后，亩产量分别提高了 20% 和 1 倍以上，其抗病性能也有提高，而且青椒的维生素含量提高了 9.6%。

空间资源的开发与利用已经取得一定的实效，美、俄、欧等国家和地区利用国际空间站的有利条件，可以获得更大的效益。中国正在筹建自己的空间站，届时将会获取可观的效益。

2. 保护空间环境

人类的航天活动，主要是航天器环绕地球各种轨道进行运动，一般是在地球引力范围内的近地空间，其距离地面高度约为 100 ~ 65000 千米。在航天器在轨运行过程中，主要的空间环境影响因素是：太阳电磁辐射、地球大气、地球电离层、地球磁场、空间粒子辐射、流星体，以及随航天活动日益剧增的空间碎片等。

对于近地空间的各种自然影响因素，如太阳电磁辐射、地球大气、地球电离层、地球磁场、空间粒子辐射等，有其自然的活动规律，在我国自然科学的各有关门类科学中开展了长期、系统、深入、广泛的研究，积累了丰富的资料和数据，为航天事业的发展提供了详尽的依据。

然而，对于天然流星体和人造空间碎片对航天活动的威胁与潜在的危害，则是近年来才被人们所认识并引起重视的近地空间环境要素。而这些高速运行的天然流星体和人造空间碎片，一旦碰撞或击穿航天器推进剂箱或压力舱（航天员座舱），将造成推进剂泄漏或航天器内部气体外泄，危及航天员的生命安全。因此，保护空间环境已经是各航天国家所面临的重大任务。

流星体通常可分为流星雨和偶见流星两类，流星雨一般来源于慧星的残留物质的分离体，它们的出现有一定的规律性，通常伴随慧星回归地球而出现。因此，在近地空间存在着流星体的分布，我国古代就有不少流星观测的记载。近代，国内外通过直接或间接观测，也获得了流星体的各种分布模式。加强观测，掌握近地空间环境的流星体出现与分布规律，是保护空间环境的强有力措施。

空间碎片是人类发射到空间去的，除了正常运行的航天器外，仍留在空间的一切人造物体及它们的残骸碎片。由于这些碎片沿着各自不同的轨道高速运行，所以，人们称之为“轨道垃圾”或“空间垃圾”。据美国航空航天局（NASA）1991 年对空间碎片的估计，在 2000 千米近地空间内，共有 300 万千克的空间碎片，其中可用现代雷达或光学监视系统观测和跟踪的废弃卫星、末级火箭及其残骸、抛弃的卫星整流罩等大于 10 厘米的空间碎片已达 7000 ~ 15000 个，小如大头针到棒球大小的碎片达 35000 ~ 150000 个，比大头针更小的碎片，如从卫星、航天器上脱落下来的漆片等，则达 300 万 ~ 4000 万个。它们的平均运行速度约为 10 千米 / 秒 。随着航天活动的不断开展，空间碎片的数量每年都在急剧增长。

绝大多数空间碎片在近地空间 200 千米到 1500 千米范围内的不同轨道上高速运行，其轨道寿命随高度不同而不同。一般说来，轨道高度在 150 千米以下的空间碎片，只要绕地球飞行几圈就陨落大气层烧毁了，轨道高度在 200

千米～400 千米圆轨道的空间碎片要运行数月，而轨道高度在 600 千米以上的空间碎片，则要一年至几十年。随着运行时间的延长，受地球扁率的影响，空间碎片的轨道平面会产生进动，其散布面也不断扩大。近几年来，空间碎片碰撞航天器的事件时有发生，而碰撞的概率也在逐年增长。

因此，为了保护近地空间环境，确保航天活动安全，必须采取相关的强制措施：一是加强空间碎片的监测、预警和采取航天器变轨回避技术；二是加强航天器防护设计，提高防撞能力，减少碰撞损失；三是严格国际规范，各国应尽量减少空间碎片增长，防止末级火箭爆炸解体，避免增加碎片；四是防止在空间进行飞行器碰撞试验，如星球大战等，避免空间碎片剧增。

八、提高人民生活水平，促进社会文明发展

过去，在人们生活还比较贫乏的年代，开门七件事：柴、米、油、盐、酱、醋、茶，一天主要为这些生活必需品忙碌，生活繁杂单调。现如今，航天既是国民经济建设的重要领域，也是人们日常生活的基础。也许你已经享受了而没有意识或没感觉到，其实，航天技术并不遥远，就在我们身边。太空中运行的通信、气象、导航、遥感等一系列卫星，为社会提供了电话、电信、电视广播、数据传输、移动通信、天气预报、导航、电脑、宽带网络、电视教育、救援、远程医疗、商业、银行、环境管理、安全等上百种服务，使人们的生活方式发生了革命性变化，许多航天产品和服务已经与公众日常生活中的衣、食、住、行、用紧密联系在一起。

不出门可知天下事和办需要事。现在通信和网络发达，人们可以在家里通过电话或网络订购生活必需品；通过电视、广播、网络等媒体，不出门便可知晓天下事、接受远程教育、进行网上交流，等等。

出行导航定位。人们出行可用电子地图导航，走到哪儿都不会迷路。卫星导航定位系统卫星不断播放时间和位置数据，接收器可根据接收信号的用时，测量出其与卫星的距离。接收器利用三四个卫星的有关数据，便可计算出自已的准确位置。而导航数据的模式也变得越来越丰富。导航地图数据包

含了行人导航地图数据、语音交互导航地图数据、三维地图数据、室内导航地图数据等新技术，人们未来出行将变得更安全、更方便。

太空蔬菜上餐桌。航天技术可在返回式卫星、飞船、空间站上，利用太空的特殊环境诱导植物性状变异，培育性状优良的新品种，即进行太空育种。自1987年以来，我国将300多种农作物种子进行卫星搭载试验，据不完全统计，已有43个品种在大面积种植推广，北京、上海和黑龙江等地都有太空育种基地。“航椒三号、四号”“太空葫芦瓜”“航茄一、三号”，这些可口的太空蔬菜，营养成分普遍提高了30% ~ 40%，已经摆上了寻常百姓的餐桌，丰富了人们的生活。

催生太空旅游业。太空飞行的奇妙，极大地吸引着地球人，催生了太空旅游业。2001年，美国亿万富翁丹尼斯·蒂托，花20万美元乘俄罗斯联盟号飞船首次到国际空间站一游。随后，美国、南非、伊朗等国的6名旅游者先后到国际空间站旅游，体验太空环境和观赏美丽的地球。

此后，于2004年和2009年相继出现了“临近空间”旅游飞行的太空船一号与太空船二号。太空船二号可乘载6名乘客，据称，英国维珍银河公司想利用该飞船成为全球首家开展亚轨道太空旅游业务的商业公司，其太空旅游票价为20万美元，已有330多人预订该公司的“船”票。

航天技术的迅速发展，极大地改善了人民生活，促进了社会文明发展。

60年来，我国的航天事业已取得了举世瞩目的成就，为我国国民经济建设打下了良好的基础，作出了巨大的贡献。为了实现我国国民经济发展的总目标，航天技术产业需要加速应用阶段的发展，更好地为国民经济现代化建设服务。

第三节　航天技术产业是高经济效益产业

由于航天技术的发展最先应用于军事，因其保密性而具有神秘的色彩，人们往往容易看到其产出的导弹、运载火箭和航天器实体成果在政治、军事与科技成就方面的巨大意义，而航天技术多元的发展在国民经济各个领域的巨大的经济效益，往往不易被看清，或者由于航天技术产业对国民经济各部门影响的滞后性，其对国民经济长期增长带来的巨大间接效应往往容易被忽视。同时，由于航天早期的发展和活动也少在社会公众中公开，航天知识的普及面不大，影响力的发挥受到限制，普通民众对航天技术产业的经济效益了解得更少。

同时，航天技术产业的特性，决定了其投入与产出方式和传统产业的投入与产出方式存在着重大区别。传统产业的投入与产出大多都出自同一产业部门，而航天技术产业的投入，其产出除在本产业部门的直接收益外，更大部分是转化到了其他产业，以及在向其他产业扩散、转移与渗透过程中所产生的间接收益。因航天技术产业是多学科、高技术的综合性产业，又与国民经济各行业有着密切和广泛的联系，产生的这部分二次经济效益是非常巨大的。其实，对于一项航天技术或产品，除注重它的直接的、短期的效应外，还应看到它间接的、潜在的或长期的效应，即航天技术对国民经济的二次效应。

我国著名经济学家许涤新同志在《广义政治经济学》一书中指出："据一般估计，航天部门研制运载火箭的投资，有60%左右的资金要转投给航天工业以外的各有关工业部门；而用于研制人造卫星的资金，有70%左右要转投给航天工业以外的各有关工业部门。"从这两个数据可以看出，航天技术产业的投入对国民经济各个工业部门具有扩散效应，其产生的经济效益对国民经济的增长是显而易见的。

总的来说，中国航天技术不仅为国家的大国地位和国家安全做出了重大贡献，对国民经济发展也产生了巨大的经济效益。航天技术产业的经济效益一般由两大部分组成：一是直接经济效益。航天技术产业的直接经济效益是指航天产品和技术本身的社会应用或进入市场所产生的一次经济效益。例如，发射通信卫星带来电视系统的改善、长途电话业务的扩大所产生的经济效益。二是间接经济效益。这是指航天技术及其投资所促成的非航天产品的发展而产生的二次经济效益。例如，航天技术的发展带动电子元器件生产技术的发展，并将这种技术转移、扩散到民用产品上去而产生的经济效益。实际上，航天技术产业的间接经济效益是由于航天产业投资的转移、扩散和航天技术的转移、扩散所产生的二次经济效益。

一、航天技术产业直接经济效益

航天技术产业的直接经济效益通常由以下两部分构成。

（一）航天产品和技术的国内外销售所产生的效益

航天产品和技术的国内外销售所产生的效益包括向国内外用户出售各种航天产品。例如，出售卫星、运载舱位，提供发射卫星或航天器服务等，也包括向国内外用户转让专利等方式出售航天技术。

在国外，美国航空航天局确定，航天飞机一次飞行收费为2.4亿美元；法国阿里安空间公司至 1998 年 8 月接到 26 颗卫星的发射订单，总金额达 8.75 亿美元。

在我国，为国内外用户发射卫星和提供搭载服务，取得了一定的收益。20 世纪 70 ~ 90 年代，我国每年仅发射数颗卫星，到 21 世纪初，年发射卫星数量已达 10 颗以上。随着航天技术的发展，特别是载人航天、探月工程与深空探测技术的发展，年发射数量将会更多。

20 世纪 90 年代初，长征系列运载火箭已进入了国际发射服务市场，目前已为 20 个国家、地区和国际卫星组织发射了 40 余颗各种卫星，实现了整星出口和在轨交付。利用我国航天产品质量、可靠性及发射成本等方面的优势，在这一领域的前景会越来越显著。

（二）航天产品的社会应用所产生的效益

在国外，随着航天技术的日趋成熟，直接经济效益已越来越明显。美国科学家估算，每发射 1 吨重的通信卫星，就可节约铺设电缆用铜达 50000 吨；美国国内通信卫星工业 1978 年的收入为 2.5 亿美元，1983 年的收入约为 10 亿美元；美国与加拿大共同投资的国际通信卫星 1 号共 3.4 亿美元，而它每年产生的收入仅电话通话费一项就有 8.05 亿美元。根据已有卫星的直接经济效益统计，一般在 0.5 ~ 2 年内就可以完全收回投资。20 世纪 90 年代，据科学家们估计，全世界 30 年来的航天经费总计为 3000 ~ 4000 亿美元，仅通信卫星的经济效益就可以使这部分投资得到补偿。可见，通信卫星的出现，使通信和电视广播技术产生了巨大的变革，也产生了巨大的经济效益。

气象卫星所产生的直接经济效益也十分明显。气象卫星的使用，使得对灾害性天气能够实现全球连续观测和预报，避免了许多灾害性天气造成的损失。据报道，自 20 世纪 60 年代中期以来，美国在气象卫星方面的耗资每年稳定在 2 亿美元左右，但通过天气预报的改进，每年可减少损失 20 亿美元。据苏联塔斯社报道，苏联利用“流星”气象卫星系统，每年可节约 6 ~ 7 亿卢布。准确的天气预报使印度每年受益 10 ~ 15 亿美元。

对遥感卫星投资和收益的经济分析表明，陆地卫星已在 79 个领域得到应用，产生了巨大的经济效益。在第一颗陆地卫星发射前，美国 8 个单位对遥感卫星投资和效益进行了经济分析，结论是：每发射一颗地球资源卫星，连地面设备在内，平均每年费用约为 2 ～ 5 千万美元，每年可获得 14 亿美元的经济效益。用卫星照片编制一幅全美 1：100 万的镶嵌图，费用为 9.5 万美元，不到航空照片费用（500 万美元）的 2%。

在科学实验卫星和空间站上建立的空间加工厂，能生产出地面上无法得到的高质量的新材料和新药品。美国利用航天飞机制造的几十种药品，积累到 20 世纪 90 年代后期，获取了上百亿美元的利润。

在我国，航天技术产品应用的直接经济效益同样十分显著，以通信、气象、遥感、资源、海洋和导航卫星最为突出。

我国利用通信卫星开通了北京至乌鲁木齐、拉萨、昆明三个方向的数字电话电路；中央人民广播电台、中央电视台通过卫星，对新疆、西藏、云南等边远地区传送广播电视节目，改变了我国边远地区电话、通信、广播、电视传输的落后状况。如果按照传统方法，铺设电缆和靠地面微波塔转播，每隔 50 千米就要建一个转播塔，到达这些地区，不用说耗费的人力、物力相当巨大，单就高寒地区的客观条件来说，实现这一目标就相当困难。应用卫星转播，一举跨越了传统发展阶段，产生了巨大的经济效益。

我国利用卫星电视教育，培训全国 100 多万中小学教师，比集中培训节省开支近 10 亿元。

原先，银行系统因信息不通、情况不明、调度困难等原因，致使每天有 500 多亿元的资金滞留在基层单位或旅途中，如果这些资金能充分利用，那么，一年产生的利息就有几十亿元。而建立一个卫星通信专用网络、实行计算机联网调度，只需 2 ～ 5 亿元，经济效益很高。

我国将遥感卫星用于铁路选线方面，可以节约线路里程，每节约 1 千米线路，可节省资金 100 ～ 500 万元。有的线路由于避开滑坡和断层，一年可节省上亿元的费用。宝成铁路北段自 1956 年建成以来，到 20 世纪 90 年代中期，曾发生崩塌、滑坡、泥石流等灾害 165 次，中断行车累计 4608 小时，仅修复费一项就达 7.24 亿元。由于用传统方法未能查清原因，很难根治。后来，有关部门利用卫星照片，发现该区段工程的灾害原因，是该段铁路座落在多条断裂带组成的碎裂块体上，并据此采取了相应的技术措施，有效地防止了工程灾害的发生。铁道部在跨越六盘山高地震裂变地带的铁路线勘测中，通过卫星照片找到了构造复合部位，提出绕开危险地带的铁路工程改线方案，避免了不必要的损失，经济效益十分明显。

我国利用气象卫星资料，在准确预报而避免灾害性天气的损失方面很有成效。1988 年，长江暴发洪水，中央为荆江是否分洪一时难以下决心，气象部门根据气象卫星资料，及时提供了准确的天气预报，致使中央作出荆江不分洪的决策，节约了搬迁费 1 亿多元，避免了 40 万人搬迁和 60 万亩良田被淹。1986 年，在广东汕头附近登陆的 8607 号台风，由于气象部门根据卫星气象云图提前 72 小时作了准确预报，使 3000 多艘船只及时返港，危房住户及时撤离，3000 多万亩水稻提前抢收，35 座大中型水库在降雨量达到上千毫米的情况下安全度险，减少损失 10 多亿元。

我国森林面积 15894 万公顷，平均每年发生森林火灾数千起，火场面积数十万公顷，死亡上百人，经济损失 10 亿元以上。自 1988 年风云系列气象卫星开展火情监测以来，国家卫星气象中心每年向森林、草原防火部门、环保部门提供数以万计的火点信息，对历次重大火情全程监测，大大减少了由于未能及时发现火情而造成的森林资源损失和火灾扑救过程中的人力物力损失，收益巨大。

现在，我国气象部门利用气象卫星资料，已能成功监测太平洋上所有的台风。据不完全统计，平均每年登陆我国的台风为 7 次，通过气象卫星有效监测，每次台风以减少损失 1.5 亿元计，仅此一项，气象卫星每年的经济效益可达 10 亿多元。从 1988 年起，卫星气象中心按国家防汛指挥部的部署，统一对长江、黄河、淮河、辽河、珠江、松花江等七大江河进行洪涝灾害监测，取得了良好的社会效益和经济效益。

从统计结果看，自进入 21 世纪，全国因台风、洪涝灾害死亡、失踪人数平均每年比 20 世纪 90 年代减少 70% 左右，直接经济损失平均每年减少 40% 左右。从 2007 年开始，风云二号气象卫星以“双星观测，在轨备份”的业务格局，进一步提高了对台风的实时监测能力。国家防总在 2008 年的总结报告中指出：“今年在登陆台风比常年偏多 3 次的情况下，死亡人数比常年减少了 8 成，受灾人口减少了 1 成，倒塌房屋减少了 5 成，防灾减灾工作取得了全面胜利。”

新中国建立以来，经过广大地质工作者的长期艰苦努力，到 1982 年才完成比例尺为二十万分之一的全国地质图的 64%。而利用我国的国土普查卫星照片，可以在较短时间内制成比例尺为二十万分之一、十万分之一、五万分之一的地质图。1980 年，国家测绘局、林业部、农业部等部门组织 100 多名专业人员，利用卫星遥感图片，结合航空遥感资料，对全国的陆地和海域进行分析，仅用两年时间，制出耕地、林、草、水、居民等 10 类，1：200 万和 1：25 万的土地利用图。若用常规方法，此项工程需要 10 万人、耗资上亿元才能完成，而且工程周期要远远长于两年。

航天信息增值税防伪税控系统，作为国家“金税工程”的主要组成部分之一，集计算机、微电子、光电技术和数据加密等技术于一体，选用了理论上不可破译的一机一密、一次一密的密码体制，具有非常强的保密性和安全性，被誉为是中国新税制的“生命线”，一直是护航国家税收的有效利器，与传统税控系统相比，每年为国家税收增收千亿元以上。同时，还陆续推出了税控收款机、网络开票机、加解密服务器、开票服务器、网上认证、电子申报、自助机等一系列税控相关产品，为国家创造了良好的经济效益。

从 2000 年起，我国自主研发的北斗卫星导航系统开始产生经济效益。在 2008 年 5 月 12 日四川汶川 8 级特大地震和 2013 年 4 月 20 日四川芦山 7 级大地震中，在灾区通信遭到严重破坏的情况下，北斗卫星导航系统为救灾决策提供了强有力的支持，赢得了极其宝贵的时间，经济价值无法估量。

2012 年 10 月 25 日，我国北斗区域卫星导航系统建成，12 月 27 日，开始向亚太地区提供连续无源定位、导航和授时服务。2013 年 5 月 22 日，北斗卫星导航系统国外用户已包括印度尼西亚、泰国、巴基斯坦等国家。2016年，中国卫星导航产业将创造2000多亿元的产值。2020年前后，我国北斗卫星导航定位系统将覆盖全球，将成为全球四大卫星导航系统之一。国外有巨大的潜在市场，其创造的效益难以估量。

显而易见，随着航天技术的充分应用，航天产品和服务的直接经济效益将越来越显著。

二、航天技术产业间接经济效益

航天技术产业的间接经济效益一般包含以下几个方面：

1）航天技术向其他领域扩散所产生的经济效益；

2）对航天技术产业的投资转移、扩散到非航天产业，使得这些领域实现技术进步所产生的经济效益；

3）航天系统工程不断提出对相关高技术领域的要求，因而带动这些领域的技术进步所产生的经济效益；

4）航天技术产业发展引起其他产业兴起和市场扩充所产生的经济效益；

5）航天技术产业发展所产生的重大社会效益，以及通过带动基础科学研究，改变人们的观念，提升人类认识与改造世界的手段，由此而转化的经济效益；

6）以航天技术产业人才和设备优势，开发民用产品，参与社会主义市场经济，促进传统行业发展所产生的经济效益。

实际上，航天技术对国民经济建设的扩散效应可归纳为以下三个方面：一是促进相关产业的改造、升级与发展；二是孕育新技术，产生新技术产业；三是对国民经济的二次效应。

早在美国航空航天局刚刚成立时就认为，取得航天科研成果的最佳办法，就是把研究成果应用到非航天部门去。因此，在总部建立了民用办公室，规定使用国家提供经费所开发的新技术成果必须上报，并组织航天科研成果向其他行业转移。在过去的30多年中，美国航空航天局已使2～3万项航天技术得到二次应用。现在，航天技术的转让已经对美国的经济和工业增长发挥了重要作用。在医疗、社会治安、能源、运输、制造技术和娱乐业，都产生了极大的经济效益，对美国的贡献不亚于航天产业本身。

美国对一个气象卫星系统的评价结果为：年平均投入 2 亿美元，年直接收益 6 亿美元，年间接收益达 30 亿美元。美国将航天器上温控热管技术用于远距离管道输送，避免了因管道破裂而造成的石油严重渗漏，减少损失几亿美元。

在我国，航天技术与产品不仅应用于航天产业本身，有许多技术与产品也移植、扩散、渗透到国民经济各相关领域，促进其技术进步与产业发展。同时，航天产业部门有着巨大的技术优势，在研制、生产航天产品的同时，也大力开发非航天产品。多年来，开发了 500 余项近千种产品，建成近百条民用生产线，形成了卫星应用、电子信息产品、先进材料、特种装备、节能环保设备等支柱产品，有 105 项获省、部优质产品称号，43 项产品被国家列为替代进口产品。所开发的民用产品及技术推广到国民经济各相关领域，提高了产品质量和劳动生产率，对传统工业的技术改造、引进设备的国产化，发挥了积极的作用。20 世纪 90 年代初开始的载人航天工程，也有 400 多项成果在其他领域推广应用。

就上海来说，多年来利用航天技术的优势，不断把自己的先进产品、先进技术扩散、渗透到其他产业，对这些产业的技术进步、生产发展产生了良好的二次效应。如上海仪表厂利用火箭、导弹的液压伺服技术，开发出我国首套大型发电设备的液压伺服控制系统，替代了进口产品，仅 1994 年就为国家节省外汇 1250 万美元。

风云一号卫星姿态敏感器的移植应用，使研究多年未能取得进展的热轧钢材在线检测技术一举获得成功，形成了我国首套热轧钢材在线光电测径系统。该系统大大减轻了检测人员的劳动强度，提高了劳动生产率和产品合格率。通过在上海新沪钢铁厂一车间应用，每年可节省约 600 吨钢，相当于增利 48 万元。如果在全国推广应用，每年可节约 30 多万吨钢，相当于增利 1.6 亿元，经济效益十分显著。长征三号和长征四号火箭上的高能银锌电池，经移植开发为民用新闻电池组后，由于体积小、寿命长、可靠性高，产品遍及全国各地，占据了新闻电池市场的80%左右。

通过应用发动机和箭体制造有关技术，解决了联邦德国托尔公司上海桑塔纳轿车喷漆流水线的大部分设备制造问题，以及中英合资北京吉普汽车有限公司喷漆流水线配套工程问题，使之达到了国际先进水平，引起了汽车工业界的广泛重视。国家已组建汽车涂装工程集团，为引进设备国产化和汽车工业现代化起到了积极的促进作用。

工艺水平是衡量一个国家基础工业和尖端科学技术水平的重要标志。上海航天基地利用航天惯性器件精密加工技术的专长，为许多工厂、研究所、学校提供精密化机床及精密加工刀具和技术，解决了高精度、高光洁度要求的有色金属零件加工问题。例如，上海医用核子仪器厂的医用电子加速器，因解决不了其中几个零件的镜面加工问题，只能进口整台仪器，每台几万美元。自应用上海航天局先进的机床和刀具后，解决了镜面加工问题，实现了完全国产化，节约了大量外汇。大连电子研究所应用上海航天局的先进刀具后，加工出符合要求的录像机磁鼓，填补了国内空白，促进了录像机国产化。

我国煤炭储量居世界第三位，近年来，煤炭开采量已突破30亿吨。随着煤炭生产量的不断增加，安全形势愈加严峻，瓦斯爆炸时有发生，遭受了巨大的人员与财产损失。而由航天技术转化而来的“瓦斯抑燃抑爆装置”，则成为煤炭安全生产中的航天明星。它是依托航天伺服机构的低温燃气发生器技术，当瓦斯泄漏产生微小火花时，该装置的紫外火焰传感器可以及时探测到火源或爆炸火焰信号，通过控制器引发燃气发生器，并迅速产生高压气体，喷射出灭火剂，扑灭火源或爆炸火焰。单台装置喷洒雾障截面积达到10～15平方米，喷洒效率达到95%以上，可成功抑制瓦斯燃烧和火势蔓延，为解决长期困扰我国煤矿的瓦斯爆炸难题，避免或减少由此引发的矿难事故，保障矿工的生命安全，提供了一条科学有效的路径，产生了巨大的经济效应。

2008年北京奥运会火炬传递和主火炬点火的核心技术，就是由火箭发动机燃烧技术转化而来的。

当前，我国正在大力发展新兴的太阳能光伏、光热、发电产业，其关键技术源自卫星、飞船的太阳能电池技术。其中光伏产业正在向欧洲等国际市场拓展，势头正旺；内销型的光热产业，经过近10年的高速扩张，年产值已达千亿元；太阳能发电站于2012年8月试验成功，运行平稳，使我国成为继美国、西班牙、以色列之后，世界上第四个掌握大型集成太阳能发电站技术的国家。该试验电站与传统火力发电站比，每年可节约标准煤663吨，减少排放二氧化碳2336吨、二氧化硫17.5吨。

航天二院207所利用航天光电产品领域的主要技术研制的航天“鹰眼”——智能视频监控系统，顺利进入国内外安防领域。2009年为公安部研制的智能视频监控系统，能够清晰地监测到所需观察的目标，能对其一举一动了如指掌。随后，为全国10多个省、自治区完成了上百个监测站。最近，又为国家海洋局开发了舰载光电监测跟踪系统，用于海监部门在我国领海维权执法。

舰载光电监测跟踪系统

三、航天技术投入与产出比高

由于航天技术产业与一般产业不同，测算其经济效益时，不能沿用传统技术产业经济学的概念和方法。根据国内外多年的研究、计算、分析与评估，美国航空航天局在1959 ~ 1969年投入的290亿美元，到1987年产生的总效益为2070亿美元，效益 / 投资比为7：1。

美国蔡斯经济计量学会和美国中西部研究所，用宏观经济模型分析了美国航空航天局的研究与发展投入对美国国民生产总值增长的影响。研究结果表明，在1975年给航天投资增加1亿美元，在随后的10年（1975 ~ 1984年）中，通过提高社会劳动生产率，使国民生产总值增加14亿美元，即每投入1美元研究发展经费，会使美国国民生产总值增加14美元，宏观投入产出比为1：14。

欧盟委员会在2002年发表的《21世纪战略航空航天审议报告》，对航天产业给予了高度评价。认为航空航天工业在确保欧洲安全与经济繁荣方面具有关键的战略作用，并将航空航天工业比喻为“财富的发动机、创新的驱动器”“新材料、新工艺、新技术的家园”和“保持全球竞争力的支柱”。

20世纪90年代，我国航天系统也组织了航天对国民经济贡献的调查、研究、分析与评估。有关研究部门用我国的实际统计数据，分析了我国航天技术投资对国民经济的影响，结果为：投入产出比为1：29，比美国的投入产出比高一倍。另外，中国载人航天工程从1992年启动，至2012年，共投资390亿元人民币，经相关部门测算，投入产出比为1：10 ~ 1：12。由此可以看出，航天技术产业属于高经济效益产业，应继续加大对航天技术产业的投入。

综上所述，航天技术产业对国民经济各领域的扩散效应是显著的，也是其他技术产业不可比拟的。60年来，航天技术产业的发展，使我国跻身于世界航天大国行列。目前，航天技术产业即将跨入加速发展期。在这段时期，效益与风险并存，这既是一种机遇，也是一种挑战。我国航天事业经过 60 年的发展，已经具备了迎接这种挑战的条件。我国长征系列运载火箭已进入国际卫星发射市场，并取得了一定的信誉。长征系列运载火箭具有高质量、高可靠性及低成本等方面的优势，其国际发射市场前景乐观，辅以适当的政策规划和配套措施，航天技术产业对国民经济的促进作用会越来越显著。

第四节　发展中国家发展航天技术产业的经济意义

联合国空间委员会曾经宣告：“利用空间技术是发展中国家接近先进国家技术水平，发展经济的一条捷径。因为它可以超越先进国家经历过的传统技术发展阶段。”发展中国家工业基础相对薄弱，科技水平比较落后，通过发展航天技术，可以促进和加速科技与工业的发展。

我国是一个发展中国家，从20世纪50年代后期开始发展航天技术产业，60年来，航天技术产业的发展，使我国国力有了显著增强，也使我国跻身于世界大国行列。

综合来看，发展中国家发展航天技术具有以下几方面意义：

1）可以帮助其他产业超越某些传统的发展阶段，直接进入现代化发展阶段。例如卫星通信、卫星遥感、电视广播、气象预报等，成倍地获取人们用传统方法无法获得的社会经济效益。

2）可以直接借鉴国外先进技术，少走弯路，做到投资少，发展快，效益高，使工业基础和科技水平得到迅速提高。

3）发展中国家科技水平较低，发展航天技术产业，对新技术需求大，可以刺激或促进传统产业的发展。新技术一旦推广应用，其经济效益十分显著，即科技进步通过巨大的有效需求，转换成总供给的大幅增长，使国民经济快速发展，综合国力迅速增强。

第四章
中国航天与国家安全战略

军事技术现代化是国家安全的保证，也是国家实力的重要标志之一。回顾世界航天的历史，不难发现，现代航天高技术的发展和应用首先是由于军事的需要。尤其是作为航天技术的一个重要组成部分——运载火箭技术的诞生即是在导弹技术基础上发展起来的。各种应用卫星的发展，最先也是起始于冷战时期军备竞赛的需要。因此，无论过去、现在和将来，军事航天仍然是航天技术的一个非常重要的应用领域，也是航天技术发展的一个重要方面。

航天技术在军事上运用，当今主要集中在四个领域。

1）在核威慑力量中承担运载功能，利用导弹的远距离、高速度飞行能力，可以在三四十分钟内将核弹头送往全世界任何一个角落。美国的三位一体核威慑力量中，有两种依靠航天技术，即战略导弹和潜射导弹。目前战略导弹落点精度可达几十米。

2）使用多种侦察卫星对敌方进行侦察，使其任何重大的军事行动都处于严密监视中。侦察卫星大体可分为可见光侦察卫星、合成孔径成像侦察卫星、多光谱侦察卫星、红外预警侦察卫星、电子侦察卫星和气象观察卫星等。

3）军事通信卫星是航天技术在军事上运用的一个主要领域，因为卫星通信具有不受地形地物影响、很少受到地面气象和战火干扰、通信距离远、通信方式可靠等特点。所以，发达国家的全球军事通信手段基本建立在卫星通信的基础上。军事通信又分为战略通信和战术通信，前者需要大容量通信，后者则需具有小型化、可单兵携带和操作简单等特点。

4）军事导航定位卫星是航天技术在军事上运用的另一个重要领域。以卫星为空间基准点，向用户终端播发无线电信号，从而确定用户的位置、速度和时间等导航参数，这对于军事装备甚至单兵在军事活动中具有重要的引导作用。

除此以外，在空间建立载人观测站、不载人的导弹发射侦察系统、激光反导武器和其他反导武器基地，以及建立天基武器库等，也将是航天军事应用的前景。

第一节　战略导弹

导弹是载有战斗部、依靠自身的动力装置推进、由控制系统控制其飞行轨迹并导向目标的武器。

导弹的分类方法较多。目前，常见的是按照导弹发射时所在区域（海、陆、空）以及被攻击目标所在区域（海、陆、空）分类，这里的海是指舰艇或简称为“舰”，陆上则称为“地”，故有地地导弹、地舰导弹、地空导弹、舰地导弹、舰舰导弹、舰空导弹、空地导弹、空舰导弹、空空导弹等九种。

地地导弹是从陆地上（含地下井）发射，攻击敌方地上或地下目标的导弹。

地地导弹按射程远近分类，可分为近程导弹（射程在 1000 千米以下）、中程导弹（1000 ~ 3000 千米）、远程导弹（3000 ~ 8000 千米）、洲际导弹（8000 千米以上）。

需要说明的是，按导弹射程远近的分类方法较多，各国的分类法也不尽相同。

地地导弹按作战任务分为战略导弹和战术导弹。战略导弹是指载有核弹头，主要用于打击各种战略目标的导弹。战术导弹是指载有常规弹头或核弹头，用于打击各种战役、战术纵深目标和

近程导弹　中近程导弹　中程导弹　中远程导弹　洲际导弹

中国的地地导弹

部分战略目标。

一、国外概况

军用航天技术最早用于远射程战略导弹，美国和苏联的运载火箭都是早期战略导弹的后续型号。我国的长征系列火箭也是以战略导弹为基础发展起来的。20 世纪 50 年代，由于电子计算机和微电子技术突飞猛进，以及推进技术和风洞等现代化技术的发展，远射程导弹有了长足进步。苏联于 1957 年 8 月 26 日第一次宣布发射了洲际弹道导弹（其射程在 5000 千米左右）。而美国则于 1958 年 8 月 29 日由宇宙神火箭第一次成功地飞行了约 5000 千米，实现了洲际导弹的发射。美国的 MX 导弹射程为 11118 千米，可以同时发射 10 个分导的弹头，其弹头的制导精度为几十米。美国的三叉戟潜射导弹射程为

8338 千米，每个导弹可载 8 个分导的弹头。战略导弹核武器是核大国进行核打击的主要力量。

二、中国的战略导弹

（一）中国的第一代液体战略导弹

在仿制苏联导弹和自行设计近程导弹的基础上，1965 年年初，七机部集中集体智慧，提出了 1965 年～ 1972 年《地地导弹发展规划》（简称“八年四弹”规划）。1965 年 3 月 20 日，中央专委第 11 次会议批准了这个规划，同时对洲际导弹东风五号的射程、弹头重量、飞行试验与定型时间都做了决定。

这四种导弹的名称、主要技术参数及研制情况如下：

1. 东风二号甲中近程导弹

东风二号甲导弹是单级液体地地中近程导弹，全长 20.9 米，最大直径 1.652 米，起飞质量为 29.8 吨，推进剂为酒精 / 液氧，尾部有 4 个三角形尾翼。它是东风二号导弹的改进型，主要有两项改进：其一，发动机推力由 40.5 吨提高到 45.5 吨，射程由 1000 千米提高到 1200 千米；其二，将无线电横偏校正系统取消，改为全惯性制导。规划要求，抓紧时间研制，为即将进行的“两弹结合”试验（即载有真实核弹头的导弹进行发射、准确击中目标并引爆核弹的飞行试验）做好准备。

1966 年 10 月 27 日，在酒泉导弹试验基地，我国第一枚装有核弹头的东风二号甲地地导弹拔地而起，直插云霄，并按预定程序正常飞行。9 分 14 秒后，核弹头在预定距离（距发射场 894 千米）的罗布泊弹着区靶心上空 569 米高度爆炸，“两弹结合”试验获得圆满成功！

2. 东风三号中程导弹

东风三号导弹是单级液体地地中程导弹，全长 20.65 米，最大直径 2.25 米，起飞质量 65 吨，推进剂为可贮存的偏二甲肼 / 红烟硝酸，4 台发动机并联，地面推力 104 吨，控制系统采用位置捷联制导方案，射程 3000 千米。

1966 年 12 月 26 日和 1967 年 1 月 12 日，东风三号 01 批次第一、第二枚遥测弹的飞行试验依次进行。试验表明，导弹各系统工作协调，设计方案是成功的。但两枚弹都出现同一故障现象，即并联发动机中的Ⅱ分机分别飞行到 111.2 秒和 129.2 秒时，推力突然大幅下降，致使弹头落点偏差较大。

经过事后故障分析，确认发动机推力下降是由于燃烧室内壁破裂造成的。随后，查出了燃烧室内壁破裂的原因，并采取了多项改进措施，使得以后东风三号导弹发动机再没有出现过推力下降的故障。

1967 年 5 月，经过修改后的东风三号 01 批次第三枚导弹和第四枚导弹运往酒泉基地。5 月 26 日，东风三号 01 批次第三枚导弹点火后冉冉升起，沿预定弹道向目标点方向飞去，接着弹头落区传来好消息，弹头落点的精度是东风三号 01 批次中最好的，测量弹头参数的硬回收装置也成功回收，获得了全部所需参数，飞行试验取得了完全成功。6 月 10 日，东风三号 01 批次第四枚弹也发射成功。

东风三号是我国独立自主研制的中程导弹，其战术指标比东风二号有了质的飞跃，它的研制成功对我国液体地地导弹的技术发展具有重要意义，对

东风三号导弹准备发射

保证我国的国家安全具有重大作用。

3. 东风四号中远程导弹

东风四号导弹是两级液体地地中远程导弹。第一级以东风三号中程导弹为基础稍加修改而成；第二级为新设计的上面级火箭。东风四号导弹全长 29 米，最大直径 2.25 米，起飞质量 82 吨。两级推进剂均采用偏二甲肼 / 红烟硝酸。第一级发动机地面推力为 112 吨，第二级发动机真空推力为 32 吨，射程为 4500 ~ 5000 千米。控制系统采用捷联补偿方案。规划要求，东风四号导弹 1969 年开始飞行试验，1971 年定型。

东风四号最大的特点是采用了两级方案（东风二号甲和东风三号都是单级方案）。主要的关键技术有：发动机高空点火和高空性能试验技术、级间连接和分离技术、大长细比火箭的姿态控制技术和导弹发射方式。

1970 年 1 月 30 日，东风四号中远程导弹发射取得圆满成功，使我国拥有了射程达 4500 ~ 5000 千米的中远程导弹，进一步提升了国家安全保障。

在东风四号两级导弹的基础上，增加了二级滑行段的姿态控制系统，并增加了第三级固体火箭发动机，组成一枚三级火箭，即长征一号运载火箭。1970 年 4 月 24 日，长征一号运载火箭成功发射了我国第一颗人造地球卫星——东方红一号。长征一号作为我国发射第一颗人造地球卫星的运载工具而被光

东风四号导弹在厂房中测试

东风四号中远程导弹竖立在发射架上

荣地载入史册。

4. 东风五号洲际导弹

东风五号是两级导弹，导弹全长 31 米，最大直径 3.35 米，起飞质量 192 吨，两级推进剂均采用偏二甲肼 / 四氧化二氮。第一级尾段安装有 4 台可摇摆的发动机，用来控制导弹飞行时的姿态，单台发动机地面推力为 71 吨，地面总推力为 71 × 4 吨。第二级主发动机真空推力为 73.4 吨；4 台游动发动机真空总推力为 4.7 吨，均布在主机的四周，可沿弹体作切向摆动，用来控制第二级发动机工作时导弹的姿态，射程在 8000 千米以上。控制系统采用气浮平台—计算机方案。规划要求，东风五号 1971 年开始飞行试验，1973 年定型。

东风五号首当其冲的难关就是导弹弹头再入大气层期间的弹头防热问题。经过研制队伍刻苦攻关，基本突破关键技术，为模拟弹头真实再入条件的低弹道飞行试验创造了条件。

1971 年 9 月 10 日，东风五号导弹低弹道飞行试验达到了预期要求。1979 年 1 月 7 日，东风五号导弹第一次高弹道飞行试验取得成功。

要想最终检验洲际导弹的可靠性及技术指标，就必须进行全程飞行试验，为此，必须研制洲际导弹远洋测量船。经反复论证，决定将洲际导弹远洋测量船和人造卫星跟踪观测船合并为综合性远洋测量船，担负洲际导弹落区海上再入段的测量和卫星的跟踪、测量、控制任务。1980 年 2 月，我国远洋测量船工程完成了全部研制任务。

1980 年 5 月 18 日，东风五号导弹进行了全程飞行试验。10 时整，随着酒泉导弹试验基地指挥员一声点火令下，刹时一阵轰鸣，四条火龙把东风五号导弹迅速托起，直插云霄。导弹飞越银川、太原、石家庄、济南等城市上空，跨越碧波万顷的西太平洋，直奔落区。在距海面还有几千米高度时，记录有重要飞行参数的数据舱从导弹头部自动弹出，乘降落伞徐徐飘落在洋面，荧光染色剂把湛蓝的海水染得翠绿。直升机飞到落点上空，悬停在距洋面 30 米的空中，钢索吊着海军潜水员徐徐下降，将吊钩钩在数据舱上，然后直升机将数据舱吊到船上。弹头落点精度十分理想。

这次导弹发射和数据舱回收成功，标志着我国拥有了第一代洲际导弹，也标志着中国战略导弹达到了新的水平。它打破了超级大国对洲际战略核武

潜水员回收东风五号导弹数据舱

直升机吊起数据舱

器的长期垄断，曾长期处于落后挨打境地的中国人民，从此拥有了可以指向地球任何一个角落的“倚天长剑”，在一个历史时期，有效地保障了我国的国家安全。

我国第一代液体洲际导弹的研制成功，也直接促进了长征二号运载火箭的研制，为长征系列火箭的发展奠定了基础。长征二号的前身是我国第一代液体洲际导弹，两者有基本相同的设计方案，技术设计略有不同。我国在设计第一代液体洲际导弹的同时，就考虑了将它改为长征二号运载火箭的需求。1975 年，长征二号运载火箭将我国第一颗返回式遥感卫星送入太空。在长征二号（CZ-2）运载火箭的基础上，我国又先后研制出长征二号丙（CZ-2C）、长征二号丁（CZ-2D）、长征二号捆绑式火箭（CZ-2E）、长征二号载人运载火箭（CZ-2F）等型号，为我国卫星工程和载人航天工程的发展作出了巨大的贡献。

（二）中国第一代固体战略导弹

东风五号导弹全程飞行试验的成功，标志着我国已拥有液体地地洲际战略导弹，从而打破了超级大国核导弹的垄断。但是，液体地地战略导弹系统复杂，发射准备时间较长，且机动隐蔽性较差。于是，开发第二代战略导弹——固体战略导弹的任务提到了议事日程。

以潜艇为发射平台，从水下发射核导弹，是当今世界“三位一体”战略核打击系统的重要组成部分。潜艇发射导弹的优点是：机动范围广、隐蔽性好、攻击威力大、生存能力强。因此，它是我国战略防御阶段有效的二次反击力量。

我国第一种固体战略导弹是巨浪一号潜地导弹。它是从在水下的核潜艇

导弹潜艇

巨浪一号潜地导弹

上发射的两级中程固体导弹。

1982 年 10 月 12 日，我国一艘试验潜艇从碧波万顷的渤海湾整装出发，驶向预定海域。下午，随着“发射试验开始”的命令，9 艘快艇迅即劈波斩浪占据预定位置。伴随着潜艇的震颤，一枚潜地导弹似一条矫健的鲸鱼破水而出，在水面上溅起一片橘红色的火焰，导弹直飞而起。几分钟后，北京指挥中心得到报告：“目标在预定海域落水！”

潜地固体战略导弹试验成功，标志着中国已经拥有水下机动发射的固体潜地战略导弹武器系统。我国新一代固体导弹已装备部队，对保证我国国家安全起了重要作用。

20 世纪 80 年代中期，我国开始了第二代固体远程地地导弹武器系统的研制工作。考虑到第二代固体地地导弹的后续发展，设计上采用了多项先进技术，不但要满足一定时期的战略防御需求，更要适应未来地地导弹技术发展的变化。

从设计指导思想上看，这是一次更新换代的研制，瞄准的是今后数十年的发展方向，因此采用了大量的新技术、新材料、新工艺和新器件，许多都是国内首次应用，高起点的要求也使得研制难度加大。广大科技工作者不畏艰难，刻苦攻关，攻克了以十三大关键技术为代表的数百个新技术难题，使

我国潜艇水下发射固体导弹在飞行中

我国第二代战略导弹技术水平有了质的飞跃。

20 世纪 90 年代开始，国际形势的变化对我国导弹技术的发展提出了新的挑战，同时也带来了发展机遇。随着一发发导弹腾空而起，准确地命中几千千米之外的目标，新型远程地地导弹的基本型研制工作取得了圆满成功。这表明我国的战略导弹武器水平又上了一个新的台阶，我国的战略核威慑能力又有了新的提高。

1999 年 10 月 1 日，在天安门广场举行的国庆阅兵式上，首次展出了我国研制的新型远程地地导弹，吸引了国内外众多关注的目光。

在国庆 50 周年阅兵式上，新型远程地地导弹方队通过天安门广场

第二节　军用卫星

人造地球卫星按任务性质分类可分为科学卫星、技术试验卫星和应用卫星三大类。而应用卫星是指直接为军事、经济、社会和商业目的服务的卫星。专为军事目的服务的称军用卫星，专为经济、社会和商业服务的称民用卫星，兼有军事和民用目的的卫星称为军民两用卫星。

军用卫星（或军民两用卫星中的军事部分）按用途分可分为照相侦察卫星、导弹预警卫星、核爆炸探测卫星、电子侦察卫星、军事气象卫星、导航卫星、军事通信卫星等。

据统计，世界上军事卫星的发射数量在1984年以前为1887颗，占卫星总数的75%；到1993年以前，为卫星发射总数的70%以上，可见军事卫星在卫星家族中占有最大的比重。

一、照相侦察卫星

照相卫星是主要利用可见光、红外、多光谱和其他手段进行侦察的卫星，至今为止是发射最多的卫星之一。照相侦察卫星从信息获取方式上可分为返回式卫星和无线电传输式卫星，从侦察目的分类可分为普查卫星、详查卫星和测地卫星。

返回式卫星成功着陆

早期的照相侦察基本上都是采用通过返回式卫星回收胶片的方式，胶片的分辨率和清晰度都能达到很高的水平，美国采用海上和空中用飞机回收返回舱，而苏联和我国采用陆上回收返回舱。

返回式卫星虽具有胶片清晰度和分辨率高的特点，但其不足有三点：一是胶片回收和处理时间长，如果卫星在轨工作 10 天，回收后胶片处理 10 天，这对于变化很快的军事情报，时效性不强。二是返回式卫星通常空间运行时间很短，要了解连续的军事情报，就需要发射大量的照相侦察卫星。三是每个照相侦察卫星的胶片可回收，但其昂贵的空间相机被抛掉，很不经济。

根据以上问题，从 20 世纪 60 年代末，美国开始用多胶片舱回收的办法，即每颗卫星携带多个胶片舱，完成一个阶段任务后，从卫星上抛出一个胶片舱。随着电视摄像技术的快速发展，逐渐用无线电传输的方式取代返回胶片的方式。无线电传输型照相侦察卫星使用电视摄像机，把拍摄到的电信号直接传回地面接收站，或将拍摄到的图像传到静止轨道上的数据中继卫星，再转到地面接收站，既保证拍摄的图片能及时传回，又能使卫星长期在空间执行监视任务。目前，一颗照相侦察卫星可工作 3 年以上，使照相侦察卫星的数量大为减少。

卫星照相侦察照片分辨率已由 20 世纪 70 年代的 30 厘米提高到了 21 世纪初的 7 ～ 8 厘米，从可见光到多光谱照相侦察，而多光谱图像，还能识别经过伪装隐避在地下的导弹发射井。

除了可见光和多光谱照相侦察外，航天侦察中的另一支劲旅是合成孔径成像雷达侦察。合成孔径雷达卫星以其具有的全天候侦察能力、良好的方位分辨率和距离分辨率（其距离分辨率可通过脉冲压缩的方法得以改善）、一定的旁视能力和对动态目标的探测能力，以及能穿透云雾、水域、地表等优点，受到军方的青睐。据称，合成孔径雷达卫星可以清楚地探测到 100 ～ 250 米海底的地势起伏情况、埋设在地下和水下的石油管道，以及水下的潜艇，对于探测敌方的战略核设施、核潜艇的数量和位置以及其他战略情报具有重要意义。

除了侦察敌方的战略目标外，确定战略目标所处的精确地理位置即精确的三维坐标点，以及敌方国土的地形地物、河流山脉等也有重要的军事意义。所以，从侦察卫星中派生出测地卫星。测地卫星对敌方的地形地物进行普遍测定，根据测地卫星的图像绘制地图，标出战略目标的精确经、纬度和高程，为已方的战略导弹确定飞行程序，或为战略轰炸机提供精确的打击目标。测地卫星使用的照相机不需太高的分辨率，但要求有很高的几何逼真度。此外，必须有从多个不同角度拍摄的地形地物的照片，才能分析出这个地形地物的高程等数据，以及与其他地物的关系。所以，测绘照相机在卫星飞行过程中，必须连续对地面进行高覆盖率的拍摄，使每一地形有正上方和前后左右的照片，以保证对地形的正确分析。此外，在每拍摄一张地面照片的同时，还要拍摄一张天球的恒星图，用几颗恒星来确定照相机的精确垂角和定位，对地形图进行必要的修正。当然，由于地形和地物变化得很缓慢，几年发射一颗测绘卫星，就可以保证测绘地图的准确性。测绘卫星的作用是侦察卫星所不能取代的，侦察卫星必须与测绘卫星进行配合，才能形成一个国家的战略威慑力量。

二、导弹预警卫星

导弹预警卫星也称早期预警卫星。它是美苏双方为了防止对方先发制人而研制的一种红外探测预警卫星。它的作用在于当对方导弹开始升空时，用卫星上装载的红外探测装置发现导弹发射时的尾焰，当对方大批的导弹起飞时，就可以将己方的导弹发射出去，值班的战略轰炸机开始升空，以防被对方摧毁，尽可能保存己方的第二次打击力量。导弹预警卫星对于洲际导弹的预警时间，比地面雷达的预警时间提前约 15 分钟左右。

目前，新一代导弹预警卫星除了能通过探测导弹起飞时的尾焰分辨出导弹种类外，还可以根据导弹尾焰的速度、弧度等数据，预测出导弹的弹着点，从而为反导弹武器赢得时间。1991 年的海湾战争中，人们看到了导弹预警卫星在军事上的作用。

三、核爆炸探测卫星

只有美国研制了核爆炸探测卫星，其目的主要用于监视苏联在签署“核禁试条约”后是否有违约行为，并监视其他国家是否进行了核试验，以及了解这种核试验的种类、威力等信息。

核爆炸探测卫星被发射进入约 100000 千米高的轨道，两颗卫星间隔 180° 绕地球运行，可以全面监视地球和近地空间。20 世纪 70 年代初，导弹预警卫星装载了核探测仪器，如 X 射线、中子和 γ 射线星载设备，取代了核爆炸探测卫星。

四、电子侦察卫星

电子侦察卫星用于侦察防空地面雷达和反导弹雷达的精确位置，把雷达的坐标点和频率范围标在地图上，并测定这些雷达的信号特性和作用距离。

这不仅对于轰炸机突破敌人的空中防御极其重要，而且对于能够突破反弹道导弹防御的洲际导弹弹头也很有价值。知道了敌方的雷达位置、作用范围及最大的作用距离，就可以选择轰炸机的航线，尽可能避开敌方雷达，或携带对应的电子对抗设备进行干扰。

卫星电子侦察的另一个目的就是确定军用电台的位置。在战时，这些电台都是重点袭击的目标；在平时，这些电台又是窃听的重要对象。电子侦察卫星通常采用 300 ~ 400 千米的近地轨道，这种轨道卫星的生存能力为 3 ~ 4 年。

五、军事气象卫星与风云气象卫星

（一）军事气象卫星

军事气象卫星与民用气象卫星的不同点在于军事气象卫星的照片清晰度高，以便在战争情况下提供准确的局部气象信息。在平时，可以为侦察卫星提供足够的气象信息，以供可见光侦察卫星拍摄清晰的地面照片，为陆、海、空军训练演习和其他活动提供气象预报。

美军目前使用的气象卫星为国防气象卫星计划（DMSP）的 Block-5D-Ⅱ型极地轨道卫星，通常保持两颗在轨运行。海湾战争时，为了保证战争的需要，美军在战争前又发射了一颗极地轨道气象卫星，用于预报沙漠中变化多端的沙暴和其他天气现象。如果伊拉克采用化学武器，当化学物质扩散后，由气象卫星跟踪带有化学物质的云团。

（二）风云气象卫星

风云气象卫星是中国研制和发射的气象卫星系列，包括太阳同步轨道的风云一号卫星、新一代风云三号卫星和地球静止轨道的风云二号卫星。截至 2014 年年底，共发射了 4 颗风云一号卫星、7 颗风云二号卫星和 3 颗风云三号卫星。

风云一号卫星在轨运行时，全世界的各地气象台在卫星临空时可以接收卫星发送的地区云图，包括高分辨率模拟云图（APT）和甚高分辨率数字云图（HRPT）。卫星可以在国外指定地区摄取云图，并将信息记录、存储在磁带机内，当卫星飞经我国上空时，向北京、广州、乌鲁木齐三个气象云图接收站实时发送国内地区云图信息，同时回放星上记录、存储的国外地区云图信息。这些云图资料是近期气象预报的主要依据，通过对全球气象资料的处理、分析和研究，可以扩展我国中期气象预报的能力。

风云二号静止气象卫星是一种对地观测的地球静止轨道对地观测卫星。2004 年 10 月 19 日，风云二号 C 星发射成功。风云二号 C 星是国内应用最为广泛的业务应用卫星。C 星的图像产品通过遍布全国 400 多个接收处理展宽数字资料的中规模利用站，近 100 个国家卫星气象遥测资料 DVB-S 广播系统接收站，2441 个气象台站获取 C 星图像资料。美国、澳大利亚、新西兰、日本以及亚洲地区 20 多个国家和地区均接收和使用 C 星资料。

风云三号气象卫星是为了满足中国天气预报、气候预测和环境监测等方面的需求而建设的第二代极轨气象卫星，由三颗卫星组成。2013 年 9 月 23 日，中国成功发射第三颗风云三号气象卫星。风云三号是目前国内搭载遥感探测

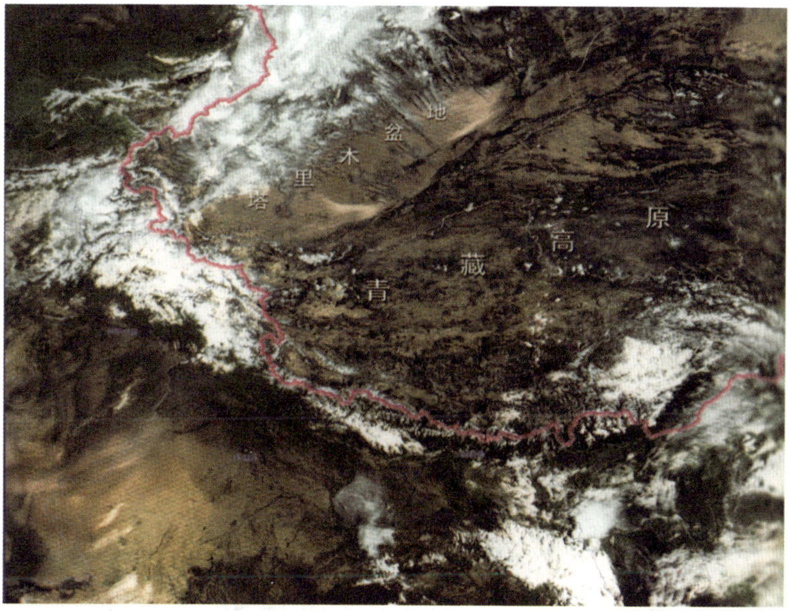

风云一号 D 星拍摄的第一幅气象云图

风云二号卫星拍摄的圆盘图

仪器最多的对地遥感卫星，实现了从紫外、可见光、红外到微波探测的多载荷、全球、全天候、多光谱、三维、定量综合对地观测。

风云气象卫星已经实现了业务化，观测资料实行“实时、免费、共享”的使用方式。气象卫星遥感的各种信息产品，为气象、海洋、农业、林业、水利、航空、航海、环境保护和国防等提供了大量公益性和专业性服务。

六、“全球定位系统”（GPS）与北斗卫星导航系统

（一）“全球定位系统”（GPS）

20世纪60年代中期起，美国就使用子午仪号导航卫星系统，80年代以来，致力于建立“全球定位系统”（GPS），该系统由24颗卫星联网，能为地面提供精确的定位。据称，军事用户的精度可达10米以内，并可为汽车、舰船、飞机，甚至巡航导弹等运动物体提供必要的导航服务。当使用四通道接收机时，可定出三维坐标的精确位置，使用低于三通道接收机时，只能定出二维坐标

的位置。

海湾战争期间，GPS 为在沙漠中行动的美军提供了必要的导航手段，被证明是一种极其有效的导航系统。

（二）北斗卫星导航系统

北斗卫星导航系统为我国“九五”计划开始的项目之一。该工程项目分三步走：第一步为试验阶段，自主建成完善的试验性卫星导航系统；第二步为自主建成区域性卫星导航系统；第三步为最终阶段，即自主建成由 5 颗地球同步轨道卫星和 30 颗非地球同步轨道卫星组成的全球卫星导航系统，预计 2020 年建成。

1. 试验阶段

2000 年 10 月 31 日和 12 月 21 日、2003 年 5 月 25 日、2007 年 2 月 3 日，中国在西昌卫星发射中心用长征三号甲运载火箭先后成功地把 4 颗北斗导航试验卫星送入地球同步轨道，中国自主建成完美的试验性卫星导航系统。

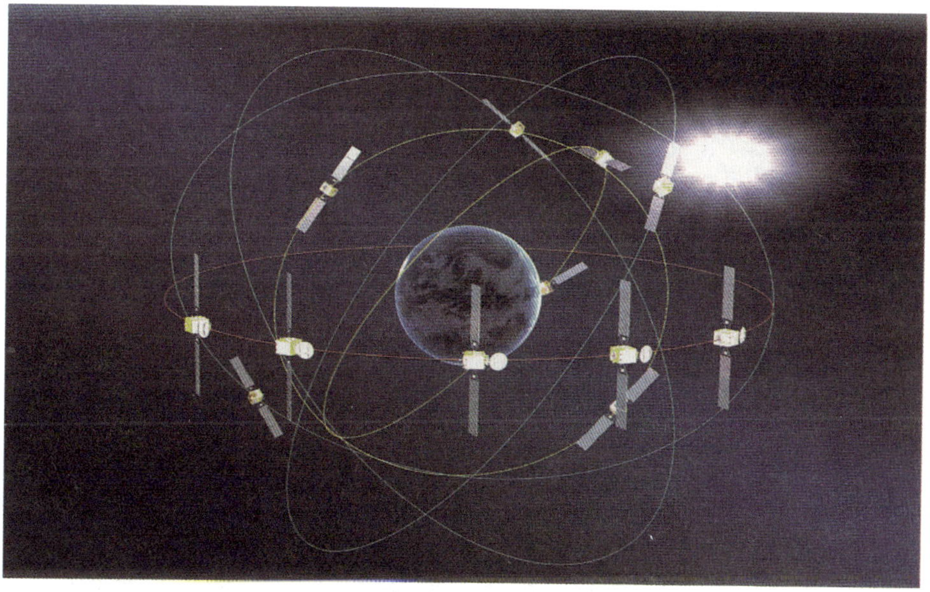

北斗卫星导航系统示意图

虽然美国 GPS 已广泛使用，但它并非完善无缺。例如，其规模太大、造价太高，其他国家很难效仿；GPS 只能导航，无法通信，因而不能满足日益增长的用户需求；如果仅依赖 GPS，则很容易受美国的控制。那么，有没有解决这些问题的新方法呢？中国的北斗导航卫星开辟了一条新的技术途径，并使中国成为世界上第三个拥有导航卫星的国家。

北斗试验卫星导航系统由北斗导航试验卫星、以地面控制中心站为主的地面部分和北斗用户终端组成。该系统是通过双星定位方式来工作的，还有一颗是在轨的备份星。用两颗卫星组建导航系统虽然是美国吉奥星公司首先提出来的，但美国和欧洲的公司在这方面的研制工作均告失败，而中国首先实现了这项卫星导航定位的创新工程。

北斗卫星导航系统具有有源导航定位、双向数字报文通信和精密授时三项功能，为服务区域内的用户提供全天候、实时定位服务，定位精度与 GPS 相当，可在中国及周边地区为单兵、车辆、舰船和飞机等用户提供精度为 10 米的定位服务，利用它一次可传送多达 120 个汉字的信息；其授时精度可达 50 纳秒。

双星定位原理示意图

2. 自主建成区域性卫星导航系统

从 2007 年 4 月 14 日，把用于建设区域性卫星导航系统试验的第一颗卫星发射入轨起至 2012 年 10 月 25 日止，中国又发射了 16 颗北斗导航卫星，2012 年 12 月 27 日，中国向亚太大部分地区提供连续导航定位和授时服务。2013 年 12 月 27 日，正式发布了《北斗系统公开服务性能规范（1.0 版）》和《北斗系统空间信号接口控制文件（2.0 版）》两个系统文件。2014 年 11 月 23 日，国际海事组织海上安全委员会审议通过了对北斗卫星导航系统认可的航行安全通函，这标志着北斗卫星导航系统正式成为全球无线电导航系统的组成部分，取得面向海事应用的国际合法地位。

七、军用通信卫星与东方红三号通信卫星

（一）军用通信卫星

空间通信技术首先用于军事通信。军用通信卫星的不同点在于：它要求地面设备的小型化；卫星传输信息的保密性高，抗干扰、抗损毁等生存能力强。由于这些特殊要求，形成军用通信卫星的专用特殊领域。因此，世界上不少国家在民用通信卫星之外，另有一套军用通信卫星，例如美国、俄罗斯、英国和法国。

美国是最先建立军用通信卫星的国家，1968 年开始，先后使用国防通信卫星Ⅰ、国防通信卫星Ⅱ作为军用通信卫星。卫星均采用 X 频段，上行频率为 7900 ~ 8400 兆赫；下行频率为 7250 ~ 7750 兆赫。1982 年开始，布置国防通信卫星Ⅲ，除 X 频段外，该卫星还增加了 UHF 频段：上行频率为 300 ~ 400 兆赫；下行频率为 225 ~ 260 兆赫，可用于飞机、舰船、汽车甚至单兵通信。

美国除了统一的国防通信卫星外，还有海军的舰队通信卫星和空军的通信卫星系统以及海、陆、空三军合作的战术通信卫星。此外，跟踪与数据中继卫星（TDRS）的军事应用也很重要，离开 TDRS 系统，侦察卫星、预警卫星、电子侦察卫星等的作用将大大降低。

（二）东方红三号通信卫星

东方红三号通信卫星是中国第二代地球静止轨道卫星，主要用于电话、电视、数据传输和甚小天线孔径终端通信等，共发射两颗，分别于 1994 年 11 月和 1997 年 5 月由长征三号甲运载火箭发射。首颗星因出现推进剂泄漏故障，卫星只进入了地球同步转移轨道，未能进入地球静止轨道。第二颗星进入了地球静止轨道，定点于东经 125° 上空。

东方红三号卫星平台是中国第二代地球静止轨道卫星平台，它已成为目前中国性能最稳定、经过多次飞行验证且比较成熟的中等容量地球静止轨道卫星平台，先后用于中星系列通信卫星、鑫诺三号通信卫星、北斗系列导航卫星和嫦娥一号月球探测卫星等，还可以用于电视直播卫星、数据中继卫星等。

该卫星平台星体为 2.22 米 ×1.72 米 ×2.00 米的箱体结构，装有大型展开式太阳电池阵和直径达 2 米的通信天线。发射时它们处于折叠状态，卫星入轨后先后展开，展开后翼展达 18.1 米，高度为 5.7 米。

东方红三号卫星装有 24 台 C 频段转发器，其中有 6 台 16 瓦的行波管功率放大器和 18 台 8 瓦的固态功率放大器，提供中国国内卫星通信服务。卫星设计寿命为 8 年。

总装中的东方红三号卫星

第三节　卫星技术在战争中的作用

自20世纪80年代开始，世界形势发生了巨大的变化，“和平与发展”成为当今时代的主题，但局部战争频繁发生，潜在的军事威胁仍然存在。国与国之间军事力量的较量，除了要确保核威慑的战略系统外，重点是确保打赢一场局部战争的战术系统。随着高技术的发展，未来局部战争中将越来越多地使用高技术武器系统和高技术保障系统。海湾战争表明，拥有强大的高技术武器优势，可以掌握战争的主动权。

在一场高技术战争中，卫星将起着其他手段不可代替的支援保障作用，特别是在保障海域、空域战场上的通信指挥，对战场、战区与对敌纵深地带的侦察、导航定位及对境外地图的测绘和战场、战区的气象预测等。

一、军事通信保障

为打赢一场现代化的高技术局部战争，必须采用先进的作战指挥系统，以确保迅速、准确、可靠、不间断的通信联络和有效指挥，从而形成强有力的综合战斗能力。

海湾战争的事实表明，随着高技术在军事领域的运用，C^3I系统在战场上发挥着越来越重要的作用。C^3I 系统的配置与完善程度将是决定战争胜负的关键因素之一，通信是 C^3I 系统的基础。在海湾战争中，通信系统依靠的不是易被破坏的地面通信线路或者无线电 / 微波通信，更多的是依靠卫星通信。这说明卫星通信在未来战争中所处的战略地位之重要。

在现代战争无法预设战场的情况下，卫星通信可以适应战场瞬息万变的情况，实现动态组合，保证可靠通信。军事通信卫星系统是现代战争中必不可少的重要通信手段，是现代化、高技术武器系统不可分割的重要组成部分。军事通信卫星系统已成为战略、战役、战术通信的主要手段。

二、情报侦察

卫星侦察是现代化的高效侦察手段。战争中将以照相侦察与电子侦察相结合、海洋监视与导弹预警相结合、微波成像与可见光成像相结合，以及这些侦察卫星系统与数据中继卫星系统相配合，所形成的星地配套的全天候、全天时、实时传输的卫星侦察系统。这个系统能及时提供重要海域和作战地区的侦察情报；是国家进行国际形势分析、外交斗争、研究外军兵力部署和战略动向的重要情报来源；是战略、战术武器确定打击目标的重要情报保障；是战略威慑力量的重要组成部分；是打赢未来高技术条件下局部战争的重要前提和基础。

未来战场是陆、海、空、天四位一体的战场。因此，要求情报系统既能侦察陆上兵力部署情况，又能监视来自海上的威胁；既能在光照条件下进行侦察，又有不受黑夜、云、雾、雨等气候影响的全天候侦察能力；既能侦察固定目标，又能预警和监视飞机、导弹等动态目标；既能对目标的群体进行识别，又能对雷达等电子设备的电磁频率进行监视、识别与跟踪，只有卫星侦察系统才具有这种综合侦察能力。

利用部署在外层空间的卫星，长期、连续不断地对重点地区和海域的军事设施、兵力部署、作战兵器和有关的电子设备进行监视，使潜在危险始终处于我方的监视之下，就形成了一种无形的威慑力量。

由可见光成像、微波成像、电子侦察、海洋监视、导弹预警等侦察卫星组成的情报侦察卫星系统，利用各种侦察卫星，使之优势互补，情报互为引导、互相验证，能及时发现来自敌区的危机征候。通过数据中继卫星和地面情报处理中心，快速、准确、详细地向决策部门提供可能发生或正在发生危机的地区、海域、空域及危机的规模等情报，为形势分析、战略决策和作战指挥提供可靠依据。

三、提供目标信息

导航定位与测绘卫星获取的情报，能为作战方案的拟定提供翔实的依据，为打击兵器提供准确、详细的打击目标清单，为兵器突防提供必要的情报保障。

卫星测绘是现代战争最有效的测绘保障手段。以远程精确制导武器为代表的各种高技术现代化武器装备和支援系统的广泛应用，要求测绘保障系统必须具有提供精确时间空间基准和用于匹配制导的数字地图、数字影像的能力。导弹的发射、制导和准确命中目标都离不开精确的目标坐标、目标特性、全球的重力场模型和大地水准面以及各种数字地图。因此，具有空间技术能力的国家都在大力发展卫星测地、测高和重力梯度测量等卫星军事应用技术。另外，由于战争的突发性和高速运转的指挥自动化系统，要求测绘保障必须具备很强的快速反应能力，因此现代化高技术战争不仅需要良好的战场测绘设备，而且还需要在作战过程中进行快速的动态测绘。只有各种具有成像技术的卫星形成配套侦察体系，如可见光、红外、微波成像等卫星的相互配合、相互补充，才能快速、准确、全面地完成地图更新、修测和获取现实性良好的地理及地形信息。

在海湾战争中，美国就是利用先进的卫星侦察手段为打击兵器提供了详细准确的打击目标清单，迅速毁伤了 40% 以上的伊拉克地面部队兵力，使伊军空军损失了 30% 以上，近 80% 的指挥控制系统被摧毁，导弹等大规模杀伤武器的袭击能力被削弱到最低限度，基本上破坏了伊拉克的战争潜力和军事实力。

卫星测绘集航天技术、遥感测量技术和现代图形、图像、数据处理技术于一体，可以跨国界、跨地区快速获取测绘信息，是实施境外测绘的主要技术手段。无论是精确制导武器的目标定位、发射、控轨、中末段制导，还是未来战场地理、地形信息的获取和更新，都必须依靠测绘卫星。

导航定位保障在现代战争中具有重要作用。利用卫星进行导航定位是现代导航定位的最有效手段。未来高技术条件下的局部战争，很可能是广阔遥远的海域、岛礁和周边一定纵深的地区，从作战指挥的组织协调与决策，到陆、海、空三军的快速机动与协调；从作战分队到单兵行动，一刻也离不开导航定位保障，而卫星导航定位系统将是一种重要的，甚至在许多方面将发展成主要的导航定位手段。美国 GPS 全球定位系统在海湾战争中取得的巨大成功及其后的发展趋势，就是明显的例证。许多国家发射及成功应用摄影定位及导航定位卫星的经验，也已证明卫星测绘及导航技术是目前为战略、战术打击武器提供目标信息的最有效手段，是军事现代化的重要组成部分。

四、气象保障

气象卫星是获取大范围气象信息的重要手段。在未来局部战争中，气象卫星更是军事部门及时获取战场气象信息、实施气象保障不可缺少的工具。海湾战争中，美国国防气象卫星与民用气象卫星相互配合，互为补充，在战场环境监测和气象保障中发挥了重要作用。通过卫星获得的气象资料，空袭计划人员可随时掌握天气形势并根据天气情况确定攻击什么目标、携带什么武器，因而大大提高了飞机的利用率和作战效能。战区指挥官通过气象卫星和地球资源卫星能及时得到土壤湿度资料，因而知道什么地区适于何种军事手段，例如是否适用坦克或其他进攻武器进行作战等。

特别是在战争状态下，有关国家都会实施气象管制，要得到战区范围内的风向和风速等气象资料，只能依靠军事气象卫星为组织大规模军事行动提供气象资料，为选择作战时机提供重要依据，以保障部队的作战行动。

第四节　海湾战争中卫星技术的运用

在 1991 年爆发的海湾战争中，美国几乎动用了全部军事空间设施，展示了一场在现代高技术条件下战争的全貌，是继冷兵器、热兵器、核兵器之后出现的第四代战争。开战头几天，美、英、法军击毁伊军飞机 123 架，盟军被地面火力击落和飞行事故损伤飞机 40 架，没有 1 架被伊空军击落。击毁伊拉克坦克 3000 辆，自己仅损失了 3 辆。由于地面通信指挥系统被摧毁，伊军战斗力很快瓦解而遭到彻底失败。海湾战争证明，现代战争中仅有打击兵器，可能陷入无目标可打的窘境。海湾战争成为一次现代战争的演习。用于海湾战争的各种军事卫星有 13 种，卫星数量有几十颗。这次战争行动几乎全部置于卫星技术的保障支持之中，用美国军方人士的话说："如果没有卫星技术，发动重大军事行动将是不可能的。"

一、侦察卫星

海湾战争期间，有 5 颗卫星提供科威特、伊拉克和沙特阿拉伯地区的情况，五颗卫星分别是 2 颗 KH−11，1 颗 KH−12，2 颗"长曲棍球"卫星；此外还有数量不详的电子侦察卫星，其代号为"大酒瓶"（Magnum）和"旋涡"（vortex），在进行不间断的电子侦察。

二、军事气象卫星

在海湾战争前，美国已有两颗 Block–5D– Ⅱ卫星在轨工作，为了确保气象信息的不间断，1990 年 12 月 1 日，美国又发射了一颗 Block–5D– Ⅱ卫星。

三、全球定位系统（GPS）

因为全球定位系统计划于 1993 年才能完成全部 24 颗卫星的布网任务，所以在战争期间，只有 16 颗卫星在轨工作。当同时接收到四颗卫星信号时，可精确定出三维空间的坐标；当同时接收到三颗卫星信号时，则只能定出二维地面坐标。在缺少陆标的中东地区，GPS 的作用是必不可少的。

此外，多国部队的轰炸机和巡航导弹利用 GPS 定位可精确地轰炸目标，被击落飞机驾驶员的救援工作也需要借助 GPS 定位。

四、军用通信卫星

海湾战争期间，战区之内的通信主要依靠定位在印度洋上空的“舰队卫星”和“租赁卫星”上的特高频转发器来进行，部队可利用装备的小型战术终端来进行通信。与美国本土的总部通信则依靠位于大西洋上空的国防通信卫星Ⅱ来实施。

五、海洋监视卫星

海洋监视卫星主要用来监视敌方海上舰船和潜艇活动，并为己方舰船进行定位。

六、导弹预警卫星

伊拉克在战争中唯一有战斗力的武器是飞毛腿导弹，这种导弹到后期，因为屡屡被爱国者导弹拦截，作用大大受限。为防空导弹提供拦截预警信息的就是导弹预警卫星。该卫星以每隔 12 秒 1 次的频率监视伊拉克，当发现喷射尾焰的红外图像，立即将信息传到澳大利亚的艾利斯普林斯的美国空军空间指挥基地和设在科罗拉多州的美国空间指挥导弹预警中心，由这两处的计算机计算出目标弹道，接着利用从不同静止轨道位置的 2 颗 DSP 卫星所获得的立体图像，计算出“飞毛腿”的命中地点。地面防空部队可在导弹命中前 90 ~ 120 秒内接到攻击警报，致使来犯的伊军飞毛腿导弹的四分之三被击毁。

显然在现代化战争中，缺少了军事空间设施，就缺少了重要的信息手段，只能处于被动挨打的地位。

第五章

中国航天的发展展望

当前，世界航天活动呈现蓬勃发展的态势，主要航天国家相继制定或调整航天发展战略、发展规划和发展目标，航天事业在国家整体发展战略中的地位与作用日益突出，航天活动对人类文明和社会进步的影响进一步增强。

中国发展航天事业的宗旨是：探索外层空间，扩展对地球和宇宙的认识；和平利用外层空间，促进人类文明和社会进步，造福全人类；满足经济建设、科技发展、国家安全和社会进步等方面的需求，提高全民科学文化素质，维护国家权益，增强综合国力。

中国发展航天事业服从和服务于国家整体发展战略，坚持科学发展、自主发展、和平发展、创新发展、开放发展的原则。

——科学发展。尊重科学、尊重规律，从航天事业的发展实际出发，统筹兼顾和科学部署空间技术、空间应用和空间科学等各项航天活动，保持航天事业全面、协调、可持续发展。

——自主发展。始终坚持走独立自主、自力更生的发展道路，主要依靠自身力量，根据国情和国力，自主发展航天事业，满足国家现代化建设的基本需求。

——和平发展。始终坚持和平利用外层空间，反对外空武器化和外空军备竞赛，合理开发和利用空间资源，切实保护空间环境，使航天活动造福全人类。

——创新发展。把提高自主创新能力作为航天事业发展的战略基点，强化工业基础，完善创新体系，以实施航天重大科技工程为载体，集中力量，重点突破，实现航天科技跨越发展。

——开放发展。坚持独立自主与开放合作相结合，在平等互利、和平利用、共同发展基础上，积极开展空间领域的国际交流与合作，致力于推进人类航天事业的共同进步。

第一节　战略威慑

战略核武器是用于攻击敌方战略目标或保卫己方战略要地的核武器，一般是由威力较高的核弹头和射程较远的运载工具组成的武器系统，其中包括陆基洲际弹道核导弹、潜地弹道核导弹，携带航空核炸弹、近程攻击导弹、巡航导弹的战略轰炸机和反弹道核导弹等。核导弹是战略核武器的“主力军”，美俄两国的“三位一体”战略核力量就是指由陆基洲际弹道核导弹、潜地弹道核导弹，以及携带核弹的战略轰炸机三者所组成的核力量的整体。

受检阅的战略导弹方队

目前，数量、种类最多，性能最优的导弹要算战略弹道核导弹，也有一些战略巡航导弹及战术核导弹。核导弹最突出的特征是其战斗部采用核装置，其中弹道核导弹的战斗部因位于导弹前部，所以又简称弹头，巡航核导弹的战斗部一般位于弹体的中部。

战略导弹核弹头通常为氢弹头，其威力可达万吨级乃至千万吨级 TNT 当量，主要用于打击敌方的战略目标。战术导弹核弹头有原子弹头，也有氢弹头，还有中子弹头等，其威力通常小于百万吨级 TNT 当量，主要用于打击敌方战役纵深的战术目标。

多弹头产生于 20 世纪 50 年代，用于突破对方的反弹道导弹防御系统，现有集束式、分导式和机动式 3 种。其优点是突防能力强，可攻击 1 个或多个目标，提高毁伤效果，许多战略弹道核导弹均采用多弹头。

航天是维护国家安全和领土完整的重要战略基石，是我国大国地位的重要体现。邓小平曾经说过，如果 60 年代以来中国没有原子弹、氢弹，没有发射卫星，中国就不能叫有重要影响的大国，就没有现在这样的国际地位。这些东西反映一个民族的能力，也是一个民族、一个国家兴旺发达的标志。

经过跨越式发展，目前，中国航天两大集团公司已经具备了研制多种类型导弹武器装备的技术和能力，研制生产了从近程、远程到洲际，从液体到固体，从陆上到水下，从固定发射到机动发射的完整配套的导弹武器系列，为我国国防现代化建设和世界和平作出了重要贡献。

火箭军是中国战略威慑的核心力量，主要担负遏制他国对中国使用核武器、遂行核反击和常规导弹精确打击任务，由核导弹部队、常规导弹部队、作战保障部队等组成。按照精干有效的原则，火箭军加快推进信息化转型，依靠科技进步，推动武器装备自主创新，利用成熟技术，有重点、有选择地改进现有装备，提高导弹武器的安全性、可靠性、有效性，完善核常兼备的力量体系，增强快速反应、有效突防、精确打击、综合毁伤和生存防护能力，战略威慑与核反击、常规精确打击能力稳步提升。

海军是海上作战行动的主体力量，担负着保卫国家海上方向安全、领海主权和维护海洋权益的任务，主要由潜艇部队、水面舰艇部队、航空兵、陆战队、岸防部队等兵种组成。按照近海防御的战略要求，海军注重提高近海综合作战力量现代化水平，发展先进潜艇、驱逐舰、护卫舰等装备，完善综合电子信息系统装备体系，提高远海机动作战、远海合作与应对非传统安全威胁能力，增强战略威慑与反击能力。

我国由火箭军和海军核潜艇构成了两位一体的核威慑战略。

核导弹的发展趋势是：开发研制更先进的制导技术，能对弹道的末段或中段进行制导，提高命中精度，逐步实现弹道核导弹固体化、小型化和自动化，提高机动作战和快速反应能力；研制隐身效果更好、速度更快的战略巡航核导弹，并发展防御定向能和动能武器的新技术，以提高战略核导弹的突防能力；进一步研究机动或多弹头，以及一种导弹采用多种发射方式的技术……

总之，虽然核导弹使用的可能性越来越小，但在可能爆发的小冲突以及某些“报复性行动”中，核因素却在增长，它可作为“恐吓遏制”敌人的手段，保障国家安全，从而在全球性战争和地区性战争中发挥巨大的威慑力。

第二节　运载火箭

我国将不断完善运载火箭型谱，提升进入空间的能力。新一代运载火箭家族中的长征五号将完全采用无毒、无污染推进剂，具备近地轨道 25 吨、地球同步转移轨道 14 吨的运载能力。长征六号是新型快速发射运载火箭，具备 700 千米高度太阳同步轨道不小于 1 吨的运载能力。长征七号具备近地轨道 13.5 吨、700 千米太阳同步轨道 5.5 吨的运载能力。

一、长征五号运载火箭

我国将一方面增强现役运载火箭的可靠性和发射适应性，另一方面大力发展新一代运载火箭和运载火箭上面级。中国按照“无毒、无污染、低成本、高可靠、适应性强、安全性好”的目标，正在研制长征五号新一代运载火箭，有望在 2016 年下半年进行首次发射。长征五号为两级火箭，芯一级采用 2 台推力各约 50 吨的氢氧发动机并联组成；助推器根据需要采用 120 吨推力液氧 / 煤油发动机数台；芯二级采用 2 台推力各约 8 吨的氢氧发动机并联组成。长征五号火箭的近地轨道运载能力为 25 吨，地球同步转移轨道运载能力最大为 14 吨，可满足我国未来发射空间站、深空探测器及

120 吨级液氧 / 煤油发动机 600 秒长程试车成功

大型卫星的需求。

遵循“一个系列、两种发动机、三个模块”的总体思路，设计上采用了新型发动机、大直径结构、低温循环预冷等多项新技术。全箭总长 59.5 米，起飞重量 643 吨，起飞推力 833.8 吨，可组合形成近地轨道运载能力覆盖 1.5 ~ 25 吨、地球同步转移轨道运载能力覆盖 1.5 ~ 14 吨的火箭系列，从而大幅度提高我国航天活动的规模，将为我国下一步空间站建设以及深空探测提供坚实的动力支撑。

首次实现了 6 种构型同时开展总体设计，为从低轨道到高轨道的运载能力跨越式提升奠定了坚实基础。突破新型运载火箭的核心关键技术，不但确保了长征五号的成功研制，还牵引出了以长征五号核心技术为基础的我国新一代运载火箭的若干构型。目前，这些构型火箭已成功立项，正在开展工程研制，同时为我国未来更大规模的运载器，包括载人登月用百吨级运载能力的大型货运火箭及大型载人火箭奠定了坚实的技术基础。

长征五号新一代运载火箭

首次采用前捆绑点传力、助推器支撑状态；首次采用芯级和助推器发动机联合摇摆进行全箭姿态控制。

全型号各个系统全面突破了以 12 项重大关键技术为代表的 130 余项关键技术，包括总体优化设计与环境预示技术；5 米直径大型箭体结构设计、制造、试验技术；采用循环预冷技术的低温增压输送系统及新型阀门技术；助推器发动机摆动及前支点传力大型液体运载火箭姿态控制技术；大型低温火箭的纵向耦合振动（POGO）抑制技术；120 吨级液氧 / 煤油发动机技术；50 吨

级液氧 / 液氢发动机技术；9 吨级膨胀循环上面级液氧 / 液氢发动机技术；采用总路线技术的系统级冗余控制系统技术；采用高压煤油和氢气为动力的高可靠伺服技术；10 兆比特 / 秒高码率遥测数据传输与综合技术；大型活动发射平台设计、试验、制造技术等。这些均是我国运载火箭研制史上首次遇到的重大核心关键技术，在世界运载火箭研制领域也属于高、难问题。

新一代运载火箭的研制，大大提升了我国进入空间的能力，并将为我国航天提供多样化的发射服务活动。采用长征五号 B 火箭执行空间站低地球轨道发射任务；采用长征五号 M 火箭执行载人登月飞船低地球轨道发射任务；采用长征五号火箭执行地球同步转移轨道、探月三期月球转移轨道、深空探测等发射任务；采用长征五号 + 上面级执行地球静止轨道、“北斗”导航中圆轨道等发射任务；从理论上讲，还可以采用长征五号火箭研制技术，捆绑 6 个 3.35 米直径助推器形成更大的运载能力，其地球同步转移轨道和低地球轨道运载能力还有进一步提升的潜力。

二、长征七号运载火箭

长征七号是为满足中国载人航天工程发射货运飞船的需求而研制的新一代高可靠、高安全的中型运载火箭，它具有高可靠性，推进剂无毒、无污染等特点。火箭飞行可靠性 0.98，发射可靠性 0.92。

长征七号为捆绑 4 个助推器的两级液体火箭，总长 53.1 米，起飞重量约 595 吨，起飞推力 735 吨。芯一级直径 3.35 米，安装 2 台推力为 120 吨的液氧 / 煤油发动机；芯二级直径 3.35 米，安装 4 台推力为 18 吨的液氧 / 煤油发动机；助推器直径 2.25 米，安装 1 台推力为 120 吨的液氧 / 煤油发动机。

该火箭由箭体结构、发动机、动力增压输送、控制、测量、总体网及动力测发控、地面发射支持等 7 个分系统组成。长征七号运载火箭在我国海南发射场发射，轨道倾角为 42° 、近地点高度 200 千米、远地点高度 400 千米，有效载荷的最大运载能力为 13.5 吨。火箭姿态控制采用助推器与芯一级发动机联合摇摆控制方案，助推器发动机单向摆动，芯一级发动机双向摆动。助推器与芯一级之间的连接采用超静定三支点捆绑方案，三支点捆绑方案有效地减少了助推器局部模态数量、提高了局部模态频率，并改善了火箭整体模态。

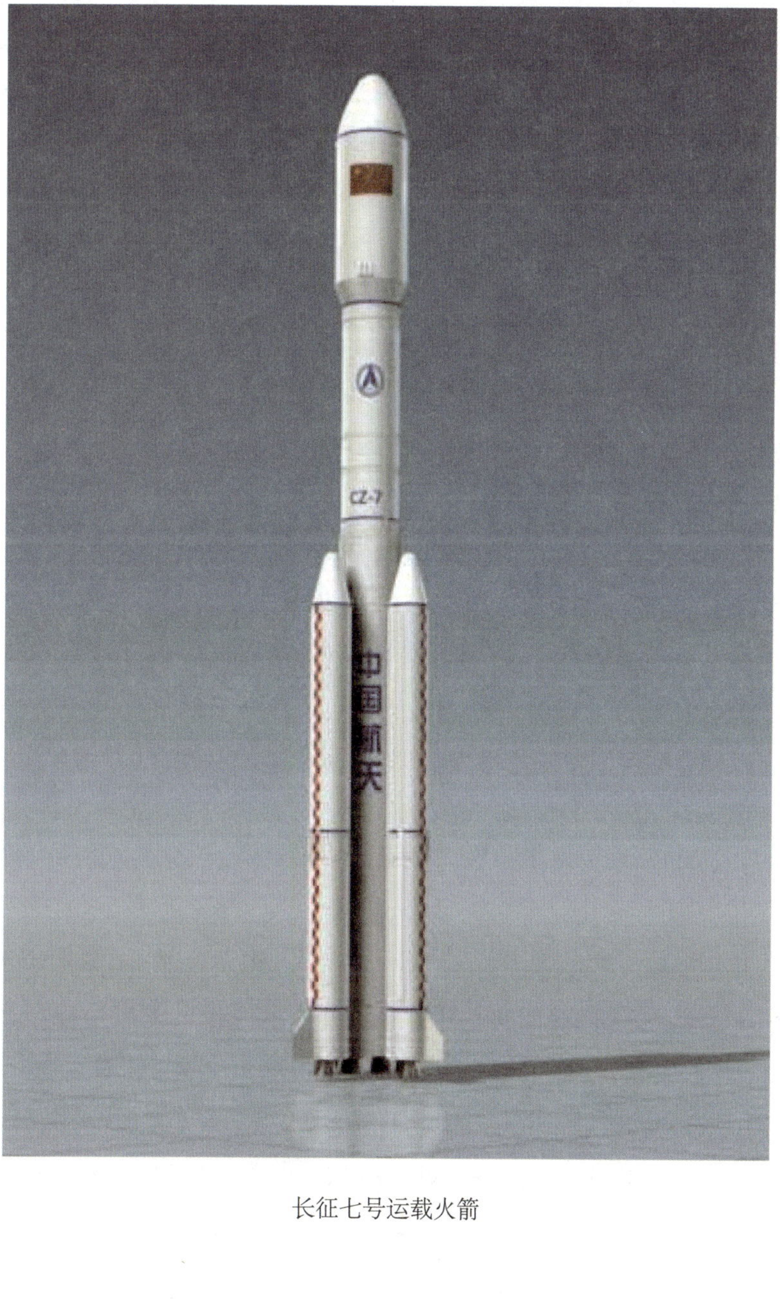

长征七号运载火箭

火箭在发射场的发射工位采用近距离光学平瞄方案，瞄准间设在固定勤务塔上，火箭起飞后自主滚转完成射向对准。火箭飞行过程中先后进行助推器分离、级间分离、整流罩分离和船箭分离。

长征七号运载火箭采用“新三垂”发射模式：垂直总装、垂直测试、垂直运输。火箭前端测发控设备均放置在经过减振、隔噪的活动发射平台内。火箭转场过程中保持箭/地“气、液、电”连接状态不变，减少了在发射阵地的安装、测试、检查等工作项目，在发射阵地进行简单测试后即可进入加注、点火发射阶段。技术区流程需23天，发射区需2天。

长征七号运载火箭技术先进性主要体现在：将中型运载火箭低地球轨道的运载能力由8.6吨提高至13.5吨。以该运载火箭为基础，通过调整助推器个数、增加固体助推器、增加上面级、增加氢氧三子级，可实现新一代中型运载火箭的系列化。

我国正在研制新一代运载火箭，运载能力和技术瞄准世界先进水平。其最大的特点是“大”，这是火箭发动机推力、生产工艺、发射场能力的综合体现。

新一代火箭发动机采用煤油/液氧推进剂，其优越性在于：

1）煤油作为常温推进剂，使用极为方便，安全性好。

2）煤油价格便宜，每千克煤油的价格只有液氢的1/100和偏二甲肼的1/30，可以较大幅度地降低发动机的研制成本和运载火箭的发射费用。

3）我国每年生产的煤油产量较大，可满足长远需要。经各种研究试验和煤油/液氧发动机热试车成功，充分说明了国产煤油完全能满足使用要求。

4）推进剂属无毒液体，燃烧后产生的基本是水和一氧化碳。

5）采用煤油/液氧推进剂的发动机可实现运载火箭模块化、积木式设计，可用不同组合完成不同载荷的发射任务。

液氧煤油发动机各方面性能都有大幅度提高，这就意味着发动机及各部件要在比现有发动机更恶劣的条件下工作。这不仅加大了发动机的设计难度，而且对加工、试验设备以及材料、工艺等提出了更高的要求。

新一代大推力运载火箭发动机的研制直接带动了相关产业的发展。在新一代大推力液氧/煤油发动机研制过程中，为了解决高低温、高压、强氧化、高转速、大功率等问题，研制开发了近50种新材料，包括高强度耐氧化的不锈钢、高温合金、纳米涂层、镀层、橡胶，等等。通过技术攻关，突破了30多项关键工艺，其中多项技术达到国内甚至国际领先水平，并拥有自主知识产权。同时，这些新技术在民用领域也会有很大的应用前景。

第三节　卫星应用

一、高分辨率对地观测系统

2006年，《国家中长期科学和技术发展规划纲要（2006–2020年）》出台，明确提出实施16个重大科技专项与重大科技基础设施，高分辨率对地观测系统重大专项（简称“高分专项”）位列其中。

按照规划，将建设基于卫星、平流层飞艇和飞机的高分辨率先进观测系统，与其他观测手段结合，形成全天候、全天时、全球覆盖的对地观测能力；整合并完善地面资源，建立数据与应用中心；到2020年，建成我国自主的陆地、大气、海洋先进对地观测系统，为现代农业、防灾减灾、资源环境、公共安全等重大领域提供服务和决策支撑，确保掌握信息资源自主权，促进形成空间信息产业链。

2006年，高分专项实施方案论证工作启动；2009年，实施方案经领导小组会议审议通过；2010年5月12日，实施方案经国务院常务会议审议通过，高分专项进入了全面实施阶段；2013年4月26日，随着高分一号卫星的成功发射，新型高分辨率对地观测卫星将陆续完成研制和发射，并投入使用，到2020年前后全面建成我国自主高分辨率对地观测系统。

（一）高分对地观测系统的组成

高分辨率对地观测系统工程由天基、临近空间、航空、数据中心和应用五个部分构成，满足国家经济建设、社会发展和国防建设的战略需求。

其中，天基系统的建设主要由中国航天科技集团公司承担，集团公司所属中国资源卫星应用中心承担数据处理工作，中国科学院遥感与对地观测研究所负责数据的接收，各行业用户负责数据的应用。

高分辨率对地观测系统工程将研制发射 1 米全色 /4 米多光谱光学成像卫星、1 米分辨率 C 频段多极化 SAR 卫星、地球同步轨道光学成像卫星、高光谱观测卫星、高分辨率国土测绘卫星等，为经济社会发展提供高空间分辨率、高时间分辨率和高光谱分辨率的卫星遥感数据。天基观测系统观测范围大，数据获取效率高；航空观测系统机动性强，观测精度高，几何分辨率高；临近空间观测系统可长期驻留实时观测，时间分辨率高；地面系统具备数据快速接受、高效处理、共享分发的能力；应用系统具备多用户、多领域、多用途的应用能力，为国家经济建设和社会发展服务。

高分地面系统是依托高分专项统筹规划共建的新型系统，该系统采用先进的网络网格技术，在不打破现行管理体制框架的条件下，应用公共数据服务网格平台，通过资源统一调配与服务管理，实现高分一号卫星标准数据产品、应用产品信息等资源的共享，为各类用户开展数据应用提供快速、便捷和丰

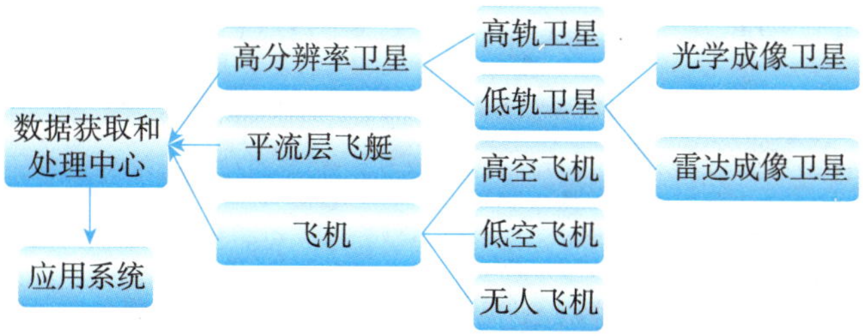

高分辨率对地观测系统构成

富的信息保障。

我国从 2007 年开始，建设由地、空、天三个层次观测平台组成的大气、陆地、海洋先进观测体系，初步形成了气象、海洋、资源、环境与减灾四大民用系列的天基对地观测体系。预计到 2020 年，我国将建成由天、空、地三个层次观测平台组成的大气、陆地、海洋先进观测体系，覆盖可见光、红外、多光谱、高光谱、微波等多种观测手段，具备全天时、全天候、全球精细观测能力，数据自给率将提高到 60% ~ 80%。高分辨率对地观测系统将与其他中、低分辨率对地观测手段结合，形成时空协调、全天候、全天时的对地观测体系，可根据实际需要对特定地区实施高精度观测。

随着社会经济的发展，高分辨率、高精度无疑是对地观测系统的发展方向。一个成熟高效的高分辨率对地观测系统不仅在军事上有助于国家对领空、领海、陆地进行详尽掌握，也能对农业、测绘、环境、资源、灾害预防、公共安全等民用领域给予支持。

（二）高分辨率对地观测系统的特点

1. 是对高分辨率的全面重视

首先是高空间分辨率。高分专项实施前，我国已有的中巴地球资源卫星 01 星分辨率为 20 米，02B 星分辨率为 2.38 米，而高分专项对空间分辨率有更高的要求。二是高光谱分辨率。地球上的物体有光谱特性，反映物体的本真效应，比如有些植被，在绿色部分有很强的反射，在叶绿素吸收波段强烈吸收能量，这样就构成了植被的光谱特点。物体的这种光谱特征具有重要的实际应用价值，因此光谱分辨率十分重要。在高分专项中，卫星的光谱分辨率将得到提高。三是高时间分辨率。它反映对观测对象重复观测的最短时间间隔，对遥感数据的应用十分重要，高分专项具有较短的卫星重访周期。四是高辐射分辨率。辐射分辨率反映影像的量化等级，量化等级越高，地物细节反映得越充分。在热红外波段，辐射分辨率还可以体现最小可分辨温差。高分专项对上述 4 个分辨率同时并举，同时重视。

2. 天空地一体化的统筹建设

高分专项不仅重视卫星的研制，而且同时发展天空地一体化的高分辨率对地观测技术。卫星包括地球同步轨道、极地轨道、太阳同步轨道的各类对地观测卫星；发展距地面 20 ～ 100 千米的临近空间遥感技术；还有航空遥感技术，航空遥感的优点是没有固定的轨道，没有固定的时间，同时可搭载较多的载荷，在分辨率要求特别高的情况下，航空遥感的优势更容易体现出来。天空地一体化还体现在地面系统的建设，包括地面定标、仪器校验、真实性检验等设施的建设。

3. 数据应用受到极大重视

以往我们对卫星应用重视得不够，高分专项中，对遥感数据的应用给予了充分的重视，体现在相关部署和经费投入上，组织了很多卫星应用方面的专家和相关部门，如国土资源部、环保部、减灾委、农业部、林业局、气象局、海洋局等遥感数据的应用部门，开展资源整合和信息共享。

资源的整合体现在我国的卫星研制已形成多个体系，气象卫星体系、海洋卫星体系、环境减灾卫星体系、陆地资源卫星体系。高分专项的重点是对陆地资源的探测，同时兼顾大气和海洋，因此在地面设施建设中，有对气象局、海洋局地面系统的部署，但大部分卫星的接收都集中在中科院的地面系统中，

高分二号遥感的上海影像图

其中包括北京密云地面站、新疆喀什站、海南三亚站。它们的数据接收完整地包含了我国全部陆地和海洋在内的国土范围。这对获取全国资源环境遥感数据十分有利，有利于在原有基础上发挥各自优势。高分数据中心和应用中心的建立，有利于实现信息共享、促进信息交换、推进应用发展。

二、卫星通信发展及应用

（一）卫星通信需求多，技术发展快

21 世纪注定是通信技术迅猛发展的世纪，总体来说，我国卫星通信发展的挑战与机遇并存。我国卫星通信发展相对有利的方面主要表现在，政府政策为我国卫星通信应用创造了有利条件。国家西部开发和设立农村普遍服务基金，促进了西部地区和边远地区通信需求的增长，这些地区更适合于卫星通信的应用，远程教育、远程医疗等公益性服务为卫星通信提供了广阔的空间。此外，我国成熟的卫星广播电视业务、信息化改造工业化、电子商务和电子政务的发展，对卫星通信提出了更多的市场需求；我国高速宽带多媒体卫星通信系统、铁路、低碳经济、第三代移动通信系统、互联网与物联网等新兴战略产业的发展，均为卫星通信提供了可持续发展的机遇。卫星通信在跨区域连锁店组网、地面通信网盲点覆盖等方面有其独特的优势和市场。

随着我国社会、经济的快速发展，卫星通信作为国家空间基础设施的重要组成部分，需求日益迫切。在宽带接入业务方面，以远程教育、远程医疗为代表的公益性需求凸显，以填补“信息孤岛”和“数字鸿沟”为代表的大众性需求日渐兴起，空间需求近 100 吉赫带宽；在广播业务方面，400 路以上的高清和标清节目需要近 4000 兆赫带宽资源；此外，全球化的卫星移动通信和区域移动多媒体广播业务亦需求明显。面对日益增长的国际业务需求，通信卫星及平台趋于大型化和超大型化成为主流发展趋势之一，呈现出以下特点：

1）卫星大型化趋势明显。它主要体现在卫星发射质量不断上升。近 2 年签约的主流通信卫星发射质量均在 6 吨左右。通常情况下，卫星规模与承载

有效载荷的能力成正比。

2）整星功率不断增大。卫星平台可提供超过 15 千瓦的整星功率。整星功率大是提高有效载荷承载能力的必要条件。

3）整星承载转发器数量不断增多。从市场需求来看，整星小于 5 吨、整星转发器少于 40 台的卫星产品，已逐渐失去市场竞争力。

4）整星服务寿命达到新水平。15 年在轨服务寿命已成基本要求，有些商用通信卫星甚至要求 18 ~ 20 年在轨服务寿命。

5）新业务应用不断涌现。应用于宽带接入、移动通信等通信卫星在国际商用卫星中具有较高的盈利预期，已成为通信卫星市场运营的焦点之一。

此外，一些应用新技术、实现集成创新的通信卫星产品正逐步走入国际市场。卫星平台采用全电推进技术，使更低成本通信卫星成为可能，加剧了市场竞争。

而公用化的卫星平台则是满足上述发展趋势、实现通信卫星整体性能进步的基础和保障。从有效载荷承载、整星功率提供、整星布局和整星散热 4 个能力维度，到卫星总质量、有效载荷承载、整星功率、整星散热、卫星寿命 5 个指标，指明了我国通信卫星平台的发展目标和努力方向。

我国通信卫星平台将形成以卫星平台换代为主体和里程碑，以卫星平台能力升级为过渡和技术拉动的整体发展路线。

1）形成东方红三、四、五号和未来卫星平台的主体路线。东方红三号系列卫星平台目标指向为中小容量，有效载荷承载 200 ~ 350 千克，整星质量 3800 千克以内，整星功率 1 ~ 3 千瓦；东方红四号系列卫星平台目标指向为中大容量，有效载荷承载 450 ~ 600 千克，整星质量在 5500 千克以内，整星功率 6 ~ 10 千瓦；东方红五号卫星平台目标指向为超大容量，有效载荷承载不小于 1500 千克，整星质量可扩展到 9000 千克，整星功率可扩展到 20 千瓦。

2）通过电推进、锂离子电池、星上综合电子等技术的应用，对东方红三号卫星平台进行适应性改造，形成东方红三号 B 卫星平台，用于填补东方红三号和东方红四号系列卫星之间的能力缝隙，将有效载荷提升至 450 千克，整星功率提升至 6 千瓦。

3）充分借鉴东方红三号 B 卫星平台的先进技术，通过承力筒升高、多层通信舱及可重叠式天线的使用，将东方红四号基本型卫星平台的能力进一步提升，形成东方红四号增强型平台，将有效载荷提升至 1000 千克，整星功率提升至 12 千瓦，同时为整星质量提升至 6000 千克后再次提升性能预留出必要的空间。

4）另一方面，由于全电推进技术的发展与应用，全电推进通信卫星平台的低发射成本和高载干比优势也为运营商及用户提供了另一种选择：用 2 颗小型卫星来代替 1 颗超大型卫星满足超大容量的通信需求，并采用一箭双星的发射方式压缩成本。充分利用东方红三号 B 卫星平台产品状态，通过结构、小推力变轨、星箭接口等技术突破，形成具有我国自主知识产权的全电推进平台产品，整星质量在 2000 千克以内，整星功率 6 千瓦，有效载荷承载达到 450 千克。

5）同时，为考虑未来卫星平台发展的总体趋势，对超大能源平台、超小质量卫星平台等新概念进行探索和定义。

我国通信卫星平台型谱得到充分的补充和完善，平台产品结构趋于合

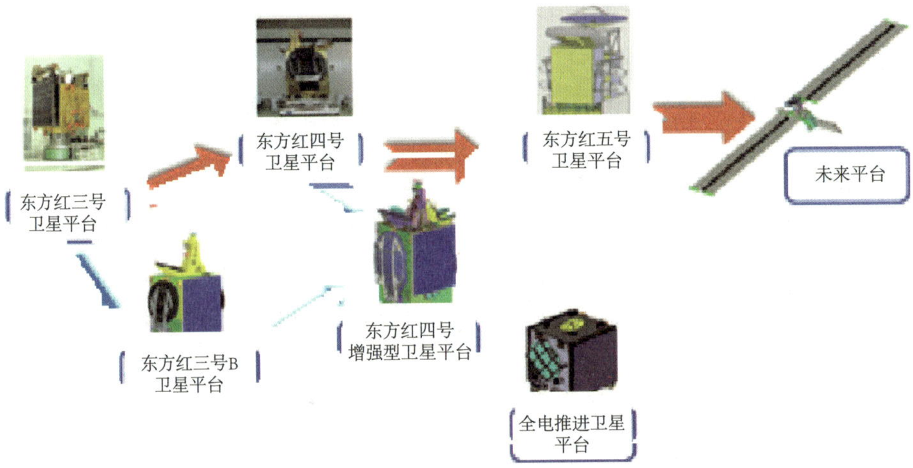

中国通信卫星平台发展路线图

通信卫星数字化研制过程中的虚拟装配示意图

理，能力递增结合紧密，技术发展路线清晰，有效载荷质量覆盖范围达到了200 ~ 1500千克，有效载荷功率为1 ~ 18千瓦，业务可覆盖通信、广播、中继与微波遥感等各个领域，涵盖小型、中型、大型和超大型通信卫星各个等级，为我国通信卫星立足国内市场、面向国际市场奠定了坚实的技术基础。

在未来通信卫星发展中，数字化研制是未来产业化发展的必由之路，基于并行研制的软件环境，设计人员可以在工作室内实现通信卫星的全三维设计工作。

新一代通信卫星平台电子系统采用了先进的“综合电子”设计理念，以中心管理单元为核心，以模块化设计的综合业务单元为远置测控与配电终端，提供了标准的总线接口与电气接口；采用了大量的先进设计技术，与当前国际主流通信卫星平台（空间客车—4000、欧洲星—3000）的综合电子系统相比，新一代通信卫星平台综合电子系统在系统架构设计、集成度、可靠性、故障处理、质量体积及功耗等方面，达到了国际先进水平，具有较强的适用性与扩展性。

电推进作为一种先进的推进技术，由于其具有高比冲的优势，在先进国家的卫星上已经得到广泛应用。在我国地球静止轨道卫星平台上应用电推进系统，是突破大容量通信卫星平台承载能力瓶颈的最重要手段，对于减轻发射质量和平台质量，具有举足轻重的作用。

电推进系统作为新一代通信卫星的标准配置，工程研制工作取得长足进展。目前，氙离子推力器、电源处理单元、长寿命Bang-Bang电磁阀、热节流器、矢量调节机构等重要部件和系统的研制取得突破性进展；电推进系统与整星供电、测控、星务、热控等分系统的接口协调，布局构型和安装设计、试验验证等工作进展顺利。

电推进的应用，可以大幅提高我国通信卫星平台的综合性能及技术水平，增强国际市场竞争力，成为我国通信卫星发展的必然趋势。

（二）新业务应用广泛

展望未来、面向产业，通信卫星领域向系统方案设计、数字化研制和商业化应用迈进。在未来通信卫星发展过程中，将更重视与卫星通信系统的天地一体化设计技术。即结合卫星通信系统的用户需求和业务需求，评价系统综合应用能力，从天地系统的角度去分析系统需求，分解技术需求，分担技术风险。

随着汽车、移动手持终端的不断发展，卫星音频广播、卫星数字多媒体广播业务将有很好的应用前景。卫星具有与生俱来的可为几乎所有人提供接入的优势，这使得其成为地面宽带网络的一个有吸引力的替代或补充方案。可以预测的是，未来的通信卫星将从传输型过渡到信息型。它们将被赋予地面电话交换和信号处理设备所具有的许多功能，并且有可能将其直接集成到未来的全球网络中。由于其固有的建造灵活性，这些卫星能够支持和加速许多新型业务在地面网络中进行试验之前的初始试验阶段，可以使新型业务在投放市场前在较大范围内得到验证，以适合于传输媒体的需要。

未来技术的发展，可以使地面公众网络、天基网络和局域专用网络将实现互联。采用时分、频分或空分多路复用技术，星上处理器可以使信息在卫星和地面用户之间进行交换，并进行与用户需求相一致的分配。特殊的编码技术将可以保证信号传输的安全。

卫星平台将装有多副可重构的天线，具有动态功率分配功能的发射机、各种频率范围共用的接收机、基带和 RF 频率的大型可重构交换矩阵。卫星星间链路可以根据需求变化在卫星间进行信号交换。借助于新式调制技术，卫星将具有相当大的带宽，甚至具有光学空间通信设备。这样一个系统，很明显需要以地球同步卫星为主，另加一些其他轨道卫星，如极轨卫星，以便观测到南北两极地区。通过对信息型卫星与地面网络进行集成，可以为未来全球网络的所有用户提供一切所需要的基本信息，这将使用户摆脱地域的限制。新一代通信卫星的数据传输速率将比 20 世纪 90 年代初期高 1000 倍。

巨大的发展空间和国内外市场需求将为我国通信卫星发展带来新的动力和机遇，确保我国通信卫星技术紧跟国际发展前沿，加速发展新型卫星平台及技术，提升平台能力，确保我国通信卫星平稳、快速、健康发展，进而通过技术创新、自主创新，及早完成从跟踪模仿到超越引领的历史性跨越。

三、北斗卫星导航系统

我国于 2012 年完成了北斗卫星导航区域系统的建设，可为我国及周边地区提供服务，定位精度水平方向优于 10 米，测速精度优于 0.2 米 / 秒，授时精度优于 50 纳秒，同时可为特定用户提供短报文通信服务，北斗卫星导航系统的应用越来越广。

卫星导航系统一般由空间段卫星星座、地面运行与控制系统和用户终端组成。空间段卫星星座根据卫星导航系统要求提供的服务精度、可用性、完好性和服务范围等指标，由多颗具有完整功能和性能、工作在规定的空间轨道位置、符合规定的运行构型的导航卫星所组成。导航卫星是系统中最为关键和核心的部分，其技术发展及变化影响着整个卫星导航系统的变革和更新换代。卫星系统是整个工程系统的“重中之重”。

导航卫星作为系统中已知位置和时间坐标的标准，一般需要由多颗卫星组成星座，当星座构型设计合理时，可以保证用户全天时、全天候地连续使用。

利用卫星，服务于用户位置确定的卫星无线电业务主要有两种方式：即无线电导航卫星业务和无线电测定卫星业务。无线电导航卫星业务（RNSS）：由用户根据接收到的卫星无线导航信号，自主完成位置定位和航速及航行参数计算，实现导航与定位的目的。无线电测定卫星业务（RDSS）：通过卫星，由用户以外的地面运行与控制系统完成用户定位所需的无线电导航参数的确定和位置计算，再通过卫星转发通知用户。

（一）原则及目标

北斗卫星导航系统坚持“自主、开放、兼容、渐进”的发展原则，按照“先区域、再全球，先有源、后无源”的发展思路分步实施。2000 年，我国建成了北斗卫星导航定位试验系统，采用 RDSS 原理实现了对我国及周边地区的有源导航定位及短报文通信服务。2012 年，完成了北斗卫星导航区域系统的建设，利用 RNSS 原理为我国及周边地区提供无源导航定位服务，并保持北斗试验系统所具备的有源导航定位及短报文通信服务。

北斗卫星导航系统的发展目标是：按照“质量、安全、应用、效益”的总要求，建成“独立自主、开放兼容、技术先进、稳定可靠”的覆盖全球、高性能、高可靠、高效益的北斗卫星导航系统，满足国民经济和社会发展对卫星导航的需求，满足国家安全和国防建设对卫星导航的要求，促进国家信息化建设。

（二）任务及功能要求

北斗卫星导航区域系统由地球同步轨道（GEO）卫星、地球倾斜同步轨道（IGSO）卫星和低地球轨道（MEO）卫星组成。三种轨道卫星按照“一次设计、组批生产、流水试验、密集发射、快速组网”的要求开展产品设计，保证了三种轨道卫星中大多数产品具有互换性。

三种轨道卫星均基于“东三”平台进行设计。平台包括结构分系统、供配电分系统、热控分系统、测控分系统（IGSO 卫星、MEO 卫星设计有数管分系统）、控制分系统、推进分系统。有效载荷包括导航分系统和天线分系统，其中 GEO 卫星载荷包括 RDSS 业务、时间与位置数据转发、上行注入与精密测距、RNSS 业务等，IGSO 和 MEO 卫星包括上行注入与精密测距、RNSS

业务等。

作为北斗区域导航卫星，其任务与功能主要包括：

1）选择成熟的卫星平台，保持北斗试验系统所具有的 RDSS、时间与位置数据转发业务和短报文通信功能，并与新增的 RNSS 业务功能相互兼容。

2）卫星与地面运行与控制系统需采用双向测距比对技术，卫星具有上行注入接收和精密测距功能，并将结果传回地面。

3）接收地面运行与控制系统注入的导航电文参数，并存储、处理生成下行导航电文，产生多个频点的导航信号，向地面运行与控制系统和各类用户发送。

4）接收、执行地面发送的遥控指令，并将卫星状态（包括卫星完好性的主要标志信息）及时下传给地面。

5）在服务覆盖区域内，保证卫星接收和发送信号的 G/T 值和 EIRP 值，保证信号的功率稳定性和时延稳定性。星座卫星工作时，各卫星发送的导航信号必须连续、稳定，其计划中断和非计划中断次数及时间符合系统要求。

6）适应三种轨道混合星座多星测控业务要求，采用 S 频段同频段扩频测控体制，同时保留 USB 测控体制，以确保测控通道的可靠性和安全性，实现星座运行管理。

7）卫星太阳电池阵输出功率：GEO 卫星≥ 2500W；IGSO 卫星和 MEO 卫星≥ 2000W。

8）卫星在轨工作寿命大于 8 年。

北斗卫星导航系统正在按计划开展工作，通过采用优化卫星星座、星间链路、自主运行管理、高精度测量、高精度原子钟等技术，将在服务精度、可用性、完好性和服务范围等功能和性能指标方面进一步提高。

北斗卫星全球覆盖星座相对于北斗卫星区域覆盖星座的主要差别是，它不仅能够提供全球性、全天时和全天候的高精度导航定位，而且将采用北斗卫星自主导航。导航卫星的自主导航，是实现导航电文在轨自主更新的有效途径。

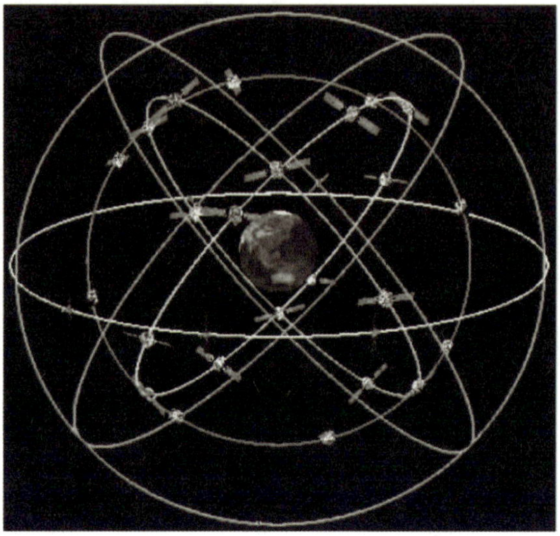

北斗卫星全球覆盖星座

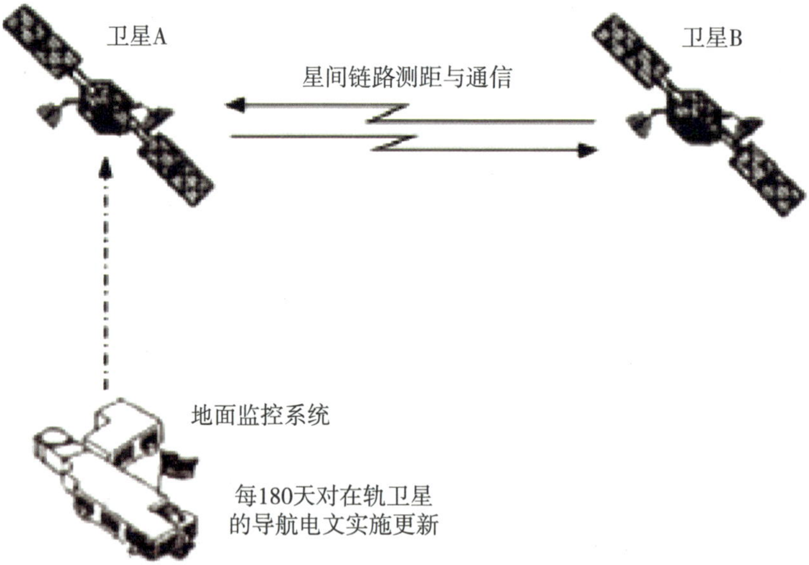

导航卫星自主导航示意图

通过星间双向测距、数据交换和星载数据处理器的滤波处理，不断修正地面监控系统注入给卫星的长期预报星历与星钟参数，自主生成发送给用户的导航电文和维持星座的基本结构，以此满足用户高精度导航定位需求。采用自主导航技术能够有效地减少地面测控站的布设数量、地面监控系统给导航卫星的电文注入次数和系统维持费用等；此外，还能够实时地监测导航电文的完好性，增强卫星导航系统的生存能力；在地面监控系统的支持下，星载数据处理器运用星间双频双向测距与通信给出的观测量，定期计算开普勒轨道参数和星钟参数的新估值，修正“过时超标”星历，以此提供一种独立的校验卫星星历及星钟参数的手段，进一步改善系统性能，提高导航定位精度。

第四节　载人空间站工程

2010年9月，党中央着眼世界科技发展大势和我国经济社会发展总体布局，审时度势，高瞻远瞩，果断做出实施载人空间站工程的历史性战略决策，我国载人航天事业再次迎来新的战略发展机遇期。

按照规划，中国载人空间站将在2020年前后建成，并在轨运营10年以上。这对于我国加快推进空间站研制、全面掌握空间交会对接技术、突破航天员中长期驻留技术具有重大的战略意义。

2005年，国务院颁布《国家中长期科学和技术发展规划纲要（2006～2020年）》，把载人航天工程与探月工程一起，列为国家重大科技专项，并进一步明确了建立我国载人空间站的目标。在2020年前后，建成和运营近地载人空间站，使我国成为独立掌握近地空间长期载人飞行技术、具备长期开展近地空间有人参与科学技术试验能力、能够综合开发利用太空资源的国家。以此为标志，我国载人航天工程按照既定战略目标持续深化，稳步推进。

一、我国载人空间站工程方案的基本特色

载人航天集中体现国家意志，建立在国家实力的基础之上。

建设我国的载人空间站，既要认真借鉴国外的经验教训，瞄准国际先进水平和发展前沿，又要坚持立足基本国情，统筹空间利益与经济社会协调发展，充分利用现有条件，着力发挥后发优势，走出一条创新型跨越式发展道路。

（一）注重总体优化

我国载人空间站工程将按空间实验室和空间站两个阶段组织实施，即在研制和发射 2 个小型空间实验室、突破和掌握主要关键技术的基础上，开始多舱段较大规模空间站的建造。这样既能够保证在技术上循序渐进、衔接紧密，有效降低空间站建造运营的技术风险，提高工程的安全可靠性，又能够使空间实验室的主要技术，应用于空间站舱段和货运飞船研制工作中，充分保证技术上的延续性，提高各类资源的使用效益，从整体上降低研制建设成本，以确保在相对较短的时间内，实现从空间实验室到空间站的跨越。

（二）注重充分继承

从飞行产品看，工程将继续使用长征二号 F 运载火箭、神舟飞船作为运载和载人天地往返运输工具；货运飞船和空间站舱段，将充分利用空间实验室的研制成果。从地面任务支持系统看，继续完善使用现有载人航天发射场，用于神舟飞船及空间实验室的发射，并考虑充分利用刚刚建成的文昌发射场；测控通信系统主要是在现有基础上进一步提升测控能力；着陆场系统主要是对现有设备进行改造。同时，工程前期安排的一大批基本建设和技术改造项目，在空间站工程中也将继续发挥作用，体现了工程各阶段任务的继承性，将大大提升工程的综合效益。

（三）注重空间应用

载人空间站工程实施方案最终确定为 1 个核心舱加 2 个实验舱的 3 个 20 吨级舱段组合方案，使空间应用能力提升到约 20 吨，加之实验项目可以及时更新，这就为开展较大规模的空间应用创造了基本条件。为更好体现空间站作为国家级开放性太空实验室的地位和作用，发挥其平台大、寿命长、有人照料、能维护、可更换等特点，在空间站工程的实施过程中，将充分利用国内外各方面的优势资源，广泛征集和优选科学实验与技术试验项目，最大程度地满足经济、科技、教育以及政治外交等各个领域的应用需求，力争在空间资源的开发利用上取得重大突破。

（四）注重控制规模

从我国实际情况出发，经过反复论证和慎重选择，确定用 10 年左右的时间，建成由 3 个基本舱段构成、本体质量为 60 吨级的具有一定扩展能力的近地载人空间站及其配套项目。按照这一建设规模，通过优化设计，突破和掌握较为全面的空间站建造运营，以及支持近地空间长期载人飞行等基本技术，满足开展空间科学研究与技术试验的需要，为我国载人航天向更高水平和更广领域拓展奠定坚实基础。

（五）注重运营效益

方案确定以空间实验室为基础，研制 13 吨级货运飞船，虽然与载人飞船改货运飞船相比，研制成本略有增加，但是货运能力从 2.5 吨提升至近 6 吨。空间站既有支持航天员长期驻留的能力，又具有平时在地面管理下无人值守、

空间站空间飞行想象图

自主在轨运行的功能，这样每年发射 1 次货运飞船就可以满足空间站的补给需求，而不是和平号的每年 4 次。货运能力提升，货运次数下降，按空间站 10 年寿命计算，运营成本将得到有效控制，整体效益显著提高。

（六）注重安全设计

载人航天，安全至上。以保障航天员安全为首要原则，通过优化设计方案，采取多种措施和办法，满足安全性要求。设计中充分考虑有关重要系统的冗余和设备备份，通过安排大量地面试验和仿真试验降低风险，在空间站载人飞行期间，具备多种应急救援能力。针对常规推进剂火箭由于发动机一次性使用、装配好后不可点火检测的固有弱点，方案确定研制以液氧煤油发动机为动力的长征七号运载火箭，其发动机在与火箭装配前可进行点火工艺试车，变不可测为可测，提升了固有安全性。该火箭将按载人火箭要求设计，初期用于发射货运飞船，由于运力适中，待各项技术趋于稳定成熟时，可广泛应用于航天发射任务。

二、组成和建造

空间站包括核心舱、实验舱 I、实验舱 II、载人飞船（已经命名“神舟”号飞船）和货运飞船五个模块。空间站的建设过程是先发射核心舱，核心舱顺利入轨后，分别发射实验舱 I、实验舱 II，并与核心舱对接，组合形成空间站。空间站在轨运行期间，由载人飞船提供乘员运输，由货运飞船提供补给支持。各飞行器具备独立飞行能力，同时又可与核心舱组合成多种形态的空间组合体，在核心舱统一调度下协同工作，完成空间站承担的任务。

2016 年前，研制并发射空间实验室，突破和掌握航天员中期驻留等空间站关键技术，发展一定规模的空间应用；2020 年前后，研制并发射核心舱和实验舱，在轨组装成载人空间站，突破和掌握近地空间站组合体的建造和运营技术、近地空间长期载人飞行技术，并开展大规模的空间应用。

人通过飞船进入太空，通过对接，进入到轨道上的飞行器进行访问。这个访问可以是若干天，也可以长达数月，从而充分发挥人在空间站的作用，

空间站构型

货运飞船结构图

进行生物、材料、医学等方面的研究。

空间站按长期载 3 人状态设计，基本构型为 T 字型，由三个 20 吨级舱段组成。其中，核心舱居中，实验舱 I 和实验舱 II 分别连接于两侧。三个舱段预计于 2020 年前后在轨组装成载人空间站，届时我国将突破和掌握近地空间站组合体的建造和运营技术、近地空间长期载人飞行技术，并开展较大规模的空间应用。此外，空间站每半年由载人飞船实施人员轮换；由货运飞船进行推进剂和物资补给。我国货运飞船的研制坚持走独立自主、功能齐备、具备特色、可持续发展的技术路线，将具备推进剂在轨补加、组合体姿态与轨道控制支持、空间技术试验支持等能力。

正在研制的货运飞船最大直径约 3.35 米，重量约 13 吨，载重量在 6 吨左右。这与欧洲 ATV 系列货运飞船和日本 HTV 系列货运飞船载重量不分伯仲，后两者载重量分别在 7 ～ 8 吨和 6 吨左右。

构成空间站的三个舱段，将由新一代大型运载火箭长征五号在文昌航天发射场发射；载人飞船和空间实验室将由长征二号 F 运载火箭在酒泉卫星发射中心发射；货运飞船将由新一代中型运载火箭长征七号在文昌航天发射场发射。火箭通过“海运 + 公路”的运输方式从天津运至文昌航天发射场，采用“新三垂”发射模式提高发射效率。

中国载人空间站工程面向空间科学前沿探索、国家经济发展迫切应用、空间新技术跨越发展、国防航天能力增强、载人航天事业持续发展、社会进步等方面的重要需求，涉及空间科学的多个领域、空间应用和空间技术的多个方面。目前，空间站空间科学与应用规划包括空间生命科学与生物技术、微重力流体物理和燃烧科学、空间材料科学、微重力基础物理、空间天文与天体物理学、空间环境与空间物理、空间地球科学、综合地球观测及应用、空间应用新技术、空间元器件和部件试验等领域。

中国载人空间站空间科学研究能够推动中国空间科学取得重大突破，进入世界先进行列；空间应用及其相关空间技术能够取得跨越发展，发挥重大应用效益，为国家重大应用需求作出显著贡献。

第五节　深空探测

中国航天在未来发展过程中，将深入开展载人登月、重型运载火箭和深空探测发展规划论证，适时提出火星环绕巡视探测、小行星伴飞附着、深空太阳天文台、太阳极区探测、火星取样返回等工程方案，为加速推进深空探测和空间科学发展提供技术支持。

一、载人登月

我国将在2020年实现全面建成小康社会的奋斗目标，工业化基本实现，经济发展方式将发生根本转变，科技进步和创新将成为推动生产力发展的主要力量，届时在我国科技创新领域将出现质变性的升华。顺应这一时代发展要求，适时启动载人登月这样一个具有战略性、基础性、关键性作用的重大科技工程，既是对我国科学技术发展成果的继承和全面检验，也是着眼未来发展的重要战略任务，具有深远的历史影响和重大的现实意义。

1. 促进人类文明进步，履行大国责任

月球是离地球最近的研究太阳系起源和未知世界的星球，是人类向深空进发的“练习场”。月球探测是世界上许多航天国家

关注和发展的重点领域。经过几十年的发展，我国已在人造卫星、载人航天及深空探测领域取得重大突破。适时开展载人登月，可以履行我国的大国责任，加深对月球（及地球本身）的认识，所取得的成果将成为全人类的财富，为人类的科学发展与文明进步做出重大贡献。

2. 激发民族自豪感，助力实现“中国梦”

实施载人登月有着其他科技工程难以比拟的巨大影响力和社会效益，作为国家强盛和民族复兴的标志，必将有利于树立追求科学、崇尚创新的国民精神，显著提升全民科学素养，为社会发展和人类进步提供力量源泉和精神财富。

3. 解放和发展生产力，推动国民经济发展

载人登月需要科研、教育、工业等多个部门的通力协作，是涉及到国民经济多个领域的重大工程。实施载人登月，将促进数据传输与通信、光通信、高性能计算机、电子技术、自动控制与导航、人工智能、自动化加工、新型智能材料、生物工程、医药与医学等一系列高新技术的快速发展，使我国在高科技领域实现群体性突破，从而带动生产力水平的提高。同时，载人登月的工程实施将推动机械制造、产品加工、材料制备等基础工业向高水平发展，促进新兴产业的涌现，带动传统产业的升级改造，为科技产业化发展起到积极的促进作用，进而为形成高度发达的现代化工业奠定坚实的基础，引导国民经济向更高的水平发展。

（一）我国载人登月的方案设想

1. 任务规划

首次载人登月前，需要进行若干次无人飞行试验，进行有针对性的技术验证和飞行演练，我国的载人登月任务初步分为三个阶段：

关键技术攻关与系统研制阶段：完成方案论证、关键技术攻关及演示验证、系统研制，为载人登月计划全面实施奠定基础。

飞行验证阶段：在完成无人状态登月飞行器的绕月和返回飞行试验后，进行载人状态登月飞行器绕月飞行以及登月船无人状态落月和月面上升飞行。

登月实施阶段：实现中国人首次登陆月球，突破和掌握载人地月往返的基本技术。

2. 基本原则

服务全局，协调发展。着眼服务于国家整体发展战略，着力推动航天技术和空间科学研究的跨越发展；切实做好与载人空间站工程、探月工程的统筹协调，确保我国载人航天近、中、远期发展目标的系统衔接、协调发展。

充分继承，着力创新。充分继承载人航天与探月工程取得的技术成果以及载人航天领域的相关成果，瞄准载人航天和空间科学、载人深空探测的前沿领域，以技术创新、管理创新推动工程实施的顺利开展。

立足国情，突出特色。要充分考虑到我国的经济承受能力，走具有中国特色的技术路线，坚持“有所为、有所不为”，突出发展重点和特色，科学确定合理的工程规模，努力提高工程实施的综合效益。

以人为本，确保安全。突出人在载人登月活动中的主体地位，强化安全性、可靠性和质量建设，通过高水平的工程设计、高质量的研制工作和充分有效的飞行验证，努力降低工程风险，确保安全。

3. 系统组成

根据载人登月任务目标的需要，工程可分为航天员系统、应用系统、登月飞行器系统、运载火箭系统、发射场系统、测控通信系统、着陆场系统等七个系统，在工程总体统一组织下完成工程任务。

工程总体：负责组织工程系统配置、指标分配等总体论证，工程实施阶段的组织、管理和协调，拟制工程总体要求，下达研制任务，组织大系统接口协调，制定在轨运行策略，在轨运行任务协调，结果验证评估。

航天员系统：负责选拔培训能够执行登月飞行任务的航天员。

应用系统：开展月球科学探测和研究。

登月和返回飞行器系统：负责研制登月和返回地球的飞行器。

运载火箭系统：负责研制货运火箭和载人火箭。

发射场系统：完成运载火箭和登月飞行器的测试、发射，提供地面技术支持与勤务保障。

测控通信系统：负责任务阶段为运载火箭和登月飞行器等提供跟踪测轨、遥控遥测、数传、话音与图像传输、月面定点着陆测量、月面通信与测量以及交会对接通信等服务。

着陆场系统：负责返回舱的搜索回收和航天员搜索救援任务。

4. 科学目标

围绕未来月球探测热点科学问题、月球资源有效利用和月球科考站建设需求，充分发挥有人参与月球探测的优势，我国载人登月计划将在认识月球、利用月球和月面生存三大领域实现以下总体科学目标。

利用航天员登月科学考察和人机联合探测，获得大量的实地探测数据和月球样品，加深对月球形成、演化和当前状态的认识，使我国月球科学研究和相关技术迈入世界先进行列。

利用月球低重力、弱磁场、高真空等特殊环境条件开展有人参与的物理、化学、天文、地质和就位资源利用等多学科试验，建立月球综合科学实验站和观测平台，带动和促进一系列基础科学的创新与发展。

探索人在月球特殊环境下的生存能力、生存方式和生命科学问题，利用月球科学实验平台开展生命科学前沿领域探索，为发展人类在月球长期生存技术和载人深空探测奠定基础。

（二）需解决的主要关键技术

载人航天与探月工程为载人登月奠定了技术基础，但载人登月比我国以往任何航天工程的难度更高、系统更为复杂。实施载人登月计划，在上述技术基础上，还需着重解决以下关键技术：

1. 运载火箭研制技术

主要包括大推力发动机技术、大直径箭体制造技术、多台发动机并联使用的火箭动态特性控制技术等。

2. 绕月飞行器研制技术

主要包括返回舱气动布局设计、返回舱防热技术、月地转移和高速再入控制技术等。

3. 登月舱研制技术

主要包括月面着陆制导导航和控制技术、月球轨道交会对接技术、月面活动技术等。

载人登月是当今世界高科技领域极具显示度和影响力的高风险、高投入、高效益的重大科技实践活动，具有高度的挑战性和探索性、高度的复杂性和创新性、高度的战略性和辐射性，是未来载人航天发展的热点，是保持我国载人航天事业可持续发展的重要选择，是我国载人航天活动走向深空前最近距离的实践。

二、火星探测

（一）火星的概况

火星，这颗夜晚泛着红光的亮星，天文爱好者对它并不陌生。太阳系的八大行星围绕太阳公转，火星的公转轨道位于水星、金星和地球三大行星之外，处于第四的位置，是太阳系地球轨道外侧距离地球最近的一颗行星。从体积大小方面来说，仅比水星大，在八大行星中排行倒数第二。火星在许多方面跟地球相似。火星的自转轴倾角和自转周期与地球非常相似，比如，火星上的一天约为 24.62 小时；火星同样斜着身躯绕太阳公转，火星的公转轨道面与赤道面夹角为 25.19°，地球为 23.45°，因此火星上也会有季节变化，不同的是火星的每一季时间约为地球的两季。火星上有高山、峡谷和盆地等地形特征，这些也颇似地球。

各种探测器的观测资料暗示，火星上曾经有大量的水。有水存在的星球才适合生命的生存。所以有科学家提出，改造火星环境，使它成为第二个地球，以便将来人类向火星移民。开发宇宙、移民火星是人类的梦想，它使得世界发达国家争先恐后地对火星进行科学探测。

（二）探测火星科学目的

探测火星的科学研究大致可分为数个领域，分别是火星表面的地貌和地质研究、火星周围空间环境研究、火星大气环境研究、火星磁场环境研究、火星地表物质成分详查、火星水资源研究、火星生命研究等。

人类探测火星，可以提高天基对地球和对行星的观测能力，预报中长期气候和全球变化，增强对地球的认识，以及对人类生存环境的理解，促进科学发现，归根结底是为了改善人类的生存环境和开拓人类的生存空间。

第六节　空间科学

空间科学是指利用航天器研究发生在日地空间、行星际空间及至整个宇宙空间的物理、天文、化学及生命等自然现象及其规律的科学。空间科学以航天技术为基础，包括空间飞行、空间探测和空间开发等几个方面。它不仅能揭示宇宙奥秘，而且也给人类带来巨大的利益。

近年来，空间科学研究重大成果不断涌现。例如，成功探测到中微子、发现宇宙 X 射线源、发现宇宙微波背景辐射的黑体形式和各向异性，以及发现宇宙加速膨胀而揭示暗能量存在的空间科学观测研究成果分别获得 2002、2006、2011 年诺贝尔物理学奖；“威尔金森微波各向异性探测器”（WMAP）发现宇宙微波背景辐射图中出现不规则分布的状况，其可能原因之一是由其他宇宙施加的引力所致，为颇富争议的“多重宇宙”理论提供了第一个证据；尽管旅行者 1 号是否已飞出太阳系仍存在争议，但毫无疑问，人类正在迎来人造天体飞越日球层边界的历史性时刻；火星上曾经存在古老水系、木卫二和土卫六表面冰层之下蕴藏着大量液态水等均获得确切证据；系外行星的发现数量不断刷新。

未来 5 ~ 10 年，人类将对太阳开展多波段、全时域、高分辨率和高精度的观测，特别是无人飞行器将克服高温的考验，首次实施对太阳的近距离观测，揭示太阳活动的机理。太阳活动—行星际空间扰动—地球空间暴—地球全球变化—人类活动的连锁变化过程研究所蕴含的发现和突破，将为人类的长期可持续发展提供科学支持。

大量天文观测表明，宇宙中存在着遍布星系的几倍于太阳质量的黑洞和存在于几乎每个星系中心的超大质量黑洞，关于黑洞的研究将在黑洞的形成和演化、黑洞附近的时空结构和物质运动规律以及对广义相对论的终极检验等方面产生重大突破。暗物质和暗能量在宇宙演化的历史中起着决定性的作用，也决定着宇宙的未来和命运，对它们的研究很可能会带来系列科学突破。

宇宙的大爆炸起源、宇宙中各种天体和结构的起源以及生命的起源是至今仍困扰人类的重要问题，围绕这些科学问题的探索，孕育着大量科学发现并可能引发新的物理学革命。

人类将在宇宙形成演化、相对论理论检验、生命现象本质、太阳内部结构和动力学，以及地球系统变化等方面获得更多新的科学认知。宇宙学进入精细描述时代，暗物质的发现极有可能在空间实现突破；广义相对论、量子力学完备性等将在空间得以实验验证；在地球系统以外发现生命或生命存在的证据将使人类对生命现象及其规律的认识得以拓展；对地观测将在解决人口、自然和人为灾害以及温室气体减排等“地球最紧迫的问题”方面发挥至关重要的支撑作用。

总而言之，人类对宇宙的起源和物质的认识正处在重大突破的关键阶段，包括中国空间站和空间科学卫星系列在内的国际空间计划的先导部署和顺利实施无疑将加速这一进程。

参考文献

[1] 张钧．当代中国航天事业．北京：中国社会出版社，1986.

[2] 张庆伟．航天科技与可持续发展．北京：中国宇航出版社，2009.

[3] 聂力．山高水长．上海：上海文艺出版社，2006.

[4] 中国航天科技集团公司人力资源部．新员工入门读本．北京：中国宇航出版社，2011.

[5] 顾逸东．探秘太空：浅析空间资源开发与利用．北京：中国宇航出版社，2012.

[6] 钱卫平．碧空天链：探究测控通信与搜索救援．北京：中国宇航出版社，2013.

[7] 金壮龙．航天企业文化读本．北京：中国宇航出版社，2004.

[8] 马兴瑞．航天人才成长之路．北京：中国宇航出版社，2011.

[9]《航天技术与现代社会》编委会．航天技术与现代社会．北京：宇航出版社，1996：176-184.

[10] 黄纬禄．弹道导弹总体与控制入门．北京：中国宇航出版社，2006：2-4.

[11] 石磊，王春河，张宏显，等．钱学森的航天岁月．北京：中国宇航出版社，2012：320-410.

[12] 李颐黎．"上得去，转起来"：回顾长征一号运载火箭研制的一些往事．太空探索，2010，（10）：52-55.

[13] 中国大百科全书总编辑委员会《航空航天》编辑委员会．中国大百科全书：航空航天．北京、上海：中国大百科全书出版社，1985：彩图 42.

[14] 中国运载火箭技术研究院．中国弹道式导弹的发展历程 // 国防科学技术工业委员会．中国航天 50 年回顾．北京：北京航空航天大学出版社，2007：86-90.

[15] 中国航天科工集团公司．中国导弹武器系统的发展 // 国防科学

技术工业委员会．中国航天 50 年回顾．北京：北京航空航天大学出版社，2007：136-139.

［16］黄春平．通天神箭：解读载人运载火箭．北京：中国宇航出版社，2011：12.

［17］王玉堂．固体导弹征程纪事//国防科学技术工业委员会．中国航天 50 年回顾．北京：北京航空航天大学出版社，2007：145-148.

［18］王兆耀．中国军事百科全书．第二版：军事航天技术．北京：中国大百科全书出版社，2008：22-23，287-289.

［19］徐博明．追风逐云写辉煌：中国气象卫星研制发展综述//国防科学技术工业委员会．中国航天 50 年回顾．北京：北京航空航天大学出版社，2007：243-246.

［20］中国空间技术研究院．中国航天器．北京：电子工业出版社，2008：67，87-92，16-20.

［21］中华人民共和国国务院新闻办公室．2011 年中国的航天．2011.

［22］中华人民共和国国务院新闻办公室．中国武装力量的多样化运用．2013.

［23］方琦．高分一号首批遥感影像发布，幅宽达国际先进水平．卫星应用．2013，（5）.

［24］李明峰，郝燕艳，陈晓，周晞．新一代通信卫星平台综合电子系统研究．国际太空．2013，（6）.

［25］谢军．北斗导航卫星的技术发展及展望．中国航天．2013，（3）：7-11.

［26］王永志．实施我国载人空间站工程，推动载人航天事业科学发展．载人航天．2011，（1）.

［27］罗庆朗．我国载人航天发展与预算政策研究．北京：财政科学研究所，2013.

［28］徐博明，褚英志．中俄联合探测火星工程介绍．上海航天，

2013,(4).

[29]王希季.20世纪中国航天器技术的进展.北京：中国宇航出版社，2002：40，427-428.

[30]朱增泉.飞天梦圆——来自中国载人航天工程的内部报告.北京：华艺出版社，2003：14-16.

[31]邸乃庸.梦圆天路——纵览中国载人航天工程.北京：中国宇航出版社，2011：89-138.

[32]徐福祥.卫星工程概论.北京：中国宇航出版社，2004：296-297.

[33]戚发轫，李颐黎.巡天神舟——揭秘载人航天器.北京：中国宇航出版社，2011：48，74，126，138-139，154，180，206.